...TIÈME ÉDITION

JOURNAL

ET

CORRESPONDANCE

DE

ANDRÉ-MARIE AMPÈRE

PUBLIÉS

PAR Mme H. C.

PARIS

J. HETZEL ET Cie, LIBRAIRES-ÉDITEURS

18, RUE JACOB, 18

Tous droits de traduction et de reproduction réservés

A MA PETITE-FILLE

H. Cʙ.

ANDRÉ-MARIE AMPÈRE

PARIS. — IMPRIMERIE LALOUX Fils et GUILLOT
7, rue des Canettes, 7

ANDRÉ-MARIE AMPÈRE

CORRESPONDANCE

ET

SOUVENIRS (DE 1793 A 1805)

Recueillis par Madame H. C.

SEPTIÈME ÉDITION

PARIS

J. HETZEL ET Cie, ÉDITEURS

18, RUE JACOB, 18

Tous droits de traduction et de reproduction réservés.

En 1837, M. Sainte-Beuve fit paraître dans la Revue des Deux-Mondes *le portrait d'André-Marie Ampère.*

A ce portrait Jean-Jacques Ampère donnait une approbation qui allait jusqu'à la reconnaissance. En 1843, imprimant la seconde partie d'un ouvrage de son père (l'Essai sur la philosophie des sciences), *il désira reproduire en tête de ce livre posthume la notice qu'il se plaisait à qualifier de petit chef-d'œuvre. « Jamais, écrivait-il alors en parlant de l'éminent critique, jamais peut-être la finesse de sa touche et cette délicatesse exquise de sentiment qui le fait pénétrer dans les organisations d'élite ne se sont mieux montrées que dans ces pages où il a esquissé l'âme, le caractère, la vie intérieure de celui qui fut aussi tendre, aussi bon, aussi simple qu'il était grand. »*

M. Sainte-Beuve avait connu intimement le savant universel, le mathématicien-poëte; à ce souvenir vivant vint s'ajouter l'examen de précieux documents, trésor d'un fils, comme il le dit lui-même. Journal, notes, correspondances, rassemblés sous ses yeux, l'aidèrent à achever son étude.

En face de ce monceau de papiers poudreux, rognés,

déchirés, blasonnés de figures algébriques[1], *le biographe cherche, fouille, choisit, et s'exprime ainsi :*

« *Je trouve sur une feuille dès longtemps jaunie ces lignes tracées ; en les transcrivant je ne me permets point d'en altérer un seul mot, non plus que pour toutes les citations qui suivront :*

« *Le jeune homme disait* (c'est André qui parle) *: Par-*
« *venu à l'âge où les lois me rendaient maître de moi-*
« *même, mon cœur soupirait tout bas de l'être encore.*
« *Libre et insensible jusqu'à cet âge, il s'ennuyait de son*
« *oisiveté ; élevé dans une solitude presque entière, l'étude*
« *et la lecture, qui avaient fait si longtemps mes plus chères*
« *délices, me laissaient tomber dans une apathie que je*
« *n'avais jamais ressentie, et le cri de la nature répan-*
« *dait dans mon âme une inquiétude vague et insuppor-*
« *table. Un jour que je me promenais après le coucher du*
« *soleil le long du ruisseau solitaire...* »

« *Que vit-il le long de ce ruisseau?* reprend M. Sainte-Beuve. *Un autre cahier complet de souvenirs ne nous laisse point en doute, et, sous ce titre :* Amorum, *contient, jour par jour, toute une histoire naïve de ses sentiments, de son amour, de son mariage, et va jusqu'à la mort de l'objet aimé. Qui le croirait ? ou plutôt, en y réfléchissant, pourquoi n'en serait-il pas ainsi ? Ce savant que nous avons vu chargé de pensées et de rides, et qui semblait n'avoir dû vivre que dans le monde des nombres, a été un énergique adolescent : la jeunesse aussi l'a touché, en passant, de*

---

1. Expression de M. Sainte-Beuve.

son auréole; il a aimé; il a pu plaire; et tout cela, avec les ans, s'était recouvert, s'était oublié ; il se serait peut-être étonné comme nous s'il avait retrouvé, en cherchant quelque mémoire de géométrie, ce journal de son cœur, ce cahier d'Amorum *enseveli.*

« *Jeunesse des hommes simples et purs, jeunesse du vicaire Primerose et du pasteur Walter, revenez à notre mémoire pour faire accompagnement naturel et pour sourire avec nous à cette autre jeunesse ! Si Euler ou Haller ont aimé, s'ils avaient écrit dans un registre leurs journées d'alors, n'auraient-ils pas souvent dit ainsi ?* »

En cet endroit se placent des citations de prose et de vers que nous retrouverons plus loin; puis le biographe ajoute :

« *Ainsi, celui que nous avons vu distrait bien souvent, comme La Fontaine, s'essayait alors, jeune et non sans poésie, à des rimes galantes et tendres :*

Mistis carminibus, non sine fistula [1].

« *Mais le plus beau jour de ces saisons amoureuses nous est assez désigné par une inscription plus grosse sur le cahier :* Lundi, 3 juillet (1797). *Voici l'idylle complète, telle qu'on la pourrait croire traduite d*'Hermann et Dorothée. »

Et, là encore, une page est empruntée au registre de l'amoureux avant d'arriver à la correspondance du mari.

Frappés de la sympathie attendrie, souvent admirative,

---

[1]. HORACE. Livre IV, ode I, v. 24.

exprimée par un tel maître, heureux de sauver de l'oubli ces témoignages d'amour vrai et de dévouement, nous avons eu l'idée de livrer à ceux qu'une pareille lecture saurait intéresser le journal tout entier et la plus grande partie des lettres d'Ampère, le laissant ainsi lui-même compléter le touchant récit de sa jeunesse, que M. Sainte-Beuve n'avait voulu qu'ébaucher.

En regard des lettres d'André, pouvait-on ne pas mettre les réponses de sa femme, qui prouvent à quel point elle méritait d'être aimée? Cédant aussi à une autre tentation, nous avons groupé autour de notre principal personnage plusieurs membres de la famille Carron, qui était devenue la sienne : l'éclat d'une immortelle renommée donne du prix aux vertus qui vivent sous son reflet, toutes modestes qu'elles soient.

Enfin, pourquoi ne pas avouer un sentiment dont nous n'avons pu nous défendre? Il nous a semblé doux de faire arriver jusqu'à une jeune âme qui nous est bien chère les parfums délicats et salutaires qui s'exhalent de l'âme de Julie, et d'y graver en traits durables un nom qui doit vivre dans sa mémoire comme dans la nôtre.

22 juillet 1869.

JOURNAL
ET
CORRESPONDANCE

Madeleine,

C'est encore et toujours à toi que je pense en tirant de la poussière des feuilles jaunies, abîmées par le temps, qui renferment l'histoire de deux cœurs unis un instant sur la terre.

Je veux mettre sous tes yeux une courte phase de la vie d'un homme célèbre, et te parler aussi de la douce créature qui fut sa compagne, l'amie, la conseillère, pour ainsi dire l'ange gardien de sa pure jeunesse.

Cette lecture n'aura pas besoin de longs commentaires pour exciter ton émotion respectueuse; elle t'offrira parfois l'attrait d'un roman naïf mêlé à la pratique de bien des vertus; tu y verras l'alliance rare de la simplicité vraie et de l'intelligence transcendante, d'une sensibilité profonde et du génie; tu apprécieras cette tendresse fidèle et dévouée jusqu'à l'abnégation, qui se traduit non par des paroles, mais par des travaux constants et des privations de tout genre ; cet amour qui ne s'émousse jamais aux vicissitudes d'une maladie persistante et difficile à soigner, qui s'accroît, au contraire, avec les sacrifices et les embarras matériels de l'existence. Toutes ces beautés morales ne t'échapperont pas, fortifieront ton cœur et ton esprit mûris trop tôt par une perte cruelle et mis à des épreuves ordinairement épargnées à l'enfance.

Au commencement de ce récit, nous verrons paraître et mourir le père d'André-Marie Ampère. Trois ans plus tard, en 1800, son fils Jean-Jacques viendra au monde ; si donc on voulait donner un titre à ce manuscrit, il faudrait écrire en tête :

LES TROIS AMPÈRE.

Au mois de mai 1793, la ville de Lyon, poussée à bout par l'odieux despotisme qu'exerçait le club central des Jacobins, s'insurgea contre sa municipalité terroriste, parvint à lui arracher l'autorité et résista pendant soixante jours à l'armée républicaine, envoyée par la Convention pour soumettre et détruire cette malheureuse cité.

Jean-Jacques Ampère, ancien négociant, chargé des fonctions de juge de paix avant le siége, ne les abandonna point au moment de l'insurrection ; exaspéré comme ses concitoyens par les iniquités dont ils étaient victimes, il ne s'effraya pas, dans sa courageuse indignation, des nouveaux dangers auxquels son poste officiel allait l'exposer, et, le 29 septembre, quand un membre du Comité de salut public, Dubois de Crancé, entra victorieux dans la ville vaincue et décimée, un de ses premiers actes de vengeance fut d'envoyer le juge de paix en prison et bientôt à la mort.

Le 17 octobre an II de la République, du cachot n° 5 de la maison de détention de Roanne, cinq semaines avant son exécution, le condamné écrit une instruction à sa femme; la voici :

« Il faut, ma très-chère amie, que tu fasses renouveler en ton nom les promesses que la Tatan possède, ou bien au nom de ta sœur, tu feras valoir le seul immeuble qui m'appartient à Polémieux; la dotation que ton oncle t'a faite, la licitation de la maison de ville que j'ai vendue à feu la citoyenne Guyau, ton contrat de mariage contenant reconnaissance de tes meubles, la pension viagère de cinq cents francs dont je suis chargé à l'égard de ta belle-mère, un capital de cinq mille livres que je dois à ma cousine Hilaire, de Paris.

« Tu trouveras dans mon cabinet les titres qui te concernent; si l'on s'obstinait à vendre Polémieux à ton préjudice, tu pourrais le faire racheter par Delorme ou tout autre, en ton nom ou en celui de nos enfants.

« Je dois douze livres dix sols à la citoyenne Passot

pour cinquante bouteilles de rencontre, dont il ne faut pas se servir sans les avoir bien fait nettoyer et éprouver; huit livres moins un quart de pain à la citoyenne Barbaret, et environ quinze livres de pain à la veuve Pourra.

« Une somme de dix livres au citoyen Rivai, Grande Rue Mercière, pour le chapeau rond de mon fils. Je ne crois pas devoir autre chose, si ce n'est soixante francs à un vitrier qui a réparé le vitrage de la fourragerie.

« Il ne faut pas oublier de faire opposer tous nos domestiques, desquels tu as reçu tant de bons et fidèles services, pour obtenir le payement de leurs gages, qui seront dus à la Saint-Martin.

« J'ajoute à nos dettes celles que j'ai contractées avec la citoyenne M***, qui nous a nourris, la Tatan et moi, pendant le siége, et qui a avancé presque un an entier à mon frère de la rente que je lui faisais..

« J'atteste sincères et véritables les dettes que j'ai détaillées dans cet écrit pour me mettre à l'abri de tous reproches à l'égard de mes concitoyens qui ont suivi ma foi.

« A Lyon, le jeudi 17 octobre 1793, l'an II de la République.

« JEAN-JACQUES AMPÈRE, juge de paix jusqu'à ce moment.

« Il s'en faut de beaucoup, ma très-chère amie, que je te laisse riche et même une aisance ordinaire ; tu ne peux l'imputer à ma mauvaise conduite ni à aucune dissipation; ma plus grande dépense a été l'achat des livres et des instruments de géométrie dont notre fils ne pouvait se passer pour son instruction, mais cette dépense même était une sage économie, puisqu'il n'a jamais eu d'autres maîtres que lui-même.

« Il est vrai de dire cependant que ma fortune, depuis ma retraite du commerce, a souffert une diminution; la place que j'ai occupée deux ans m'a coûté trois mille livres de mon capital, qui a subi aussi quelques retranchements par le rachat des droits féodaux, fixes et éventuels, que j'ai payés au receveur de la nation, il y a plus de deux ans, payement qui, avec les impositions accumulées de quatre à cinq années, y a fait une brèche de dix-huit mille livres; il faut ajouter à cela le quart de mon revenu, les offrandes à la patrie, le contingent du recrutement du mois de mars dernier, qui font près de deux mille livres; ma dépense extraordinaire nécessitée par ma place de juge de paix, qui exigeait de moi un loyer, un domestique, un ménage et trois feux de plus. Je doute qu'avec d'aussi minces ressources il y ait eu un seul citoyen qui ait autant rendu que moi à la patrie; je ne regrette *rien* que le malheur d'être méconnu d'Elle, car d'être flétri par mes ennemis ou des envieux est ce qui m'afflige le moins, mais c'est mon étonnement.

« Je n'eus jamais que le goût et la passion de mes devoirs, je n'ai ni repentir, ni remords, et je suis toujours digne de toi ; je t'embrasse, et tout ce qui nous est cher, du fond de mon cœur.

« Jean-Jacques Ampère, époux, père, ami, et citoyen toujours fidèle. »

Un mois plus tard, le 23 novembre, Jean-Jacques Ampère, la veille de sa mort, adresse ses dernières pensées à ceux qu'il va quitter, à sa patrie *tant chérie*, puis s'abandonne à Dieu en pardonnant à ses bourreaux.

Cet homme simple, si doux dans sa résignation, si fort dans sa pureté de conscience, si grand par la hauteur de son âme, devait être la noble souche de deux générations que le talent et le génie allaient illustrer.

Recueille-toi, Madeleine, et lis avec un sentiment de vénération les pages qui vont suivre.

« J'ai reçu, mon cher ange, ton billet consolateur ; il a versé un baume vivifiant sur les plaies morales que fait à mon âme le regret d'être méconnu par mes concitoyens, qui m'interdisent, par la plus cruelle séparation, ma patrie que j'ai tant chérie et dont j'ai eu tant à cœur la prospérité.

« Je désire que ma mort soit le sceau d'une réconciliation générale entre tous nos frères ; je la pardonne à ceux qui s'en réjouissent, à ceux qui l'ont provoquée et à ceux qui l'ont ordonnée.

« J'ai lieu de croire que la vengeance nationale, dont

je suis une des plus innocentes victimes, ne s'étendra pas sur le peu de bien qui nous suffisait, grâce à ta sage économie et à notre frugalité qui fut notre vertu favorite. Il vient de toi, il t'appartient, ou à ta sœur, ou à des créanciers dont les titres ne sont pas équivoques; tu feras donc valoir tes droits de concert avec eux suivant l'instruction que je t'ai fait passer dès les premiers jours de ma détention au cachot, et les gages de notre union, qui sont si dignes de notre tendresse, seront du moins à l'abri de l'indigence.

« J'espère qu'un motif de cette importance te fera supporter ma perte avec courage et résignation. Après ma confiance en l'Éternel, dans le sein duquel j'espère que ce qui restera de moi sera porté, ma plus douce consolation est que tu chériras ma mémoire autant que tu m'as été chère ; ce retour m'est dû.

« Si, du séjour de l'éternité où notre chère fille m'a précédé, il m'était donné de m'occuper des choses d'ici-bas, tu seras, ainsi que mes chers enfants, l'objet de mes soins et de ma complaisance. Puissent-ils jouir d'un meilleur sort que leur père et avoir toujours devant les yeux la crainte de Dieu, cette crainte salutaire qui opère en nous l'innocence et la justice malgré la fragilité de notre nature.

« J'adresse à la Tatan les plus tendres adieux, et je compte sur son amitié pour toi et tous les tiens; puisse-t-elle avoir une partie du courage qui m'anime, afin que vous vous encouragiez mutuellement. Ne parle pas à ma Joséphine du malheur de son père, fais en sorte qu'elle l'ignore ; quant à mon fils, il n'y a rien que je n'attende de lui, tant que tu les posséderas et qu'ils te posséderont ; embrassez-vous en mémoire de moi. Je vous laisse à tous mon cœur. Adieu, tendre amie, reçois les derniers élans de ma tendresse et de ma sensibilité ; dis à celui qui partagea notre retraite que je l'aime autant que je l'honore, rappelle-moi au souvenir des C^{ns} Per.

« Ce 23 novembre 1793.

« J.-J. AMPÈRE. »

Ces lignes écrites quelques heures avant de monter sur l'échafaud, dans toute la plénitude de la vie et des facultés, sont à elles seules une biographie complète de l'homme juste, un testament qui vaut bien des parchemins.

Le condamné parle d'une fille aînée qu'il va rejoindre au ciel, de la Tatan, sa belle-sœur, de la petite Joséphine, qui doit ignorer la fin tragique de son père ; et sui André, dont il a deviné le génie, un pieux orgueil, tout vivant encore dans son cœur au moment suprême, lui inspire ces mots : « Quant à mon fils, il n'y a rien que je n'attende de lui. » Paroles prophétiques, saintement recueillies par celui qui devait les justifier un jour, vous avez sans doute plus d'une fois relevé son courage sur ce chemin si rude qui le menait à la gloire.

André-Marie Ampère avait dix-huit ans à l'époque de la terrible catastrophe. Foudroyé, brisé devant son formidable malheur, l'orphelin, comme anéanti, y succomba un moment.

Son ébranlement fut si profond, que pendant toute une année cette puissante intelligence sembla disparaître ou dormir. Un jour, elle se réveilla en s'intéressant aux fleurs. De cette contemplation à la poésie, la pente était facile. Bientôt il s'enivra des plus beaux vers d'Homère, d'Horace, de Virgile et du Tasse ; il s'enthousiasma de la nature, goûta l'amitié avec ardeur, l'*amitié*, sentiment *héréditaire* dans sa famille, que Jean-Jacques a élevé à la hauteur d'une vertu.

Dans une telle situation d'âme, André-Marie rencontra une jeune fille qu'il allait chérir encore plus que les fleurs, la poésie et la science ; Julie Carron devait être la passion, le seul amour de toute sa vie.

Aux environs de Lyon, tout près de Polémieux, où naquit André Ampère, dans le domaine maternel, se trouve le petit village de Saint-Germain-au-Mont-d'Or ; c'est là que vivait tout l'été, dans une campagne bien modeste, la famille Carron. Le chef de cette maison s'occupait d'affaires. Il avait quatre enfants : un garçon et trois filles. L'aînée de celles-ci était mariée à son cousin Marsil Périsse, associé d'un établissement de librairie, connu et respecté dès lors, comme à présent, dans le commerce de Lyon; la seconde, Mlle Julie, devait être la mère de J.-Jacques Ampère; la troisième, Élise, personne d'un esprit original et cultivé, douée d'une incomparable bonté, mais ayant l'imagination un peu orageuse, nous initie par sa correspondance aux mœurs simples, aux vertus domestiques de son pieux intérieur. Une mère bien tendre, un père malade, objet de la sollicitude de tous les siens, une grand'mère très-aimée de ses petits-enfants, une tante dévouée à chacun, Mlle Boiron, sœur de Mme Carron, et quelques vieux amis, composent ce cercle intime. Le fils unique de M. Carron est fiancé à Mlle Aguarite de Campredon, au moment où nous y pénétrons, en 1795.

Julie était une blonde aux cheveux d'or, un titre de romance le prouve; André complète ainsi son portrait quelque part: « On voit dans ses yeux bleus la sérénité d'une âme angélique, un sourire anime tous ses traits, les grâces composent tous ses mouvements, la candeur brille sur son front et colore ses joues d'une légère teinte de rose. » Quant à son cœur et à sa raison, pour en juger immédiatement, nous nous arrêterons un instant sur un épisode de sa jeunesse, étranger à notre sujet principal, mais qui nous fournit l'occasion de faire avec cette aimable fille et avec ceux qui l'entourent plus intime connaissance.

M. Dumas, médecin déjà distingué à vingt-neuf ans,

professeur à l'École centrale de santé à Montpellier, demande, en 1795, M{{lle}} Julie Carron en mariage. L'affection qu'il éprouve est sincère, car l'appât d'une belle dot n'existe point[1].

De dix-neuf à vingt et un ans, Julie sut donc inspirer deux fois un amour désintéressé, sentiment moins rare il y a soixante-dix ans qu'aujourd'hui, à ce qu'il paraît.

Le style de M. Dumas, amoureux, n'échappe point à l'influence de son époque. Il peint sa passion avec une exaltation dramatique, une emphase d'expression qui serait mal venue en 1869, et risquerait de provoquer plus souvent le sourire que l'émotion. Pourtant, je le répète, sous cette forme trop *sensiblement romanesque*, le fond se trouve, la tendresse est réelle.

De nos jours, les prétendants formulent autrement leurs propositions. On ne peut les accuser de manquer de simplicité dans leur langage, de positif dans leurs déclarations : ils n'en mettent que trop, hélas !

C'est à la mère de Julie, bien entendu, que le jeune

---

1. Dumas, médecin, né à Lyon en 1765, étudia à Montpellier, fut employé à l'Hôtel-Dieu de Lyon, où il rendit de grands services pendant le siège de la ville (1793), puis à l'armée des Alpes (1794). Il fut nommé en 1795 professeur d'anatomie et de physiologie à Montpellier, devint successivement doyen de la faculté de médecine, recteur de l'Académie de Montpellier, et mourut dans cette ville en 1813. Ses principaux ouvrages sont : *Principes de Physiologie*, 1806, où il développa la doctrine du principe vital de Barthez ; et *Doctrine des Maladies chroniques*, 1812, travail neuf, où l'auteur expose la théorie et la formation des maladies.

professeur adresse tout d'abord sa prière. Il parle de sa situation présente, de ses espérances d'avenir, et commence ainsi :

De M. Dumas à Mme Carron.

« Madame,

« Ah ! si vous pouviez connaître mon âme tout entière ! Lorsque je revins de Paris, il y a six ans, je nourrissais déjà le même sentiment pour votre fille ; j'étais sans fortune, il fallait la faire avant de songer à elle. Je vins concourir à Montpellier pour une place de professeur que j'avais obtenue par un brevet. Ma pauvre mère, instruite de mon amour, m'animait à de grands efforts pour en mériter l'objet ; des circonstances fâcheuses, relatives à la Révolution, éloignèrent le moment où ma position devait être fixée ; j'arrivai à Lyon dans l'espoir de me faire un sort ; je ne tenais à réussir que pour Julie : pour elle je bravai les rigueurs du siége et m'exposai à tous les malheurs qui suivirent pour moi ce terrible événement. Vous les connaissez, je ne les rappellerai point à votre cœur sensible. Je vous dirai seulement que, menacé d'un danger pressant, accablé de privations et de maux pendant ces jours d'infortune, je ne donnai de regrets qu'à Julie. J'aime à croire qu'elle aurait consenti à être mon épouse si de nouvelles circonstances ne m'eussent éloigné de mon pays.

« Je languis dans les plus cruelles incertitudes ; daignez me tirer de cet état et fixer, par un seul mot, ma bonne ou ma mauvaise fortune, car il n'y aura pour moi de bonheur et de malheur que par Julie.

« La Convention nationale vient de m'appeler à un poste avantageux et conforme à mes goûts. Je suis nommé professeur à l'École centrale de santé établie à Montpellier, et chargé d'enseigner l'anatomie, la physiologie et la physique appliquée à l'art de guérir. Le traitement de chaque professeur est porté à six cents livres par mois. J'espère aussi que l'exercice de ma profession ne sera pas infructueux.

« Je n'offre point des richesses à Julie, mais je lui apporte un cœur plein d'elle et qui, dès sa première jeunesse, s'est pénétré d'un amour que le temps ne saurait altérer.

« J'attends votre réponse, Madame, et je compterai les jours, les heures, les minutes qui vont s'écouler jusqu'à ce qu'elle me parvienne.

« DUMAS,

Professeur à l'École centrale de santé, chez les citoyennes Durand, rue Haute, à Montpellier, an III de la République française. »

Cette lettre, qui tombe à l'improviste au milieu des

habitudes régulières et paisibles de la famille Carron, agite toutes les imaginations, particulièrement celle d'É- lise, qui ne peut supporter la perspective d'être séparée de sa sœur. Ce grand événement devient vite le secret de la comédie; chacun s'en préoccupe tout bas activement, mais se croit obligé de garder une discrète et coûteuse réserve vis-à-vis des autres. Élise, qui est à Saint-Germain avec sa grand'mère pendant que Julie reste à Lyon auprès du lit de son père, nous peint la situation en rendant compte de la visite de Marsil, son beau-frère.

D'Élise à Julie.

« Saint-Germain.

« Oh! ma chère Julie, combien nous avons causé avec mon beau-frère! Je me doutais qu'il était au fait de tes affaires; il se tenait cependant comme moi sur la réserve; mais lorsqu'il fut près de son départ, je le retins en lui disant : « Mais ne sais-tu plus rien, *plus rien?* » Il s'est mis à rire, et, dans la crainte de compromettre sa femme, se taisait toujours; enfin nous avons crevé en même temps et chacun s'est avoué ce qu'il savait là-dessus. Jenny lui contant *tout* nous met par force dans le cas de ne lui rien cacher. Il m'a priée néanmoins de ne point t'apprendre qu'il était si bien instruit pour ne pas te gêner avec lui;

je me suis moquée de cette raison, car je pense qu'un aussi bon frère compléterait à merveille notre quadrille de femmes; il en a toute la sensibilité et t'aime quasi autant que le fait ton Élise.

« Cette visite de Marsil mit tout le voisinage en émoi: Mlle Laurent, M. Richemberg et bien d'autres...... J'étais tout étourdie et rouge comme le feu de me trouver à pareille fête, et bien contente de leur voir les talons pour me retrouver avec mon frère, qui, par complaisance, est resté jusqu'à cette après-midi.

« Embrasse papa, maman; surtout n'oublie pas de m'aimer. Je t'embrasse à l'étouffade.

« ÉLISE. »

Point de réponse de Julie à sa sœur, mais en voici une adressée au professeur, assez menaçante pour son amour, malgré les espérances d'avenir qui s'y glissent en passant.

« Monsieur,

« C'est bien contre mon gré que vous êtes depuis si longtemps dans une incertitude pénible; j'aurais voulu pouvoir prendre une détermination prompte, mais j'attache une trop grande importance à l'engagement que vous me proposez pour ne pas faire des réflexions sérieuses et qui demandent une tranquillité d'esprit que je suis loin de trouver auprès d'un malade chéri.

« Vous imaginez que vos propositions nous sont désagréables ; peuvent-elles l'être d'une personne que nous estimons tous ? Je ne puis m'accoutumer à l'idée d'une séparation avec ma famille ; je sens que jamais je ne saurai m'y résoudre, ne sachant pas même encore si nos caractères et nos goûts sont tels qu'il les faut pour adoucir les peines qu'on ne peut éviter dans aucun état de la vie. Les raisons qui vous retiennent à Montpellier sont toutes naturelles ; il faut se garder de quitter un emploi avantageux au moment où ils sont si rares. Je serais bien fâchée de contribuer à vous faire négliger votre avancement ; mais les circonstances peuvent changer. Lyon vous offrira sans doute un jour les occasions qui se présentèrent pour vous autrefois. De mon côté je n'aurai pas constamment des chagrins aussi vifs que ceux que j'éprouve maintenant. Mais, à présent, la pensée d'abandonner mon père un seul instant ne pourrait qu'ajouter à ma peine. . . .

« Je suis, Monsieur, avec une grande considération,

«. JULIE CARRON. »

A ces paroles pleines de raison et de *politesse*, Mme Carron ajoute quelques réflexions peu encourageantes :

« Quitter tout ce que l'on aime au monde pour se

transporter, à soixante lieues avec quelqu'un dont on ne connaît ni les goûts, ni les habitudes, vous m'avouerez, Monsieur, que c'est un parti à prendre qui demande de la résolution et de grandes dispositions pour le mariage. »

Grâce aux illusions que conservent trop souvent les amoureux, la confiance de celui-ci ne s'ébranle pas : le 29 floréal il essaye encore de faire valoir les avantages de sa carrière.

« Montpellier, an III de la République française

« Madame,

« Que la manière dont Julie exprime ses sentiments est touchante ! Comme on y voit la candeur d'une âme pure et la sollicitude de la tendresse filiale. Les obstacles qu'elle oppose à mon bonheur me la feraient chérir davantage, si mon amour était susceptible de s'accroître. L'idée d'une séparation l'épouvante ; mais voyez ma position et jugez si je dois l'abandonner en ce moment.

« Je me trouve à la tête d'un établissement nouveau, formé sur les ruines de la plus célèbre école de l'Europe. J'occupe une des premières places de la médecine dans une ville qui compta toujours un grand nombre de médecins fameux ; ma place m'assure un sort honnête et invariable ; elle mène également à la gloire et à la fortune, m'attache à l'utilité publique, et je me trouve, à vingt-neuf ans, plus distingué, plus considéré qu'un médecin ne l'est bien souvent à quarante ans dans une autre ville. Tous ces avantages me semblent surtout précieux après les tristes événements qui m'ont éloigné de ma patrie....... Je renoncerai, s'il le faut, à la brillante carrière qui m'est ouverte ; j'irai, si elle l'exige, oui, j'irai avec elle dans une ville dont je crois le séjour dangereux ; mais, par cet abandon, que me restera-t-il à lui offrir ?... des sacrifices et rien de plus.

« Recevez, Madame, l'assurance de mon respect.

« Dumas. »

Ces arguments ne manquent point d'une certaine force ; plus d'un père de famille s'en contenterait, mais, hélas ! Dumas n'a pas conquis Julie. Une nouvelle missive qu'on reçoit à Saint-Germain nous le prouve ; cette lettre, destinée à l'intimité maternelle, est consciencieusement envoyée par Mme Carron à celui qu'elle va désespérer.

« Lyon, 20 germinal au soir.

« Nous recevons dans l'instant, ma petite mère, une lettre de Montpellier. J'avais la permission de l'ouvrir, elle m'a rendue toute triste ; j'étais tranquille ces jours passés, tu avais répondu, c'était tout ce que je pensais. Je sens le prix d'un cœur aussi sensible. Mais te quitter, m'éloigner de ceux que j'aime, *non, non,* je ne peux envisager cela sans un cruel chagrin. Moi qui voudrais chaque matin franchir ces trois lieues qui me séparent de toi et revenir le soir trouver mon père et mon Élise! Il faut répondre. Comment dire par lettre tant de raisons qui se sentent mieux qu'elles ne s'expriment? On voit bien qu'il ne croit pas mon père aussi malade. Si j'avais l'esprit plus tranquille sur son compte, je m'occuperais davantage d'une chose d'où dépend le bonheur de ma vie. Je vois que je suis bien aimée; mieux connue, peut-être le serais-je moins. Moi aussi je ne puis être heureuse qu'en chérissant celui avec qui je passerai mon existence. Ses lettres sont bien faites pour me donner une bonne idée de lui: un cœur délicat, de l'amitié pour les miens. Toutes ces choses sont telles que je les ai toujours désiré rencontrer dans un époux, si je dois en avoir un. Mais il est encore tant de rapports de caractères et de goûts qui contribuent à la mutuelle félicité! Je te l'ai déjà dit, je ne le connais pas assez, je faisais peu d'attention à l'intérêt qu'il me portait autrefois, pensant que c'était un badinage.

« J'apprécie toutes ses bonnes qualités, mais il ne parle plus de venir se fixer à Lyon; ce seraient seulement des voyages qui deviennent difficiles lorsqu'on a un ménage à quitter. Je me répète cela, j'y reviens toujours parce que j'y songe sans cesse. Que j'aurais de plaisir à te confier toutes mes pensées, en écoutant à mon tour tes conseils ! Mais je ne puis laisser encore Élise seule près de mon père ; ensemble nous nous aidons à supporter nos craintes. Comment pourrais-je donc me résoudre à m'en aller si loin ? pour si longtemps ? Oh ! non, *non*. Réponds ce que tu voudras à cette lettre bien tendre, mais je ne peux quitter tous ceux que j'aime tant.

« Adieu, maman.
« TA JULIE. »

La vérité semble apparaître un instant à l'amant malheureux ; mais son cœur ne veut pas se rendre. Il exhale une dernière plainte, il conjure une dernière fois.

« Montpellier, an III de la République française.

« Je vous entends, Madame, je vous entends, j'ai compris la réponse de Julie, malgré la délicatesse avec laquelle elle s'efforce d'en adoucir l'amertume.

« Cette réponse m'ordonne presque de me taire. Comment oser en effet vous occuper encore d'un sentiment qui ne peut être satisfait sans coûter à une autre de douloureuses larmes ? De quelle félicité puis-je me flatter là où Julie ne peut trouver la sienne ? Et cependant le besoin de vous ouvrir mon âme n'est pas apaisé. On me parle de fortune, d'affaires, d'espérances, de sort brillant : que valent toutes ces choses pour un cœur tout rempli de Julie? Ma fortune, je la tirerai de mon travail, animé par le désir de rendre heureuse une épouse adorée. Ma principale affaire sera d'aimer Julie chaque jour davantage; mon espérance, de mériter sa tendresse.

« De grâce, Madame, faites encore un effort sur elle, sur vous-même; n'y a-t-il pas moyen de rendre moins cruelle la séparation qui effraye votre tendresse? L'heure fuit, le temps d'être heureux tarde à celui qui ne le fut jamais. Non, il n'est pas de sacrifice dont je ne me sente capable pour obtenir Julie.... J'ai songé, car on ne sait que songer quand on aime, j'ai songé que les eaux de Balarue ont leur source près de Montpellier; pourquoi le malade ne viendrait-il pas accompagner sa fille, et mettre à contribution, entre *ses deux enfants*, les bienfaits d'un climat délicieux, d'un art perfectionné et d'une eau salutaire? On m'a réservé à l'École un logement qui serait bientôt disposé de manière à le recevoir. Dans mes châteaux en Espagne, je me plais à marquer la chambre qui lui serait destinée, celle que vous occuperiez lorsque vous viendriez nous voir, celle que Julie.... Mais j'oublie que penser à cela c'est, hélas! comme elle le dit, vouloir contribuer à son malheur.

« Adieu, adieu, je me sens bien à plaindre.

« DUMAS. »

Julie, l'excellente fille, ne peut rester complétement insensible aux tourments qu'elle cause. En prenant la plume pour écrire à Montpellier cette page qui sera la dernière, elle commence ainsi, l'innocente imprudente:

« Je ne pensais pas, Monsieur, que la réponse à ma lettre pût être d'un style aussi triste. Je vous dis, il est vrai, que je ne peux me déterminer à quitter tous les miens; je vous engage aussi à ne pas abandonner, dans un moment de révolution, une place qui vous est avantageuse. Affligée comme je le suis de voir mon père dans une situation dangereuse, puis-je songer à un changement d'état?

« Si j'ai désiré vous connaître davantage, n'était-ce pas également pour le bonheur de tous deux? ne risquais-je pas autant que vous à cet examen? Le *séjour de Lyon vous déplaît;* que ne faudrait-il pas pour vous faire oublier un pays que vous aimez et des avantages si difficiles à remplacer ailleurs? Vous trouvez que les années s'écoulent rapidement, je l'aperçois comme vous; mais ne vaut-il pas mieux en employer quelques-unes à chercher le bonheur pour l'atteindre, que de saisir son ombre? Vous rencontrerez des femmes riches, aimables, je n'en doute pas: votre position exige un établissement prompt, soyez heureux!! Si je vous ai causé des peines, leur souvenir ajoutera toujours aux miennes, et loin de trouver mon bonheur dans le sacrifice que vous faites du vôtre, la pensée que j'ai pu y porter atteinte sera toujours fort pénible à Julie. »

L'infortuné Dumas devait passer par toutes les phases douloureuses de la maladie dont il était victime. Quelques mots dictés par un sentiment de commisération suffisent à ranimer ses espérances. Il lit et relit cent fois, sans tenir compte du reste, les premières paroles du billet de Julie, dont il veut obstinément s'enivrer : « Je ne croyais pas, Monsieur, que la réponse à ma lettre pût être d'un style aussi triste » ; et, plus enflammé que jamais, se rattachant à ses illusions, le voilà qui exprime de nouveau ses transports. Celle qu'il aime, au contraire, défend énergiquement sa liberté, en restant maîtresse de son cœur. La bouillante Élise, qui suit avec anxiété toutes les péripéties du petit roman de Montpellier, tremble de voir triompher le professeur passionné, et adresse de Saint-Germain, à sa sœur, de véritables lamentations.

A la citoyenne Julie Carron, rue Clermont, n° 21, maison Debrosse, à Lyon.

« Saint-Germain, ce dimanche soir, vieux style.

« Chère Julie,

« Le jour d'hier fut pénible pour ton Élise : ces nouvelles qui n'arrivaient point, je tremblais de les recevoir.

il est des moments où tout vous accable. Je suis abasourdie, hébétée, et j'ai grand'peur que ma faible tête ne puisse résister à tant de choses ; les plus petites me désespèrent, parce que les grandes sont là, qui ne me quittent ni jour ni nuit. Ah! que j'ai besoin de parler à toi de toi! Comme je pleurerais de bon cœur! Cette dernière lettre où l'on ne veut point de séjour à Lyon met le comble à mes craintes. Je suis découragée, la vie m'est à charge; je me reproche aussi la peine que ma tristesse et mes plaintes te causent. Ah! si ton amitié me manquait jamais, cache-le-moi si tu veux que j'existe. Mais où m'emporte mon ennui? n'en as-tu pas assez toi-même? Enfin, je me dégonfle un peu.

« J'irai soigner notre cher père sitôt que la bonne maman sera remise. Embrasse tendrement Aguarite. Nous avons eu des nouvelles de son fiancé : il a reçu un aimable accueil de mon oncle, a fait un bon voyage. Dieu veuille que tout cela continue!

« Mais revenons à ce qui te regarde : tout le reste, en m'occupant fortement, ne me touche pas avec autant de vivacité. Aguarite te conseille de dire *oui;* mais comment s'y décider, se connaissant si peu? Elle doit savoir par expérience qu'il faut être sûr d'une confiance réciproque. Elle éprouve tant de satisfaction à apprendre tout ce qu'a pensé et pense notre frère : se serait-elle contentée de le deviner de loin et par lettres?

« Toutes tes raisons sont les meilleures du monde ; rien

de choquant, rien d'empressé; enfin, c'est ce que tu sens. S'il a vu ce que tu écrivais à notre mère, il ne parlera plus comme d'une bagatelle du voyage de Montpellier.

« Je suis hébétée aujourd'hui ; la maladie de bonne maman et bien d'autres choses encore m'ont tant secouée, que je ne sais si je dors, si je veille, si je suis folle ou raisonnable.

« Adieu, aime-moi malgré tout, et crois que je t'aime, que je t'aime ! Ah ! ma chère Julie, voilà qui approche bien d'une conclusion : fasse le ciel qu'elle soit pour ton bonheur !

« ÉLISE. »

En effet, nous touchons au dénoûment; le rêve de l'amoureux vient enfin de s'évanouir ; une dernière épître qui nous l'annonce se termine ainsi : « Mademoiselle, ayez au moins tout le bonheur qui me manque, je n'en sentirai la privation qu'à demi. Vivez tranquille au sein d'une famille qui vous chérit, loin d'un homme qui vous adore, et songez quelquefois à l'infortuné qui ne pouvait cesser de l'être que par vous »

Plaignons Dumas, il le mérite ; mais espérons que l'avenir l'aura dédommagé Nous pouvons dire, ayant connu son cœur : Heureuse la femme qui aura su le consoler !

Et Julie, de son côté, n'a-t-elle pas inspiré aussi

quelque sympathie? C'est une belle nature, un esprit droit. Elle possède le sentiment du devoir à un haut degré, saura prendre le plus court pour arriver au but, car son bon sens ne fera jamais défaut.

Le professeur de Montpellier, qu'elle n'avait vu qu'en passant et qui voulait l'enlever à sa famille, l'a peut-être accusée de froideur. Mais son dévouement à ses parents dément toutes conjectures de ce genre. En amour Julie n'avait pas dit son dernier mot. A l'époque terrible de 1793, sa jeunesse s'épanouissait à peine : de pareils événements mûrissent vite; les dangers qui menaçaient les siens avaient resserré les liens qui l'unissaient à eux. S'éloigner quand ils venaient d'échapper à la terreur, et que la maladie paralysait son père, ce sacrifice lui parut impossible. Elle refusa donc l'occasion, toujours *rare* pour une fille sans fortune, d'un établissement très-avantageux. Elle refusa, non sans avoir hésité quelque temps : car, malgré sa résolution de ne pas céder alors aux instances d'un honnête homme, sa conscience émue et reconnaissante lui disait qu'elle était aimée. Julie lutta donc, mais son affection filiale l'emporta.

Cette crise d'intérieur terminée, chaque membre de la famille Carron reprend sans distraction le cours de ses habitudes et de ses occupations intimes. Élise, rassurée sur la séparation qu'elle redoutait, nous parle du mariage de son frère et de Mlle Aguarite avec plus de sérénité que de celui de sa sœur. Elle se félicite d'échapper pour **son** compte aux tourments de l'amour, et nous arrivons ainsi, en compagnie de cette brave et véhémente fille, à la fin de l'année 1795.

D'Élise à la citoyenne Julie Carron, à Lyon.

« Mardi soir, 1795, vieux style.

« Sont-ils ou ne sont-ils pas mariés? car je ne sais ni l'heure ni le jour. Vous n'avez pas le temps de m'écrire et je m'attends, pour n'être pas surprise, à ne rien recevoir du tout. Mais une foule d'idées se pressent et me suivent pêle-mêle dans la noce. Je vois ce cher Carron si content, et cette bonne Aguarite aussi; puis maman qui ne sait auquel entendre.

« Vous avez grand besoin de vos hardes, je les envoie. Dieu veuille que ce ne soit pas moutarde après dîner! C'est un gouffre, comme vous le dites, que cette maison aujourd'hui; tout ne fait que paraître, tout fond: pourvu que vous ne fondiez pas vous-mêmes, et que je vous trouve des figures reconnaissables!

« Ton amitié te représente Élise bien malheureuse dans sa solitude, tu voudrais venir tenir ma place ici. Eh! mon Dieu, pourrais-je prendre, tout d'un coup, la tienne dans ce tourbillon de Lyon? Crois avec moi que la Providence me veut où je suis, et vois combien d'obstacles s'opposent à ce que je sois ailleurs. Prenons donc notre parti, et cessons d'être toujours à la recherche de moyens qui ne se rencontrent jamais. Je voudrais quelquefois, pour ton repos, que tu fusses un peu plus *chaîne de puits*; mais, d'un autre côté, quand je songe à moi, je suis fort aise de te voir un être tout pensant, tout sensible et qui m'aime tant.

« J'embrasse Fanchette et son drôle de petit frère Périsse, qui ne veut point qu'on marchande la façon de son habit, et qui compte faire face à tout avec son portefeuille.

« Adieu, je vais me coucher. Quel contraste pour notre mère avec la vie qu'elle mène depuis quelque temps à la ville, et la tranquillité qui l'attend à Saint-Germain !

« ÉLISE. »

A cette époque André vient d'avoir vingt ans. Depuis plusieurs années il sait autant de géométrie et de mathématiques que les professeurs et les livres peuvent en apprendre. Devenu latiniste, hélléniste, fou de poésie, il fait des tragédies, ébauche des poëmes sur les sciences naturelles, sur la morale de la vie, une épopée sur Christophe Colomb ; il rime des chansons, des madrigaux, range, classe sa flore, et sauve ses racines de la mort en les replantant dans son jardin. Il étudie la chimie, la physique, la mécanique analytique, le blason, la philosophie.

Que n'étudie t-il pas, bon Dieu ! que ne sait-il pas déjà, celui qui complétera ses travaux, vingt ans plus tard, en concevant et rédigeant une classification nouvelle de toutes les connaissances humaines !

Nous retrouvons André à Lyon, installé rue Mercière, donnant des leçons toute la journée et se réservant de longues matinées dont il connaît le prix. En hiver, il se lève avant le jour, à quatre heures, quitte sa chambre et s'en va monter un cinquième étage de la place des Cordeliers pour se réunir à un groupe de camarades avides comme lui de tout apprendre, de tout savoir. Ils lisent ensemble le traité de Lavoisier, s'enthousiasment, s'émerveillent à toutes les découvertes nouvelles que lui, Ampère, encore ignorant de son génie, saura bientôt égaler, sinon surpasser. Au souvenir de cet héroïque travailleur, M. Sainte-Beuve écrit ces charmantes paroles :

« Admirable jeunesse ! âge audacieux ! saison féconde! où tout s'exhale et coexiste à la fois, qui aime et qui médite, qui scrute et découvre et qui chante, qui suffit à tout, qui ne laisse rien d'inexploré de ce qui la tente et qui est tentée de tout ce qui est vrai et beau ! Jeunesse à jamais regrettée, qui, à l'entrée de la carrière, sous un ciel qui lui verse ses rayons, à demi penchée hors du char, livre des deux mains toutes ses rênes et pousse de front tous ses coursiers. »

Ampère, à la fin de chaque semaine si laborieusement remplie, quittait la ville de Lyon pour aller se reposer le dimanche én famille à Polémieux. Parfois il s'arrêtait en route chez une tante établie avec sa fille à Saint-Germain. Ces courses, ces visites, devinrent-elles pour notre jeune savant l'occasion d'une rencontre qui devait fixer son sort ? Probablement. A cette heure, il se plaint et s'ennuie de l'oisiveté de son cœur, d'une apathie qu'il ressent en dépit de ses études et des livres qui jusqu'ici ont fait ses plus chères délices.

« Le cri de la nature répandait dans mon âme une inquiétude vague et insupportable. Un jour que je me promenais après le coucher du soleil le long d'un ruisseau solitaire... »

Le papier n'en dit pas davantage : ces lignes, tracées sur une feuille volante, s'arrêtent là ; mais elles servent comme d'introduction au journal qui va commencer ; c'est l'aurore d'un jour radieux, l'apparition de Julie qu'elles annoncent.

Sur la première page d'un manuscrit plus maculé que es autres, parsemé d'x et d'y, on voit écrit
lettres : *Amorum,* dernier mot d'un titre dont le commencement est tout déchiré.

Avant d'aller plus loin, arrêtons-nous un instant ; regardons ce jeune professeur de vingt ans qui doit tout ce qu'il sait à lui-même, et qui sait *tout*, excepté le monde. Il n'a connu jusqu'ici d'autre joie que celle du travail ; son courage, c'est sa fortune ; sa simplicité, sa noblesse ; sa bonhomie vient de la pureté et de la vérité de son âme. On va le trouver gauche et maladroit peut-être dans sa craintive inexpérience ; mais, s'il fait sourire quelquefois, ce sera avec une certaine vénération. Sous cette humilité réelle sachons deviner le génie qui se cache, car cet homme si timide, si tendre et si modeste, est bien grand déjà par la science dont il va reculer les limites.

En 1840, au sein de l'Académie des sciences, son illustre secrétaire perpétuel, M. Arago, après avoir exposé les lois qui régissent les phénomènes d'électro-dynamique, s'écriait, en parlant d'André : « On dira un jour les lois d'Ampère, comme on dit *les lois de Kepler.* »

Puis il racontera que, le 18 septembre 1820, époque à laquelle l'immortelle découverte fut présentée à l'Institut, « les savants nationaux et étrangers, pendant plusieurs semaines, purent se rendre en foule dans un humble cabinet de la rue des Fossés-Saint-Victor, et y voir avec étonnement un fil conjonctif de platine qui s'orientait par l'action du globe terrestre. Qu'eussent dit Newton, Halley, Dufay, Æpinus, Franklin, Coulom, si quelqu'un leur avait annoncé qu'un jour viendrait où, à défaut d'aiguille aimantée, les navigateurs pourraient orienter leur marche en observant des courants électriques, en se guidant sur des fils électrisés ? »

A ce dernier hommage rendu au génie par Arago, M. Littré ajoute le sien en terminant ainsi une notice remarquable sur Ampère.

« Notre temps présent, qui a été jadis de l'avenir, deviendra à son tour du passé; et il arrivera une époque où toute notre science paraîtra petite. Ce que Sénèque a dit de son siècle, nous pouvons le répéter pour le nôtre; la postérité s'étonnera que nous ayons ignoré tant de choses. Le bruit des renommées ira en s'affaiblissant par la distance de l'espace. Nos volumes, tout grossis par la science contemporaine, se réduiront à quelques lignes durables qui iront former le fond des livres nouveaux. Mais dans ces livres, à quelque degré de perfection qu'ils arrivent, quelque loin que soient portées les connaissances qu'ils renfermeront sur la nature, quelque élémentaire que puisse paraître alors ce que nous savons, *une place* sera toujours réservée au nom de M. Ampère et à sa loi si belle et si simple sur l'électro-magnétisme. »

A présent, chère Madeleine, que tu connais un peu mieux l'auteur du journal et des pages suivantes, ouvre ce cahier sans effroi : ce n'est pas une leçon de géométrie que le grand physicien te réserve, c'est une histoire bien naïve : celle de son amour.

MORUM

1796

Dimanche, 10 avril. — Je l'ai vue pour la première fois.

Samedi, 10 août. — Je suis allé chez elle, on m'y a prêté *le Novelle morali di Soave*.

Samedi, 3 septembre. — M. Coupier était parti la veille. Je suis allé rendre *le Novelle,* on m'a donné à choisir dans la bibliothèque, j'ai pris Mme Deshoulières. Je suis stéer un instant seul avec elle.

(M. Coupier, ami de la famille Ampère, s'occupait de botanique, de physique et de mécanique. Lié avec André, il l'interrogeait incessamment par correspondance sur les difficultés scientifiques qu'il ne pouvait résoudre lui-même.)

Dimanche, 4 septembre. — J'ai accompagné les deux sœurs après la messe; je rapportai le premier tome de

Bernardin. Elle me dit qu'elle serait seule, sa mère et a sœur partant mercredi.

Vendredi, 9 septembre. — J'y allai et ne trouvai qu'Élise.

Dimanche, 11 septembre. — En sortant de la messe, j'allai rendre Bernardin. J'appris que Julie reviendrait, mais avec Jenny[1].

(Elevé par une mère très-pieuse, les sentiments religieux d'André naissent avec sa raison. Sa première communion avait été la grande joie, la lumière de son adolescence, comme la calamité de 93 devait être la consternation, la stupeur, les ténèbres de ses dix-huit ans. Son catholicisme profond, enthousiaste au commencement de sa vie, attiédi, obscurci même au milieu de sa carrière, redevint bientôt inébranlable jusqu'à la fin de ses jours. Son fils, Jean-Jacques Ampère, répétait souvent que le catholicisme de son père, celui d'Ozanam et le spectacle de la religion de ta mère, avait été pour son âme et son intelligence une prédication plus émouvante et plus frappante que tous les arguments cherchés et même trouvés par lui dans les livres des plus savants théologiens.)

---

1. Jenny de Campredon, sœur d'Aguarite.

je n'ai pas rempli la berte, on dit que ce mulet se couche. Je voudrais qu'Aguarite entendit comme bonne maman la plaint du départ de Carron. « Elle va bien ver-« ser des larmes », dit-elle ; à cela je réponds : « Et nous « aussi » ; puis Marion s'écrie : « *Ah ouai!* c'est ben autre « chose qu'une sœur ! c'est une chose qu'on ne peut « comprendre que quand on y a passé ; y est un torment « et y a pitia de s'aimo comme y sen. »

« Je ne sais pourquoi ni bonne maman ni Marion ne pensent à plaindre mon pauvre frère ; il faut que les femmes se soient acquis une grande réputation de sensibilité.

« Que de choses à dire quand nous nous reverrons ! Mais je ne sais pourtant sur quelle corde t'écrire, c'est à toi de m'encourager à parler ou à me taire. »

(Malgré ses dernières paroles, la bonne Élise n'est pas fille à contenir longtemps son humeur expansive ; aussi, à la fin de sa missive, elle change de ton et s'exprime nettement.)

« Je trouve tes raisons convenables et sans réplique ; que peut-on contre un penchant si naturel de n'être point séparé ? Il faut qu'on s'arrange là dessus, e* si on *aime* on s'arrangera. »

(Toujours la question *sine qua non* de la séparation; on la traite, on la discute de nouveau en famille.)

Dimanche, 18 *septembre.* — Je vis Julie jouer aux dames après la messe.

Lundi, 19 *septembre* 1796. — J'achevai de m'expliquer. J'en rapportai de faibles espérances, et la défense d'y revenir avant le retour de sa mère.

(Ici se trouve un billet écrit à Julie, dont le brouillon raturé est deux fois recommencé.)

« Pardonnerez-vous au sentiment qui me force à vous écrire? Il m'est impossible de rompre autrement un silence que je ne puis supporter. Pendant que votre absence me privait de la joie de vous voir et de vous entendre, la seule maintenant que je puisse goûter, j'ouvris mon cœur à madame votre mère, et il me sembla qu'elle ne s'opposerait pas à mon bonheur si vous vouliez y consentir.

« Je sais combien je suis peu digne d'une telle félicité; l'amour le plus tendre et le plus soumis dont mon âme est remplie pourrait seul vous attendrir sur mon sort et vous engager à m'écouter. »

(A la déclaration d'André nous ne voyons pas de

réponse. Des commentaires d'Élise à ce sujet nous apprennent que le billet est arrivé à son adresse.)

« Saint-Germain, mardi soir.

« Chère Julie,

« Je reçois deux lettres à la fois, et quelles lettres ! ! que de réflexions à faire, que de choses à répondre !

« Mon Dieu, ne vous inquiétez donc pas de moi, je suis trop bien : penser à vous est mon occupation journalière; je brode, j'écris, je mange, je dors. Je n'ai pas froid à la cave, il y fait plus chaud qu'à la salle, je quitte toujours ma pelisse pour y entrer; je vais au fruitier; quant au cochon, il n'a reçu qu'une seule de mes visites. Ainsi ne vous mettez point en peine, tirez-vous cette épine, il en reste assez d'autres. Ce billet que tu as reçu m'a bien surprise ! Je commence à croire à la *constance*, et je démêle *dans les procédés de ces dames* mille choses que je n'avais point remarquées et qui ne sont pas au désavantage du *frère*; mais on ne peut s'expliquer ici, il y a trop de pourquoi et de parce que. Je te plains, ma chère Julie, d'avoir encore à faire des réflexions de cette nature, je te conseille de les laisser dormir jusqu'à ce que nous soyons plus calmes et toutes deux ensemble ;

mais ce que je dis là est plus aisé à écrire qu'à mettre en pratique.

« Adieu, adieu, je t'embrasse à l'étouffade.

« ÉLISE. »

(Elle n'est pas au bout de son étonnement, la bonne Élise, car la constance dont elle s'émerveille dès à présent va durer encore plus de deux années avant d'être récompensée ; *les procédés des dames qui ne sont point au désavantage du frère* prouvent que mère et tante, cousine et sœur, travaillent déjà sourdement à favoriser les projets d'André.)

Retournons au journal.

Samedi, 24 *septembre*. — Je fus rendre un volume de Bernardin, je rapportai le tome IV de la *Dunciade* et un parapluie.

Lundi, 26 *septembre*. — Je *la* trouvai dans le jardin, sans oser lui parler.

Vendredi, 30 *septembre*. — Je portai Racine. La mère était dans la salle à mesurer de la toile.

3 *octobre*. — J'y allai. Je glissai encore quelques mots à la mère. Je rapportai le premier volume de Sévigné.

Jeudi, 6 octobre. — Je me trouvai seul avec Elle sans oser lui parler; on me donna les premiers bouts-rimés.

Lundi, 10 octobre. — Je les portai remplis, et les lui mis adroitement dans la main.

Samedi, 15 octobre. — Je portai une lettre, mais Elle était allée à Lyon.

Mardi, 18 octobre. — Je m'ouvris entièrement à la mère, qui ne parut pas vouloir m'ôter toute espérance.

Mardi, 25 octobre. — Je portai le cinquième volume de Sévigné, je trouvai Élise, ce qui ne m'empêcha pas de parler et de rapporter encore quelques espérances.

Vendredi, 29 octobre. — Je vis Julie dans la cour en arrivant, mais des hommes, par malheur, déchargeaient une charrette; j'entrai, je trouvai une Mme Petit et n'osai rien dire.

Lundi, 31 octobre. — Grande compagnie, occasion du jardin manquée, tapisserie; j'avais rendu le septième volume de Sévigné, j'oubliai le huitième et mon parapluie.

(Pour aller voir Mlle Carron, André sait trouver vingt

prétextes; mais s'il s'agit de parler à Julie, l'amant timide manque absolument toutes les occasions.)

Mercredi, 2 novembre. — Je fus chercher mon parapluie. Jenny, Aguarite, visite des Bœuf, promenades et jeux.

Samedi, 5 novembre. — Je parlai à Julie devant sa mère, et rapportai le huitième et le neuvième volume de Sévigné.

Lundi, 7 novembre. — Je ne parlai pas ce jour-là, à cause de la mort de M. Montpetit.

Mercredi, 9 novembre. — Je reparlai. Julie me dit de venir moins souvent.

Samedi, 12 novembre. — Mme Carron était sortie, je dis quelques mots à Julie, qui me rembourra bien et partit; Élise me dit de passer l'hiver sans plus parler.

(Julie le rembourra bien, mais cela prouve-t-il qu'elle ne l'aime pas?)

Mercredi, 16 novembre. — La mère me dit : « Il y a longtemps qu'on ne vous a vu. » Élise me parla froidement. Julie m'apporta avec grâce les *Lettres provinciales*.

(Au XVIIIe siècle, avant, pendant et après la Révolution, l'éducation grammaticale des femmes en France était assez négligée ; la syntaxe, les règles des participes surtout, faisaient trop souvent défaut; mais le goût réel de la bonne littérature existait dans les familles les plus modestes, chez les personnes très-simplement élevées ; les dames aimaient la belle prose, la poésie, sans craindre de paraître pédantes, écrivaient des bouts-rimés, de petites fables, comme nous en verrons faire à Julie. Elles se reposaient des soins les plus humbles du ménage en écoutant la lecture d'une tragédie de Racine, celle d'un roman bien naïf et bien tendre, dépourvu de toutes péripéties accommodées à la mode de nos jours, ou de peintures trop laides pour être aimables quand même elles seraient *vraies*.

A présent, l'art d'écrire ou plutôt de décrire est poussé si loin que ce talent a remplacé le sentiment.

Est-ce un progrès? On pourrait en douter.)

Vendredi, 9 décembre. — Dix heures du matin. Elle m'ouvrit la porte, en bonnet de nuit, et me parla un moment tête à tête dans la cuisine. J'entrai chez Mme Caron, on causa de Richelieu; je revins dîner à Polémieux.

. . . .
. . . .

(Deux jours après cette dernière visite d'André à

Saint-Germain, Julie quittait la campagne pour aller à Lyon, chez Mme Marcil Périsse, passer les fêtes de Noël et celles du commencement de l'année 1797.

Après le départ de sa sœur, Élise, dont l'activité suffit à tout, entretient avec elle une correspondance qui va nous tenir au courant des faits, gestes et paroles de notre amoureux, auquel il est permis d'appliquer encore aujourd'hui la qualification de transi.

Pendant que nous lirons la prose d'Élise, Ampère continuera son journal, plus dépourvu d'événements que jamais en l'absence de Julie.)

D'Élise à Julie.

« Mercredi, 14 décembre.

« Il est venu comme nous sortions de table, jusqu'à six heures. Il vient de partir, et sans avoir rien d'extraordinaire à te conter, je vais faire une feuille à part.

« On a encore parlé lecture. Maman est sortie un instant, et vite il m'a demandé si j'avais de tes nouvelles. « Eh! mon Dieu, lui ai-je dit, point de facteur depuis « bien longtemps, et personne d'ici n'est allé à Lyon. — « Et croyez vous qu'elle arrive bientôt ?— Je pense qu'elle

« passera ces fêtes chez notre sœur. — Ces fêtes ! Qu'il y
« a encore loin d'ici-là ! — Je le trouve comme vous, et le
« temps me dure aussi de la revoir. — Oh ! je sens bien,
« mais vous lui écrivez, elle vous écrit, et c'est tout diffé-
« rent. » J'ai coupé court en disant que l'écriture était une
charmante invention ; maman est rentrée et la conversation a roulé là-dessus et sur les plaisirs de la campagne.
J'ai dit qu'un véritable bonheur serait d'y être réunis en
famille, qu'on oublierait ainsi bientôt la ville. « Mais
« comment feraient ceux qui aiment à aller à la comé-
« die ? » répondit-il en pensant sûrement à ton séjour à
Lyon. — « Croyez-vous que des gens bien contents d'être
« ensemble regretteraient la comédie ? — Mais il est des
« personnes qui ne peuvent pas s'en passer. — Oh !
« celles-là resteraient à la ville ; assurément leurs goûts
« n'auraient point de rapport avec les nôtres, on ne s'en
« soucierait guère. » Voilà le résumé de la conversation.
Je lui ai trouvé l'air plus gai que la dernière fois. Il a fait
avant-hier une visite au château. Je ne sais si je m'abuse,
je crois qu'il se forme de toute manière. Viens en juger,
ma bonne Julie ; mais j'ai peur que tes yeux, éblouis par
tout ce qu'on appelle muscadins, t'empêchent de le voir
sous le même jour que moi.

« Adieu, je t'embrasse enfin ; ce gros journal va partir par Boi, et demain j'aurai de tes nouvelles Si tu peux
m'envoyer mes ciseaux, j'en ai besoin. Sois tranquille,
ménage-toi, c'est mon refrain. Moitié est un peu mieux,

mais sa femme est malade. Comment va Aguarite avec son gros ventre ?

« Adieu, parle de tout ce qui m'intéresse.

« ÉLISE CARRON. »

D'Élise à Julie.

« Ce dimanche 18 décembre 1796.

« Il vint hier me montrer une manière d'écrire par chiffres qu'il faudrait que tu apprisses, car alors nous pourrions nous dire mille choses où le diable ne comprendrait rien.

« Lorsque la petite Pélagot fut loin, maman lui dit :
« Comment, monsieur Ampère, avez-vous laissé voir telle
« et telle chose à telle ou telle personne, sans penser que
« vous exposiez Julie à essuyer mille plaisanteries fort
« ennuyeuses? — Mais, Madame, hélas! je n'ai rien
« dit. On m'a fait des questions sur le mariage ; on m'a
« parlé d'un certain Ariste, qui est seul à la campagne, qui
« aime une jeune personne charmante et qui en est aimé,
« j'ai répondu qu'il était bien heureux, et qu'il avait bien
« fait de se marier. D'après cela, il se peut qu'on ait lu
« dans mon maintien, car je suis si bête, si bête ! Mais je
« n'ai rien dit qui ait pu laisser croire...... » Nous le vîmes alors tellement attristé à la pensée de t'avoir causé quel-

que ennui, que maman changea de conversation. Il nous dit qu'il s'amusait à faire une tragédie sur un sujet fort ancien. On lui conseilla beaucoup d'en prendre un dans la Révolution; il convint qu'il nous apporterait ce qu'il avait déjà écrit pour que maman lui donne une autre idée si elle trouvait la sienne mauvaise.

« Voilà, ma bonne amie, tout ce qui se passa dans cette visite. Il s'en fut à la Place en demandant toujours : « Quand reviendra-t-elle ? — Je n'en sais rien », fut la réponse.

« Adieu, je t'embrasse, ainsi que Mme Périsse. Adieu, je vais t'écrire des détails sur une autre chose.

« ÉLISE. »

D'Élise à Julie.

« Ce mercredi, 4 janvier 1797.

« Ampère sort d'ici, ma bonne amie; il avait une anglaise toute neuve, et j'aurais voulu que tu la visses. Il m'a demandé si nous avions des nouvelles, je lui ai dit que oui et qu'elles étaient fort bonnes. Nous nous sommes alors mis à parler sur les sujets ordinaires.

« Si tu reviens avant que maman ne parte, ce sera moi qui l'accompagnerai à Lyon; si elle se décide à s'en aller après les Rois, tu l'attendras, mais tout cela est en l'air. Je te conseille de prendre jusqu'à ce moment tous les plaisirs que tu pourras, et de ne pas quitter la ville tant que tu t'y amuseras bien.

« Ne sois pas en peine de nous, tout va parfaitement : maman lit, je travaille, nous faisons des vers qui font rire. J'écrivis un couplet, le premier de l'an, qu'on montra à M. Ampère ; il en fut tout transporté, car ton nom en faisait un des principaux ornements. Il l'a appris par cœur en me priant instamment de lui montrer d'autres quatrains. Voilà, ma bonne amie, tout ce que je puis te dire de nouveau.

« Tonine et sa sœur devraient bien me rendre compte de leur conduite. Que font-elles donc qui puisse les empêcher de m'envoyer des nouvelles ? Il semble qu'elles aient le projet de se laisser oublier, mais elles n'y réussiront pas, je songe trop souvent à elles et à leur silence. Tu remettras à ma sœur sa lettre, en l'embrassant bien fort pour la remercier du plaisir qu'elle m'a fait : j'ai reçu ce que j'enviais depuis si longtemps. Tu m'as tout l'air de lui avoir soufflé cette idée ; quoi qu'il en soit, rien ne pouvait me plaire davantage.

« Tu avais commencé par un journal, et à présent nous ne recevons que des lettres. Les journaux étaient bien plus drôles ; mais pensez donc à ceux de maman, elle n'en reçoit point.

« Adieu, adieu, je t'aime !
                              « ELISE CARRON. »

D'Élise à Julie.

« Ce jeudi soir, 7 janvier.

« Ce pauvre A...., est sûrement gelé en quelque coin ou il se dégèle près de toi, car je ne l'ai vu ni par trou ni par fenêtre. Je tremble qu'il ne t'ait aperçue là-bas et qu'il ne soit pas revenu à Polémieux; c'est moi qui serais cause de ça. Je me dis pourtant qu'il a trop de délicatesse pour ne pas sentir qu'il n'y en aurait point à aller te rendre ses visites à Lyon, maman n'étant pas près de toi. D'un autre côté, s'il pense que nous sommes seules à Saint-Germain, c'est une raison pour l'empêcher d'y mettre le pied. Je voudrais pourtant qu'il y vînt, car ils vont tous croire ce qui est, ne doutant plus que les livres ne servent de prétexte, et qu'en ton absence il n'ait plus d'empressement à les apporter. La neige ne fond point depuis le lendemain de ton départ, et Mme Ampère l'empêche peut-être de se mettre en route. Enfin je m'y perds, et voudrais vite savoir si tu l'as vu. Les peigneurs de chanvre ont dit à Claudine que c'était la maison du Bon Dieu, que la maman et le fils étaient si bons, si bons, que c'était plaisir chez eux! Viendra-t-il demain? Je regarde toujours de ma place et ne vois rien. S'il arrive et que maman sorte de la salle, il me va prendre à partie; j'ai déjà préparé mille petites réponses qui sont toujours les mêmes; j'en voudrais savoir qui pussent le rendre content, sans trop avancer les choses, car il m'intéresse par sa franchise, sa douceur, et surtout par ses larmes, qui sortent sans qu'il le veuille. Pas la moindre affectation, point de ces phrases de roman qui sont le langage de tant d'autres. Arrange-toi comme tu voudras, mais laisse-moi l'aimer un peu avant que tu l'aimes; il est si bon! Je viens d'avoir avec maman une longue conversation sur vous deux. Maman assure que la Providence mènera tout; moi je dis qu'il faut aider la Providence. Elle prétend qu'il est bien jeune, je réponds qu'il est bien raisonnable, plus qu'on ne l'est à son âge. Mais tu sais, et de reste, tout ce que nous disons et répétons ensemble; il faut donc attendre qu'il soit venu pour avoir quelque chose de nouveau à t'apprendre. Je vais adresser ma lettre à ma sœur, que tu embrasseras bien fort pour moi.

« Élise Carron. »

D'Élise à Julie.

« 8 janvier, ce dimanche.

« Enfin, il est venu hier, bien tremblant de froid, et encore plus de la crainte que maman ne trouvât fort mauvais qu'il eût été te voir, ou plutôt prendre les lettres pour nous. Mais voici comme la chose se passa,

car je vois bien que tu veux des détails. Tu sauras que maman se met à présent à ta place, parce qu'elle a condamné la porte qui glaçait la salle, et que, par conséquent, on n'y voit guère plus qu'il ne faut, surtout lorsqu'on vient de fixer la neige. Bref, il entre et ne voit point la petite Pélagot, qui était derrière le cornet du poêle. Aussitôt que Claudine fut sortie, il dit : « Ma-
« dame, j'ai vu mademoiselle votre fille. » Je l'arrêtai tout court, en faisant des signes redoublés ; lui, croyant mettre l'emplâtre, reprit : « Mais Claudine est sortie, on
« ne peut nous entendre ; je vais parler plus bas. » La petite ouvrait les yeux de tout son pouvoir ; quand je vis que les signes n'y faisaient rien, je parlai à la fillette de son travail, de son bas qu'elle n'avançait point. Il fut tout pétrifié, voulut raccommoder encore ; mais la pièce n'allait pas au trou. Enfin, la Pélagot sortit ; il dit alors qu'il était bien en peine de la crainte de t'avoir blessée, que tu avais prononcé ces mots : « Je suis étonnée,
« Monsieur, de vous voir ici, et maman ne vous cachera
« sûrement pas ce qu'elle en pense. »—« Ainsi, Madame,
« si j'ai mal fait, je n'en sais rien. On m'assure qu'il faut
« voir le monde ; moi, en arrivant à Lyon, je vais chez
« monsieur votre fils : j'y trouve Mme Carron et sa mère,
« Mme de Campredon ; on me dit que mademoiselle votre
« fille est arrivée et que je n'ai qu'à repasser le lendemain
« pour prendre des lettres. J'y vais, et j'en suis bien fâché
« à présent, car certainement j'ai contrarié Mlle Julie... »

Maman le vit si malheureux, qu'elle ajouta de suite :
« Mais, Monsieur, vous ne pouviez pas prévoir que ma
« fille était à Lyon. » Il l'interrompit en disant :
« Hélas! Madame, je le savais de la veille; je vous ai
« bien dit que je le savais. Malgré cela, je fus prendre
« les lettres que madame votre belle-fille m'avait pro-
« mises et qu'on ne m'a point données. » Je lui dis en
riant : « Ma sœur pensait probablement que votre
« séjour à Lyon serait plus long, et c'était plutôt un
« avertissement qu'une réprimande, craignant que vos
« visites se renouvelassent et ne fissent jaser. Mais il
« faut prendre son parti et ne pas tant se fatiguer d'une
« chose faite. » *Note* qu'il avait les yeux brillants, et
que le menton lui tremblait comme à quelqu'un qui est
prêt à pleurer... « Vous croyez donc, Mademoiselle,
« qu'on ne m'en voudra pas trop ? Oh! que vous me
« faites plaisir! Et vous, Madame, vous n'êtes pas si
« fâchée contre moi que je l'avais craint ? » Maman lui
dit qu'elle aurait préféré que cela ne fût pas, mais que
son intention ayant été de lui faire plaisir en lui apportant des nouvelles, il faudrait qu'elle fût bien extraordinaire pour s'en fâcher. Il ne dit rien *sur l'intention*. Claudine entra, sortit, et je lui fis mille questions à ton sujet :
« Avait-elle l'air enrhumé ?—Pas du tout. Elle était pour-
« tant en bonnet de nuit; Mme Carron, Mlle Jenny en
« avaient aussi. — Quelle heure était-il? — Dix heures.
« — Elle n'avait pas encore fait sa toilette. La première

« fois que vous y fûtes, qui y avait-il ? que faisait-on ? —
« Toutes ces dames allaient à la comédie ; elles m'enga-
« gèrent beaucoup à y venir, je n'osai point. » J'aurais
bien voulu savoir comment tu étais habillée, mais je
craignis de te fâcher en le demandant. Nous parlâmes du
Lycée ; il nous nomma tous les professeurs et dit que, si
l'on établissait un cours d'astronomie, M. Molé lui avait
assuré qu'il y aurait là une place pour lui ; que ce même
monsieur lui conseillait très-fort d'aller à Paris, où il
trouverait certainement à employer ce qu'il savait déjà.
A cela il a répondu qu'il ne pourrait se décider à se séparer de sa mère, ni à quitter les environs de Lyon. Tu
devines bien pourquoi.

« Voilà, ma bonne amie, quelle a été la conversation.
Il s'aperçut le premier qu'il commençait à être tard, ce
qu'il oublie si facilement lorsque tu es ici. Il partit et me
laissa tout émerveillée de son chapeau de toile cirée, de
ses culottes à la mode et de sa petite tournure, qui, je
t'assure, changera encore. A peine fut-il loin, que Claudine entra, levant les bras, en s'écriant qu'il était devenu muscadin et qu'elle ne le reconnaissait pas. Nous
n'avons pas fait un mystère de sa visite, puisque la
petite en a entendu assez pour en rendre compte.

« A présent, je voudrais bien savoir comment tu t'en
tires là-bas, et tous les propos qui se sont tenus à ce
sujet, et surtout comment tu as pu saisir un instant pour
lui glisser ces *terribles paroles* en particulier ; mais per-

sonne ne va plus à Lyon : tout gèle. Nous sommes seules à dire : « Cette Julie a pris un bien mauvais temps; « pourvu qu'elle ne s'enrhume pas, qu'elle ne fasse point « d'imprudence ! » Prends-y bien garde.

« Maman se porte bien; mon rhume n'est pas encore loin. J'ai dormi cette nuit. Les peigneurs de chanvre travaillent toujours dans la maison, non pas pour nous, mais pour les voisins ; cela nous fait une grande tranquillité, surtout depuis que Martin n'y est pas; mais chut! ne réveillons pas le chat qui dort.

« Je t'embrasse de tout mon cœur. Je suis sûre que tu trouveras que j'en ai trop fait en tranquillisant ce pauvre Ampère; mais maman a été plus loin que moi; en vérité, il y aurait eu de la dureté à le trop tourmenter, il était prêt à verser des larmes de repentir.

« Adieu.

« ÉLISE CARRON. »

Dimanche, 8 *janvier*. — Je fus voir sa mère et sa sœur; je m'accusai et je m'excusai. J'y ai été deux fois par semaine jusqu'au samedi 7 janvier. Ce jour-là il n'y avait qu'Élise : nous n'avons parlé que de choses indifférentes.

(On sait ce que peut entendre André par des choses indifférentes : tout ce qui ne se rapporte point à Julie.)

D'Élise à Julie.

« Ce 11 janvier 1797

« Je ne t'ai pas tout dit : il est venu aujourd'hui, et nous nous en sommes bien donné sur ton compte ; mais je vais reprendre de plus loin.

« Mlle Bœuf le tourmentait depuis longtemps pour qu'il fît une chanson à Nanine, « car, dit-elle, je ne sais pas
« faire les vers, et je voudrais cependant dire quelque
« chose à ma cousine de bien joli. Ainsi, Monsieur, soyez
« assez bon pour me faire parler en vers. Vous savez
« que ma cousine est belle, qu'elle a des talents : voilà
« matière à quelque chose. » Il m'a rapporté cette conversation et l'embarras où il se trouvait. Moi, pensant tout de suite que c'était peut-être pour avoir sujet de rire à ses dépens qu'on le pressait ainsi, je lui dis : « Est-ce
« que vous le ferez ? — Je n'en ai guère envie ; mais
« toutes les fois que je vais au château on me tourmente
« tant que je ne pourrai pas trop m'en dispenser sans
« être un malhonnête. Je n'ai vu qu'une fois Mlle Nanine,
« et je ne l'ai guère regardée ; je ne sais pas comment
« elle et sa cousine sont ensemble. — Tout cela est

« bien difficile, lui dis-je, et, si vous pouvez ne point
« obéir, vous ferez beaucoup mieux. » Bref, il fut de
mon avis ; mais la première chose que Mlle Bœuf me
dit hier, ce fut : « J'ai de jolis vers dans ma poche,
« que je vous montrerai si vous devinez de qui ils sont.
« — Oh! il faut donc que je renonce à les voir. Com-
« ment voulez-vous que je devine pareille chose? — Je
« vous dirai, pour vous aider, qu'ils sont des environs. »
Mme Lacostat reprit : « Vous n'en dites pas assez : c'est
« quelqu'un de Polémieux. — Ah! m'y voilà! c'est
« M. Ampère, et il faut bien que ce soit lui! » Elle tira
ces vers et me les donna en disant : « Comment trouvez-
« vous *sa grâce?* on dit : ses grâces, il me semble. — Je
« suis trop ignorante sur ces matières, répondis-je, pour
« pouvoir en juger ; mais il me paraît difficile de faire
« des vers sur quelqu'un qu'on a vu à peine, et dont on
« ne connaît ni les goûts, ni les façons de penser. —
« Cela est vrai, mais *sa grâce!* » Et elle riait. « Vous
« voyez que, s'il les avait mises au pluriel, la rime n'y
« serait pas, dit Mme Lacostat. — Il fallait qu'il en cher-
« chât une autre. Mais ne trouvez-vous pas qu'il s'est
« formé? — Je le trouve ; cela ne serait pas étonnant, il
« va si souvent au château. — Non, c'est bien plutôt ici.
« — Enfin, repris-je en riant, il faudrait en partager la
« gloire. » Mme Lacostat dit alors fort sérieusement :
« Ce jeune homme a beaucoup de savoir et des qualités
« solides. — Oui, oui, solides ! mais ses dents ne le sont

« guère : il semble un vieux, il est sérieux ! je ne l'ai pas
« encore vu rire. Bœuf, fais voir comment il salue main-
« tenant. Vous allez voir ; mais, sérieusement, il salue
« beaucoup mieux qu'autrefois. » Le jeune frère resta là
comme une bûche, et n'osa jamais le contrefaire. Sa
sœur se mit un peu en colère et parla d'autre chose avec
la même vivacité.

« Il est venu aujourd'hui, et je lui ai dit : « Vous
« avez donc fait les vers de Mlle Bœuf ? — Hélas ! oui,
« je n'ai pu m'en dispenser. Vous les avez vus ? Mme La-
« costat m'a dit que *grâce* ne devait pas être au singulier,
« mais je n'ai pu faire autrement. J'ai cru qu'on se per-
« mettait ça quelquefois. — Voulez-vous bien me les
« donner ? Je ne les ai regardés qu'à peine, et je serais
« bien aise de les relire. » Il me les a copiés et je te les
envoie, ainsi qu'une autre chanson qu'il a écrite à la suite,
et qu'il a faite avec beaucoup plus de facilité que la première. Cette dernière lui a fourni l'occasion de parler de
toi. Il m'a dit qu'il comptait tous les moments, que l'absence était bien pénible. « Je le sens comme vous. — Oh !
« comme moi, cela n'est pas possible. — Comment, pas
« possible ! Il y a à peine un an que vous la connaissez,
« et moi qui l'aime depuis l'enfance. Je suis loin de tout
« ce que j'aime, vous retrouverez votre sœur. — Cela est
« vrai ; mais vous ne pouvez pas comprendre ce que je
« sens, je le vois bien. — Si, je devine que c'est un
« sentiment violent, mais qui n'est ni si profond, ni si

« solide que l'amitié. — Ni si solide ! O mon Dieu ! c'est
« pour ma vie. — Qu'en savez-vous ? vous n'avez vu
« qu'elle. Cet extérieur qui a commencé à vous monter
« l'esprit, à ce que vous dites vous-même, vous le pouvez
« trouver chez d'autres ; et, si ce ne sont pas les qualités
« sérieuses qu'elle possède qui vous ont attaché, vous
« ne pouvez pas dire que de nouvelles idées ne vous pas-
« seront pas dans la tête. » Enfin, nous avons dit et redit
tout ce qui avait été déjà répété tant de fois, et il s'en
est allé bien content d'avoir pu parler de toi. On ne peut
tout écrire, je garde le reste pour une autre fois. Je t'envoie les chansons, mais tu sens bien qu'il ne faut pas
qu'elles paraissent.

« Adieu, ma bonne amie ; il m'a assuré qu'il n'était
point trop jeune, et que la corruption des mœurs était
seule cause qu'on se mariait trop tard ; qu'il dépendait
de toi de faire son bonheur ou son malheur pour toujours.

« ÉLISE CARRON. »

D'Élise à Julie.

« Ce jeudi matin.

« Tu n'y penses pas, ma bonne amie, de craindre que
je n'aie fait tes compliments. En vérité, il faut que tu
me croies bien sotte, quelle presse y aurait-il à cela ? et

quelle balourdise ce serait! Tu me diras que j'ai trop parlé à l'égard de notre demeure. Aucune de nous n'y était, et cela ne compromettait pas Aguarite ; mais des compliments, je n'en reviens pas que l'idée t'en soit venue. Non, Mademoiselle, je ne suis point si babillarde, quoique je sois votre sœur. Enfin, voilà Tonine instruite. Je t'avais bien prédit que la personne en question ne vaudrait pas, à son avis, la peine qu'on y pensât, et si sa sœur l'apprenait, Dieu sait comme elle ferait la grimace et dirait : « Oh! quel homme! garde-toi bien d'y songer! « Il est ceci, il est cela. » Mais celui qu'elle a pris pourrait bien ne pas valoir l'autre en tout, et ses comparaisons ne pas être au désavantage de celui qui lui paraît ridicule. Les ridicules de la nature sont supportables ; ceux qui se montrent avec orgueil et qu'on paraît ignorer pour ne penser qu'à ce qu'on croit avoir d'agréments ne le sont pas. Enfin, ma bonne amie, je suis un peu en colère contre les gens qui ne se prennent qu'à l'extérieur et qui s'imaginent savoir tout, lorsqu'ils ont salué de bonne grâce et dit quelque polissonnerie qu'on se passerait fort d'entendre. Au reste, loin de lui avoir fait tes compliments, il ne fut pas même question de toi.

« Avant-hier il nous apporta la première scène de sa tragédie et un pied d'œillet que je lui avais demandé et que nous fûmes planter ensemble en nous entretenant de toute autre chose que de tes beaux yeux. Je fais bien tout ce que je peux pour réveiller ton amour-propre, et si je te persuadais qu'il ne pense plus à toi, peut être le trouverais-tu plus à ton goût; mais, pour son malheur, je crois que le pauvre homme ne songe à autre chose et je le plains bien sincèrement, sachant qu'excepté Mme Périsse tous ceux que tu vois sont acharnés contre sa personne, et ne se donnent seulement pas la peine d'envisager s'il ferait le bonheur ou le malheur d'une femme, ce qui est cependant le principal. Je ne suis pas assez prévenue en faveur des manières et de la tournure pour dire que celui qui en manque est privé des qualités supérieures. Les personnes légères qui cherchent le mérite dans l'extérieur et ne trouvent recommandables que ceux qui le possèdent ne pèsent rien à fond. Il est vrai qu'Ampère n'est pas superficiel, mais c'est justement pour cela que, s'il s'adressait à ces demoiselles, elles ne répondraient pas si vite, et elles auraient très-fort raison. Et pourquoi ne pas faire de même pour une amie? pourquoi l'aider à repousser une idée à laquelle on s'arrêterait tout court si la chose nous regardait? Pourquoi, pourquoi? C'est qu'on n'examine jamais avec autant d'attention ce qui ne nous est pas personnel, et qu'il faut aimer véritablement pour penser à tous les *pour*, à tous les *contre*, et faire son affaire de celle d'une autre. Quand on a dit légèrement. » Oh! quel homme! comment pourrais-tu te résoudre à « l'épouser?... Il n'a point de façons, il est gauche, « timide, se présente mal », on croit avoir tout dit, tout vu; mais, je le répète, s'il fallait se décider soi-même, on y réfléchirait davantage, et on laisserait bien vite le reste pour s'occuper du caractère, des mœurs et même de cette simplicité qui, un moment auparavant, ne semblait qu'un manque d'usage.

« Voilà, ma bonne amie, tout ce que je pense, ce que j'ai déjà dit et ne puis me lasser de redire. Oui, je te trouve à plaindre d'avoir en cette affaire besoin de consulter des personnes qui, si elles ne changent à trente ans de manière de voir, seront toute leur vie bien légères. Tu sens que Mme Périsse est exceptée ; si tu ne l'avais près de toi, je crois très-fort que tu reviendrais avec la détermination de donner le congé à qui t'aime bien. Je voudrais qu'elle le connût ; il est certain que son premier salut la ferait sourire, mais sa bonté l'intéresserait sûrement. Je ne nie pas qu'il n'ait un peu d'entêtement dans ses sentiments, mais où sont les hommes qui n'en ont pas ? et il est bien plus fâcheux d'en trouver dans une bête que chez un homme qui pense et raisonne.

« Adieu, ma bonne amie, embrasse bien cette bonne sœur pour moi ; dis-lui mille choses ; je vais répondre à sa lettre.

« ÉLISE CARRON. »

D'Élise à Julie

« Ce lundi, après midi.

« Devine, ma chère Julie, à quoi nous passons notre fête. Nous versifions, nous effaçons, nous recommençons.

« Maman a de grandes et fortes idées concernant la révolution, M. Ampère nous a mises en train. Il vint hier et avant-hier et me dit qu'il avait envoyé nos vers à un ami, sans dire de qui ils étaient, et que cet ami les avait trouvés charmants, mais bien charmants. Il me demande quand tu reviendras. « Je n'en sais rien » est toujours ma réponse. Il eut la complaisance de revenir hier, en sortant de Curis, pour m'apporter quelques comédies à lire ; il nous donna aussi la seconde scène de sa tragédie, où les tendres sentiments sont peints avec toute la vivacité possible. Imagine qu'il a assez peu d'amour-propre pour me prier instamment de corriger ce que je trouve de mal dans sa pièce. Je lui dis que Gros-Jean en remontrerait alors à son curé, mais il insista. Tu crois bien que je ne suis pas assez présomptueuse pour y mettre mon nez.

« M. Olivier se rencontra encore avec lui, fit la mine ordinaire. Je me sers d'une plume qu'il a taillée, je croyais qu'il les taillait à ravir, me voilà bien détrompée ! Toutes les lettres que j'ai écrites aujourd'hui sont autant de griffonnages.

« Adieu, ma Julie, à demain. Je vais aider maman à commencer une pièce, un drame, peut-être sera-ce une tragédie ; mais en tout cas, cela nous aura distraites un moment, car nous sommes toutes seules.

« ÉLISE CARRON. »

(Commencer un drame ou une tragédie ! Élise n'y va pas de *main morte !* Voilà certes des distractions de l'esprit qui ne sont point à la portée de tout le monde. Mais, en vérité, chez cette ardente et spirituelle fille, l'imagination n'étouffe pas le bon sens. Comme son jugement est droit et ferme ! Avec quelle intuition fine, délicate, élevée, le cœur et le tact s'entendent ici pour dégager le vrai du faux, la réalité de l'apparence. « Les
« ridicules de la nature, dit la sœur de Julie, sont sup-
« portables ; ceux qui se montrent avec orgueil, et qu'on
« paraît ignorer pour ne penser qu'à ce qu'on peut avoir
« d'agréments, ne le sont pas. Je le plains bien sincè-
« rement, ajoute-t-elle en parlant d'André, sachant
« qu'excepté Mme Périsse tous ceux que tu vois s'achar-
« nent contre sa personne, ne se donnant seulement pas
« la peine d'envisager s'il ferait le bonheur ou le mal-
« heur d'une femme, ce qui cependant est le prin-
« cipal. » Et combien, à ce propos, la raison de notre

charmante moraliste tance vertement le travers de ces filles, plus pressées de critiquer les prétendants des autres que les leurs.

Comme ces petits tableaux d'intérieur, tracés avec la plume si mal taillée par Ampère, sont naïfs, mais vivants! On voit Élise installée avec sa mère dans la salle du rez-de-chaussée de la maisonnette de Saint-Germain; cette pièce où l'on dîne, qui sert de salon et d'ouvroir, où la petite Pélagot tricote derrière le cornet du poêle, est assez sombre, encore froide, malgré la porte fermée. C'est là que Mlle Carron partage les soins du ménage avec Claudine, surveille Françoise la lessiveuse, raccommode son linge, met ses fers au feu pour repasser les bonnets de sa mère, prépare le goûter, verse le vin blanc et confectionne la pâtisserie les jours de fête. C'est à cette place, siége de son gouvernement domestique, qu'Élise reçoit le timide visiteur, d'un air moitié gai, moitié grave, mais toujours un peu mystérieux; car la famille de Julie n'est point exempte de certaine pruderie, quoiqu'elle appelle un chat un chat. Elle prend une peine exagérée pour essayer de cacher à tous les yeux ce que la physionomie, l'attitude, les paroles d'un amoureux révèlent indiscrètement à chacun. « Je suis si bête, si « bête, dit André, qu'il se peut qu'on ait lu dans mon « maintien. »

Que cette bêtise est touchante et rare! Élise, la clairvoyante, ne s'y trompe guère, et jouit avec un plaisir toujours croissant de cette intelligence, dont elle ne saura jamais mesurer la hauteur, mais qu'elle a devinée cependant une des premières au milieu des siens.

On l'entend, cette aimable fille, souffler des avis opportuns à celui que cette M{^{lle}} Bœuf cherche à rendre un objet de risée, de plaisanteries grossières et maladroites comme elle. On surprend ses regards bienveillants, attendris, ses mots encourageants. A ses allures dégagées, promptes et vraies, on voit, peu à peu, succéder le sérieux, la rêverie, toute pénétrée du sentiment qui va la faire écrire en ces termes : « Il m'intéresse « par sa franchise, sa douceur, et surtout par ses larmes, « qui sortent sans qu'il le veuille. Pas la moindre affec- « tation, point de phrases de roman qui sont le langage « de tant d'autres. » Devant une âme si candide, l'amie, la protectrice d'Ampère est touchée, séduite par cette simplicité même dont les étourdies méconnaissent le prix ; puis, tout à coup, redevenant la bouillante Élise, sa colère se montre, éclate contre ces jeunes sottes, ces frivoles incorrigibles (qui, à l'âge de trente ans, prendront encore la forme pour le fond si elles ne changent de manière de voir). Sa politesse voudrait les ménager davantage, mais son indignation, plus forte que sa volonté, s'exalte à l'idée que sa Julie, qu'elle aime tant, va peut-être laisser échapper son bonheur, rebuter un cœur d'or, grâce aux moqueuses influences qui l'entourent. Les confessions d'André, ses confidences, ses repentirs de fautes que toute femme serait disposée à pardonner, provoquent bien un peu le sourire d'Élise. Il y a de quoi vraiment: vit-on jamais pareille conscience d'amoureux quand il dit, au retour de Lyon: « Hélas! Madame, je le « savais de la veille! Je vous l'avais bien dit que je le « savais, malgré cela j'ai été chercher les lettres. » Il n'ajoute rien sur *l'intention*, remarque plus loin la malicieuse fille ; mais, en dépit de cette petite pointe de raillerie, l'émotion qui la gagne devient contagieuse ; ce portrait d'Ampère, esquissé de main de maître, éveille notre tendresse. On est tenté de trouver Julie bien sévère, trop difficile à conquérir, tandis qu'on sent battre le cœur de sa sœur sous ces paroles expressives : « Arrange-toi comme tu voudras, mais laisse-moi l'aimer « un peu, avant que tu l'aimes. Il est si bon! » Que de choses en ces mots! Ah! si André avait éprouvé pour Élise l'amour que Julie lui inspire, le martyre imposé à sa constance aurait peut-être fini plus vite. Mais patience!...)

Jeudi, 12 janvier. — Élise était encore seule, mais ayant parlé de la chanson de Mlle Bœuf, j'en profitai pour lui donner la mienne (*les Cheveux d'or*), ce qui fait que nous causâmes longtemps de Julie.

(Nous voilà renseignés sur la nuance des cheveux de Mlle Carron.)

Mardi, 17 janvier. — Je rapportai les *Nuits de Young*. Pas encore de Julie.

D'Élise à Julie.

« Ce jeudi, 16 janvier 1797.

« Tout ce que tu me dis ne vaut pas pour moi ces quatre mots : Je me porte bien ; mais pourquoi te tourmenter si fort sur ma solitude, et empoisonner, par ces idées, le plaisir que tu dois avoir près de maman et de toute la famille. Tu vas t'imaginer que je ne pense qu'aux morts. Il est vrai, cette cloche funèbre se fait entendre souvent, mais je cherche à me distraire en pensant à vous et à votre retour prochain.

« Mlle Bœuf est venue et nous avons un peu ri en buvant du vin blanc. En rentrant chez elle, elle a trouvé son cousin Settemant mort, et voilà comme on passe du rire aux pleurs.

« Mais, ma chère Julie, ne te fatigue pas tant de moi, je me porte bien, je ne suis point triste ; ainsi reste avec maman, et que *je ne te voie* pas arriver sans elle. Tu as eu beau mettre *pressé* sur ta lettre de dimanche, je ne l'ai reçue qu'aujourd'hui ; mais pour cela, plus encore que pour autre chose, mieux vaut tard que jamais. Tous les détails que tu me donnes m'ont fait bien plaisir. Ne me dis-tu pas que M. Hurard était chez Mlle Tournaise ? Je ne comprends pas trop bien cela, mais ce que je comprends, c'est que vous vous trouviez fort *jolie*, Mademoiselle Julie ; il y en a bien d'autres qui pensent de même. Enfin, nous aurons beaucoup à causer quand nous serons ensemble.

« Jenny m'a écrit ; la voilà donc reléguée à Collonges ; j'en suis fâchée, et elle encore davantage. J'avais bien prévu qu'après s'être absentée quelque temps, sa maman ne lui permettrait pas de venir ici. Cette bonne Tonine a donc été consoler les affligés pendant que tous les siens s'amusaient ; embrasse-la aussi, et toute la famille.

« Adieu, mon amie, engage notre mère à prendre ce qu'elle voudra de mon argent, tu sais si je désire qu'il lui puisse servir. Tu m'écriras bien demain un petit bout de lettre ; qu'elles sont drôles ! que je les aime ! Embrasse Carron et Guarite pour leur sœur, qui ne leur écrit pas souvent, mais qui ne les en aime pas moins, ils le savent bien.

« ÉLISE. »

Vendredi, 20 janvier. — Elise toute seule, la présence d'un domestique nous empêcha de parler de sa sœur.

Mardi, 24 janvier. — Point de Julie.

D'Élise à Julie.

« Ce 24 janvier 1797.

« Bonjour, ma chère Julie, je viens de recevoir ta lettre et le petit mot que m'écrit Émilie. Je craignais, je ne sais pourquoi, qu'elle n'eût aussi pris le parti de ne plus répondre. Tu as bien fait d'avoir lu sa lettre avant de la perdre et de retenir toutes les tendresses qu'elle renferme. Les enfants sont là, font un vrai sabbat, et je n'ose les renvoyer. Voilà donc le loyer payé, mais comment ? Ce qui concerne ma montre n'est pas pressé ; si celle de M. Bojolin est vendue, tant pis, j'en trouverai bien d'autres. A propos de M. Bojolin, Jenny m'écrit que lui et ses bonbons sont fort bons. Ne me fais pas le sacrifice des tiens, car tu les aimes tout autant que moi ; mange-les par complaisance, fais-toi cette douce violence. Je goûte un peu les miens, mais par dépit, comme disait Jenny.

« J'en donnai l'autre jour un petit paquet à M. Ampère pour sa sœur ; elle m'en a fait faire de grands remerciements.

« M. Lacostat, qui a rencontré l'autre jour Mlle Joséphine, disait qu'elle était bien, et qu'elle ferait une jolie fille si elle devenait moins timide. A cela Mlle Bœuf ré-

pondit : « Elle me semble comme une souche. — Une
« souche très-bien faite, avec une peau superbe. — Dites
« donc qu'elle est jaune. — Point du tout, c'est qu'elle
« était sans doute malade quand vous l'avez vue. » Enfin ils contestèrent longtemps à ce sujet, mais j'en crois
plutôt l'un que l'autre, car il faut que l'évidence et
la vérité soient bien de son côté, pour qu'il donne le
moindre démenti à celle qui n'ouvre jamais la bouche
sans être approuvée par lui.

« Comment trouves-tu les cheveux d'or, les yeux
d'azur? Je t'avouerai que c'est la bouche à demi close
qui m'étonne le plus, car il me semble, au contraire,
qu'elle est très-épanouie ; mais un poëte de l'antiquité
parle en ces mêmes termes, et ce qu'il dit s'étant trouvé
être la pensée d'Ampère, celui-ci a cru pouvoir suivre
son modèle.

« Je ne t'ai pas embrassée, ma bonne amie, adieu,
adieu !

« Élise Carron. »

Vendredi, 27 janvier. — Enfin elle était arrivée de
Lyon ; sa mère ne vint pas tout de suite. Faisant semblant de regarder des vignettes, je me mis à ses genoux ; sa mère rentra et me fit asseoir près d'elle.

Samedi, 28 janvier. — Je ne trouvai que les deux

filles ; sa mère m'appela un moment dans son cabinet, et *là* me dit de ne plus venir si souvent, et mille autres choses désespérantes.

(Toutes ces choses désespérantes étaient bien un peu provoquées par son attitude de la veille aux pieds de Julie ; Mme Carron ne dit pas non, mais ne peut encore dire *oui*.)

Vendredi, 10 *février*. — Je n'y retournai que ce jour-là. Julie se leva de table pour me donner une chaise, la mère fut ensuite tirer du vin, mais je n'osai parler que de choses indifférentes ; on me prêta *le Nègre*.

Mercredi, 15 *février*. — Elle était à Lyon ; je promis à la mère de venir clouer sa toile le lundi.

Lundi, 20. — Je clouai la toile de la tapisserie.

Lundi, 27 *février*. — Elle n'était pas revenue ; sa mère me parla avec beaucoup d'amitié, me fit lire une lettre de Mlle Jenny, et me prêta *l'Orpheline anglaise*.

(Jenny de Campredon, sœur d'Aguarite, n'a certainement pas la verve incomparable d'Élise, mais elle ne manque ni de gaieté ni de vivacité. C'est une des amies intimes de Mlle Carron, circonstance qui nous engage à transcrire ici une de ses lettres.)

De Jenny de Campredon à Élise.

« Collonges, 1797.

« Point d'accusation, je t'en supplie, ma charmante Élise ; si je ne t'ai pas écrit mardi, c'est que réellement cela me fut impossible. J'en appelle à ton cœur, c'est lui seul que je veux pour juge, il me sera favorable.

« Plains un peu la pauvre Jenny, qui comptait t'embrasser demain et qui est obligée d'y renoncer. On est venu cette après-dînée me démantibuler tous mes projets de plaisir ; ainsi va le monde, rien n'est stable ! Tout cela me fait faire des réflexions qui ne sont guère de mon goût, mais qui commencent à être de mon âge ; car lorsqu'on ne sait point franchir le pas d'été, on n'est bonne qu'à planter des choux. Pour cela, il faut tout de bon de la philosophie, si l'on conserve encore quelques prétentions.

« Je vais te conter une grande nouvelle ; n'ai-je pas eu la fantaisie de me faire peindre. Mme Ampère a eu la complaisance de me procurer un artiste, et c'est chez elle que ce chef-d'œuvre s'est opéré. Je suis coiffée simplement en cheveux, avec une robe blanche ; je tiens une rose à la main, et sur mes genoux est posée une corbeille de fleurs. J'ai offert ce petit tableau à maman, le jour de sa fête ; cette bonne mère en paraît satisfaite ; moi, j'en serais plus contente si le peintre ne m'avait pas donné la tournure d'une femme qui vient de mettre son troisième poupon en nourrice.

« Je suis furieuse contre Ladvaise ! Comment ! ne pas se rappeler que je lui ai demandé des cotignacs, et avoir eu la hardiesse de se présenter à mes yeux après un tel oubli. Qu'il vienne, ce galant, il sentira qu'on ne m'outrage pas impunément !

> Il connaîtra que la douceur
> Pouvait seule gagner mon cœur,
> Et qu'on attendrit la plus dure
> Avec un peu de confiture.

Sérieusement, je crois, comme tu le dis, que si jamais je l'épousais, il pourrait très-fort oublier sa femme aussi bien que les cotignacs ; ce serait peut-être encore là ce qu'il y aurait de plus heureux pour elle. Prudemment, il vaut mieux ne pas s'exposer à un tel mariage.

« Je suis charmée que nos amies aient mis la rhétorique en défaut et que mon frère se porte mieux. Te promènes-tu ? Que fais-tu ? Écris-moi toute ta vie. J'aime beaucoup les détails, ne me les épargne pas. La campagne est toujours sans agrément ; on voit bien, par ci, par là, pousser quelque chose dans notre jardin, mais pas quatre violettes ; cela me fâche, j'aurais eu du plaisir à t'envoyer un bouquet.

« Tu veux un patron de bonnet pour Julie ; je ne sais si tu as raison de t'adresser à moi, car je ne suis guère au courant des modes. Les dames de Paris portent des châles de drap. Ta filleule est un vrai lutin, quoique très-sensible. La petite Émilie prend des forces ; voilà les nouvelles d'Aguarite.

« Adieu, mon aimable Élise, songe que je ne te verrai pas ces jours-ci. Il me faut absolument une lettre pour me dédommager de toutes les espérances détruites ce matin, en un instant ; sois persuadée que je t'aime, et de toutes manières. Je suis fâchée si tu es triste ; si tu es gaie, je deviens gaie ; reste donc contente, nous y gagnerons toutes deux. Envoie-moi le couplet de M. Vallet, si tu peux.

« Mes tendres respects à Mme Carron.

« JENNY DE CAMPREDON. »

Mercredi, 15 *mars*. — J'arrivai avant leur dîner, pendant lequel je lus (*de Architettura*). M. Augier vint, je jouai aux boules avec lui, donnai une leçon d'arithmétique, et rapportai le premier volume de *Pamela*.

Vendredi, 24 mars. — Mlle Bœuf vint tandis que je lisais la tragédie de *Louis XVI;* nous fûmes dans le verger. Élise s'assit sur le banc, Julie sur une chaise que je lui portai, et moi à ses pieds; *elle* choisit ma bourse à son goût.

Lundi, 10 avril. — Je lus *la Marchande de mode* et *la Rosière*, et pendant qu'on mettait des vitres et que Mme Carron était dehors, je rappelai à Julie que c'était l'anniversaire d'un des plus beaux jours de ma vie.

(Dans la bouche d'André ce ne sont pas là de vaines paroles, car depuis une année l'amour qu'il ressent illumine toutes ses pensées, domine toutes ses actions.)

Samedi, 15 avril. — Mme Carron souffrait d'un coup d'air, je lus *l'Intrigante* et me fis maladroitement répéter qu'il fallait s'en aller; Julie ayant dit que Mme Sarcey venait, je restai un moment encore plus maladroitement.

(Tout en comprenant ses fautes, il ne saura jamais les éviter.)

Samedi, 22 avril. — Je donnai une leçon d'italien de vive voix, une de division sur le papier; nous fûmes le soir dans les jardins.

Dimanche, 23 avril. — Maman et ma sœur virent Julie et Élise pour la première fois dans le cabinet de Mme Bœuf, où nous entendîmes la messe.

(A cette époque, les églises n'étaient pas encore rendues au culte. Un prêtre non assermenté officiait dans une chambre particulière.)

(Mme J.-J. Ampère, sa sœur et Joséphine ne connaissaient jusqu'ici Julie que par les récits d'André ; la tante et la cousine de Saint-Germain étaient au contraire, comme nous l'avons dit, déjà en relation de voisinage avec la famille Carron.)

Mercredi, 26 avril. — Je fus rendre Larochefoucauld ; je ne trouvai que Mme Carron et lui demandai la permission d'amener maman. Je ne reçus qu'une réponse vague, mais assez satisfaisante. Julie, Élise, ma tante et ma cousine vinrent goûter ; je servis le vin blanc, je bus dans un verre rincé par Elle.

(Pressé d'aborder la grande question, André voudrait bien que sa mère pût obtenir un entretien secret de Mme Carron.)

Dimanche, 30 avril. — J'accompagnai Julie, Élise, M., Mlle Bœuf, M. Augier à Saint-Germain ; nous fûmes nous promener chez M. Mayeuvre.

Élise m'avait dit en chemin de ne pas tant regarder sa sœur quand il y avait du monde.

(Encore une maladresse, Élise l'en avertit. Malgré cette mercuriale il semble que les affaires de notre jeune homme font un pas Si on lui défend de trop regarder Julie, c'est devant le monde.)

Jeudi, 4 mai. — Je portai les *Anecdotes de Philippe-Auguste;* je trouvai M^{llo} Boiron, Mme Périsse et ses enfants, avec lesquels nous allâmes faire un goûter champêtre en Chaussin. Je clouai auparavant le thermomètre.

Vendredi, 12 mai. — Je fus rendre Bernis et Bernard. Julie me dit d'aller chez ma tante ; j'obéis et revins prendre *la Princesse de Clèves.* Nous goûtâmes de brioches.

Samedi, 13 mai. — Je fus avec maman et ma sœur chez ma tante, qui nous mena chez Mme Carron. Je me promenai avec Julie, Élise et Joséphine ; nous rentrâmes pour savoir l'histoire du petit oiseau, puis j'attachai le trébuchet à l'arbre de son nid. Dans le jardin, Élise, Joséphine et Julie s'assirent sur le banc, moi à côté d'*elle* sur l'herbe ; on goûta ; nous fûmes bien mouillés en nous en allant.

Jeudi, 18 mai. — Je ne trouvai que Mme Périsse, ses enfants et Élise, qui me proposa d'apporter mon étui de mathématiques à son neveu.

Lundi, 22 mai. — Je donnai une leçon à M. Périsse, qui réussit fort bien.

Mercredi, 24 mai. — Élise me donna des fleurs d'acacia, de seringa et de jasmin jaune pour Joséphine.

Samedi, 27 mai. — En entrant je vis Mme Carron à table avec deux de ses filles. J'eus bien peur que Julie ne paraisse pas ; elle vint enfin, fit mille grâces à Joséphine. Je donnai une leçon à M. Périsse. Julie s'assit auprès de moi et me parla.

Vendredi, 9 juin. — On m'empêcha de donner une leçon à cause de ma toux ; je m'en fus d'assez bonne heure, emportant Gresset et le troisième volume de l'*Histoire de France*. Julie me montra le solitaire que j'avais deviné la veille ; je fus m'asseoir près de Julie, où je restai jusqu'à la fin.

A l'occasion des airs et des chansons, je laissai *C'est en vain que la nature* sur la table. Je mangeai une cerise qu'elle avait laissé tomber, je baisai une rose qu'elle avait sentie ; à la promenade, je lui donnai deux fois la main pour franchir un hausse-pied, sa mère me fit sur le banc une place entre elle et Julie ; en revenant je lui dis qu'il y avait longtemps que je n'avais passé de jour si heureux, mais que le spectacle de la nature n'était pas celui qui m'avait le plus charmé ; elle me parla toujours avec beaucoup de grâce et de bonté.

Dimanche, 18 juin. — Je la vis à la messe à Curis[1]. Joséphine lui parla jusqu'au moment où nous la quittâmes devant le cordonnier ; dans le château, Julie n'avait causé qu'avec Élise.

Mardi, 20 juin. — J'ai été avec maman et ma sœur dîner chez ma tante à Saint-Germain. Nous y fûmes ensuite, nous jouâmes au domino et au solitaire.

Mercredi, 21 juin. — Nous y allâmes de bon matin, je ne *la* quittai que vers dix heures. Joséphine fut charmante et Julie lui montra beaucoup d'amitié.

Samedi, 24 juin. — Nous fûmes voir l'éclipse à Saint-Germain. J'allai avec Julie, Élise, M. et Mme Périsse et Joséphine me promener dans le jardin anglais de M. Mayeuvre. Je m'assis auprès d'*elle*. Pendant ce temps-là Mme Carron s'expliquait avec maman. Le temps ne se découvrit qu'à six heures dix minutes, après le milieu de l'éclipse ; mais j'en observai exactement la fin à

---

1. Nom du château appartenant à la famille Bœuf.

six heures trente-cinq minutes, comme je l'avais calculé à ma montre et à celle de M. Périsse, avec la lunette de M. Rapt.

Mardi, 27 juin. — Je portai un panier de groseilles; Élise en mangea avec beaucoup de plaisir, mais elles étourdirent Julie. Je fus le soir voir ma tante, toute la maison Carron y vint un instant; Julie daigna faire avec moi une longue conversation.

Jeudi, 29 juin. — Ma sœur et maman restèrent seules avec elles et leur parlèrent longuement pendant qu'Aguarite me faisait enrager, sous prétexte de prendre mon panier. Je raccommodai le couteau de Julie, et je m'en fus à neuf heures trois quarts.

Samedi, 1er juillet. — J'y fus porter des fleurs de tilleul et me promener dans le jardin avec ma sœur et Julie; *elle* fit à Joséphine un bouquet de jasmin, de troène, d'aurone et de campanule double, dont elle me donna une fleur; je l'ai mise dans le petit *tableau*.

Dimanche, 2 juillet. — Nous les vîmes après la messe, ma sœur se plaça auprès de Julie. Je lui donnai ces vers :

> Que j'aime à m'égarer dans ces routes fleuries
> Où je t'ai vue errer sous un dais de lilas !

Que j'aime à répéter aux nymphes attendries,
Sur l'herbe où tu t'assis, les vers que tu chantas [1]
Au bord de ce ruisseau dont les ondes chéries
Ont à mes yeux séduits réfléchi tes appas,
Sur les débris des fleurs que tes mains ont cueillies,
Que j'aime à respirer l'air que tu respiras!
Les voilà, ces jasmins dont je t'avais parée;
Ce bouquet de troëne a touché tes cheveux.

LUNDI, 3 JUILLET. — Elles vinrent enfin nous voir à trois heures trois quarts. Nous fûmes dans l'allée, où je montai sur le grand cerisier, d'où je jetai des cerises à Julie; Élise, ma sœur, tout le monde vint ensuite. Je cédai ma place à François, qui nous baissa des branches où nous cueillions nous-mêmes, ce qui amusa beaucoup Julie. Elle s'assit sur une planche, à terre, avec ma sœur et Élise, et je me mis sur l'herbe à côté d'elle. Je mangeai des cerises qui avaient été sur ses genoux. Nous fûmes tous les quatre au grand jardin, où elle accepta un lis de ma main; nous allâmes ensuite voir le ruisseau; je lui donnai la main pour sauter le petit mur et les deux mains pour le remonter; je restai à côté d'elle au bord du ruisseau, loin d'Élise et de ma sœur; nous les accompagnâmes le soir jusqu'au moulin à vent, où je m'assis encore près d'elle pour observer, nous quatre, le coucher du soleil, qui dorait ses habits d'une lumière charmante; elle emporta un second lis que je lui donnai en passant.

(Cette date, écrite en lettres majuscules, prouve à quel

point le 3 *juillet* semble mémorable à André ; son amour ne le trompe pas, il a raison d'attacher un grand prix à la démarche de ces dames.

Elles vinrent enfin ! quel bonheur ! Julie sous son toit, chez lui, dans son jardin, au pied du grand cerisier, cueillant et recevant des fruits, faveur inexprimable ! félicité sans borne ! André a mangé des cerises qui ont été sur les genoux de son amie.

Jean-Jacques Rousseau, passant une journée à Thune entre deux jolies filles assez dégourdies, Mlle de Graffenried et sa compagne, Mlle Galey, raconte à peu près la même scène ; l'auteur des *Confessions*, à peine âgé de seize ans, se croit très-innocent, tout plein de naïveté ; il est timide et novice sans doute, mais les vingt-deux ans d'André m'inspirent plus de confiance.

Celui qui nous parle scrupuleusement de son parapluie, d'une tapisserie et d'un baromètre à clouer, d'une toile à mesurer, sait trouver des accents d'une poésie, d'une pureté incomparables. Ici on pleure d'attendrissement, plus loin on se prend à sourire de tant de simplicité. Cette puissante nature est toute faite de pareils contrastes. Saint-Preux, cet autre professeur, héros d'un roman célèbre, qui lui aussi aime une Julie, écrivait des tirades passionnées ; mais, pour émouvoir ses lecteurs, avait-il le secret d'Ampère ?)

Jeudi, 6 juillet. — Comme je donnais ma leçon à M. Périsse, sur la table du fond, on me dit que je serais peut-être mieux sur la table où était Julie, et je vins m'y placer. Elle chanta ensuite, et j'en fus enchanté.

Lundi, 10 juillet. — Je portai un panier de framboises et de groseilles, un autre d'orchis pour le jardin d'Élise. Nous allâmes avec Julie dans le jardin, où ma sœur l'aida à plier des chemises; je leur lus le discours de M. Derieu et la réception de l'ambassadeur ottoman. Nous fûmes dîner tous ensemble chez ma tante. Je lus une aventure extraordinaire de la Bibliothèque de campagne et *la Gouvernante*, de Lachaussée; l'arrivée de Mlle Bœuf, de MM. Navarre et d'Acosta, nous interrompit.

Mardi, 18 juillet. — J'y portai encore un panier de groseilles que je glissai sur une chaise, par le joint de la porte. Je fus dans le verger, où étaient Mmes Carron, Périsse et Julie. Je lus *Kilpar*. En rentrant le soir, nous restâmes derrière, et comme je parlais de Kilpar, disant que tous les hommes ne lui ressemblaient pas, elle me répondit: « Je crois *si peu... si peu !* »

(Que veulent dire ces derniers mots? Il semble que jusqu'ici Mlle Carron n'a pas le droit de douter.)

Vendredi, 21 juillet. — Je fus rendre les quatre volumes de *Roland* ; je restai un moment seul avec elle, et je commençais un tendre préambule quand tout le monde rentra. Le soir nous fûmes encore lire *Kilpar* dans le verger.

Lundi, 24 *juillet*. — Julie n'y était pas quand nous arrivâmes ; sa mère demanda avec une espèce d'inquiétude où elle était. Mme Périsse l'ayant appelée en vain. Élise dit à ma sœur : « Allons la chercher », et je les suivis. Elle était dans le grand jardin, au bosquet. Julie voulut aller dire bonjour à maman, ce qu'elle fit avec beaucoup de grâce ; après je lus *Kilpar* et *lui* donnai une leçon d'italien, une de mathématiques à M. Périsse. On goûta, nous fûmes dans le bois de M. Roux. Mme Carron resta avec maman. Je fus presque toujours avec Julie pendant que ma sœur marchait auprès des siennes. Elle me parla avec beaucoup de grâce.

Jeudi, 27 *juillet*. — Je lus deux cent cinquante pages de *Kilpar*, pendant lesquelles Julie dit : « C'est de la pâte qu'on pétrit » ; et quand Élise voulut le justifier par sa prétendue folie, elle dit que c'était une folie de raison.

Je leur donnai à chacune une leçon d'italien. Julie ne voulut pas rester seule avec moi pendant la sienne et sortit pour s'asseoir sur le banc où était sa sœur. Je lui portai une chaise, j'en mis une pour moi à côté et lui donnai sa leçon.

Samedi, 29 juillet. — Tonine ayant dit tout bas en me voyant : « Restera-t-il toute l'après-dînée? » on ne voulut pas prendre de leçon ; me trouvant seul avec Julie, je parlai de mon départ ; elle me fit un signe de silence, qui semblait un signe d'intelligence. Je demandai alors un mot d'entretien, mais sans succès.

Mardi, 1ᵉʳ août. — J'y fus avec ma sœur et ma tatan. Tonine était partie ; je voulus inutilement donner une leçon à Julie ; en nous accompagnant, elle me fournit l'occasion de lui parler, mais je ne sus pas en profiter.

Vendredi, 18 août. — Je revins de Claveizolle avec M. Coupier et j'arrivai chez Mme Carron à trois heures. Julie était sortie avec Aguarite. Élise m'ayant fait monter en haut, sous le prétexte de la poudre, me dit de tâcher de la dissuader de ses anciennes conjectures. Je m'assis en conséquence dans le verger loin de Julie, qui me regarda plusieurs fois d'un air d'étonnement et d'inquiétude.

(Que peut avoir conjecturé la prudente Élise, si ce n'est qu'André cherche trop souvent à se rapprocher de sa sœur?)

Vendredi, 25 août. — Je fus à Saint-Germain en revenant de Lyon. Je fis part à Mme Carron des propositions de M. Périsse, qu'elle n'approuva point.

(M. Périsse proposait à André de se charger de l'éducation de son fils.)

Lundi, 28 août. — Élise, Aguarite et Mme Carron furent dans le cabinet faire des vers à M. Bœuf; je restai avec Julie et Mme Périsse.

Vendredi, 31 août. — Je les trouvai à table; après dîner, nous accompagnâmes Aguarite à la diligence jusqu'au bois de M. Roux; je donnai la main à Julie comme aux autres pour passer et repasser le hausse-pied; de retour, je lus Saint-Lambert, entre autres une élégie très-passionnée (*Je me sentais auprès des belles*). Mme Carron ayant été dans le verger, je la consultai encore; elle me conseilla d'aller chez M. Périsse passer quelque temps sans prendre d'engagement. Je repris la lecture d'*Adèle*; mais, quand Mme Périsse s'absentait, je m'interrompais pour me plaindre de mon sort, et je continuai si bien, que Julie finit par s'en mêler et me donner le même conseil que sa mère; je dis entre autres choses devant Julie qu'elle savait bien qu'elle disposait seule de ma vie et non pas moi. Je restai un moment en tête-à-tête avec elle sans oser lui parler de rien que du roman d'*Adèle*.

Lundi, 4 septembre. — J'y fus l'après-dînée avec maman et ma sœur; à peine étions-nous arrivés que survint M. Vial. Il vit que je savais la géométrie, et m'engagea à aller à Paris si ma famille ne me faisait pas un sort, ce qu'il répéta tant en sortant que Julie le poussa par les épaules en lui disant : « Allez-vous-en, nous n'avons pas besoin de vos conseils. » Nous fûmes chez M. Mayeuvre, maman resta avec Mmes Carron et Périsse et leur parla tant de moi et fit si bien qu'il faut compter ce jour entre les plus heureux. Pendant ce temps, nous jouâmes aux cachettes et aux devises ; je lui fis celle-ci : Habillé d'insensibilité, doublé d'amour ; et pour devise : Que la doublure prenne la place du dessus.

(« Allez-vous-en, dit Julie à M. Vial en le poussant par les épaules, nous n'avons pas besoin de vos conseils ! » Le voilà enfin cet aveu, et combien la modestie d'André doit être *incurable* s'il ne devine pas qu'à dater de ce moment le cœur de Julie lui appartient !)

Jeudi, 7 septembre. — Elle repassait, quand j'y fus rendre un volume de *Télémaque* ; je donnai une leçon de géométrie à M. Périsse ; Julie revint ; M. Périsse lui montra le jeu de l'hypoténuse en carte, et, comme j'avais parlé plusieurs fois des carrés AA BB, elle lui demanda ce que c'était PP en algèbre ; sur quoi je répondis que c'était ce qu'il y avait de plus charmant et une chose ncom parable, ce qui la fit rire.

A la promenade, elle chanta *Linval et la Veuve* ; on me chargea de l'invitation pour dimanche.

Vendredi 8, la Nativité. — Je la vis après la messe, elle s'avança vers moi pour me dire bonjour.

Dimanche, 10 septembre. — Il avait plu, je fus seul à Curis, où j'appris tous les malheurs. Revenus chez Mme Carron, nous ne parlâmes que de cela ; nous lûmes les journaux. Maman, ma sœur et ma tatan arrivèrent, nous dînâmes tous ensemble ; après, on fit des petits jeux. Ma pénitence étant de dire une vérité à qui je voudrais, je lui dis : « Mademoiselle, vous êtes charmante, mais *je ne vous aime pas.* » Le soir, elle nous accompagna jusqu'au grand pré ; pendant ce temps-là, je lui rappelai que mon bonheur ou mon malheur ne dépendait que d'elle.

(Ces malheurs, qui n'empêchent point de se livrer à ces jeux innocents, font allusion au 18 fructidor, qui atteignait plusieurs de leurs amis [1].)

---

[1]. André était né dans un milieu royaliste. Il vit revenir les Bourbons avec joie, mais le triomphe de ses opinions, les maux que souffre son pays, coûtent cher à la tendresse de son cœur, à son amour pour l'humanité.

Après la bataille de Waterloo, il écrit à un de ses amis : « Je suis comme le grain entre deux meules : rien ne pourrait exprimer les déchirements que j'éprouve ; je n'ai plus la force de supporter la vie ici. Il faut à tout prix que j'aille vous rejoindre, il faut surtout que je fuie ceux qui me disent : « Vous ne souffrirez pas personnellement » ; comme s'il pouvait être question de soi au milieu de semblables catastrophes. »

Mercredi, 13 septembre. — Elle me dit de faire une charade, je fis celle-ci :

>   Mon premier plaît aux rois comme aux bergers
>   Mon second vient des climats étrangers ;
>   Pour achever de me faire connaître,
>   On voit mon tout en vous voyant paraître.

Mais elle réussit fort mal ; on distribua les gazettes, que je lus ; Mme Carron me dit de ne plu... rter de fruits d'un air très-affligeant.

Samedi, 23 septembre. — Nous mesurâmes la distance du clocher de Saint-Germain.

Mercredi, 27 septembre. — Je la trouvai qui venait d'arriver avec sa sœur ; elle rougit en me voyant et me parla avec beaucoup de grâce. Le soir, assis à ses côtés, nous causâmes longtemps de *jardins.*

Lundi, 2 octobre. — Nous convînmes qu'elles viendraient dîner le lendemain à Polémieux.

Mardi, 3 octobre. — Je fus les chercher le matin ; après le dîner, nous fûmes au ruisseau, je lui donnai la main au petit mur. Ensuite, on fit des jeux où je mêlai mon histoire de manière à faire rire Mme Carron. On me donna deux mots à mettre en vers.

Vendredi, 6 octobre. — J'y portai la fable du *Chat* et du *Rat*, que j'avais faite la veille; elle réussit très-bien; je donnai la leçon à M. Périsse. Julie ne voulut jamais me montrer des vers qu'elle avait faits sur le rat gris et la constance. Je donnai aussi l'idylle des petits oiseaux et la chanson : *Heureuse Philomèle*, où Julie effaça son nom, mais sans se fâcher de mon étourderie.

Lundi, 9 octobre. — J'y fus dîner avec maman et ma sœur. Julie me laissa mettre à côté d'elle à table; dans la soirée, nous accompagnâmes Élise qui partait par la diligence. En revenant, je lus un peu d'*Adèle*, et j'eus une conversation avec Julie sur la *sensibilité*.

Ma tante me reprocha la crainte que j'avais qu'elle ne perdît son procès. Julie mena ma sœur au jardin voir des asters, et me parla de cette affaire. Nous fûmes nous asseoir sous la treille. Elle nous suivit jusque dans la luzernière avec sa nièce; je ne pensai pas à donner la main pour y monter. Elle me le reprocha, l'attribuant, comme cela était vrai, aux soucis que me donnait l'affaire de ma tante.

(L'intimité des deux familles se resserre de jour en jour : on dîne à Polémieux, chez Mme Ampère; Julie fait mettre André à ses côtés, lui reproche d'être distrait, de ne pas offrir sa main pour monter à la luzernière. Si la jeune fille ne veut pas encore engager sa liberté, elle ne permet plus au jeune homme de garder la sienne; seule, elle l'évite quelquefois, et nous la verrons pourtant d'assez froide humeur quand la timidité de son amoureux le fait arriver trop tard. Julie n'est pas coquette, mais elle est femme.)

Jeudi, 12 octobre. — Julie coupa la robe de Joséphine ; je lus *Adèle* ; ma tante vint nous rejoindre, plaisanta beaucoup avec Julie, qui lui paraît presque aussi aimable qu'à moi.

Vendredi, 13 octobre. — Après le goûter, nous accompagnâmes ces dames jusqu'à plus de moitié chemin dans les prés; Julie daigna me parler assez longtemps dans cette promenade.

Jeudi, 19 octobre. — Je portai des champignons à Mme Carron, qui lui firent grand plaisir; je lus *la Rosière*; Sophie fit des mines dont Julie parut embarrassée et rougit; je donnai une longue leçon à Périsse. J'emportai deux volumes de *Gil-Blas* qu'elle me prêta.

Mardi, 24 octobre. — Julie me reçut d'abord un peu froidement, mais cela passa bien vite. Je dis que je n'étais pas venu la veille à cause des dames Bœuf. Mme Carron me dit que j'aurais dû dîner avec elle, qu'il y aurait toujours assez pour moi.

Julie et Mme Périsse plaisantèrent ; *elle* parut s'amuser et rire de bon cœur, ce qui me fit grand plaisir.

Jeudi, 26 octobre. — J'y portai un petit panier de châtaignes. Je trouvai en arrivant les deux mères à table ; Mme Carron me dit d'aller dans le verger où *elles* étaient ; je n'y trouvai que Julie, qui parut aussi embarrassée que moi ; elle appela Périsse ; je lui glissai quelques mots qui se rapportaient à mes sentiments. Je la pressai inutilement de me donner sa fable du *Rat gris*. Je lui montrai la mienne corrigée. Je voulus retourner un moment au verger où elle était allée étendre du linge, mais elle m'évita avec encore plus d'empressement que la première fois. Sur le soir, elle me dit de lire *Adèle*, ce qui nous donna lieu de parler encore sur les passions. Je fus ensuite chez ma tante, et, en allant prendre mon panier, je revis encore Julie.

Mercredi, 1er novembre. — J'y fus avec maman et ma sœur. Je parlai longtemps de *nouvelles* avec M. Périsse, venu de Lyon. Nous allâmes dans le verger, où j'aidai à lever la lessive ; en badinant, à la suite d'une plaisanterie d'Élise, Julie me donna un charmant coup de poing sur le bras. Nous goûtâmes avec des châtaignes et nous revînmes fort tard.

(Le verger, le linge étendu, la lecture d'*Adèle*, qui

provoque une conversation sur les passions, son panier de châtaignes, le charmant coup de poing qu'on lui donne en badinant, le frugal goûter, ce tableau n'est-il pas d'un autre âge ? Soixante et quelques années à peine nous séparent de l'époque où l'heureux André écrivait son journal. Nous sommes loin de cette innocente idylle. Ah ! messieurs les réalistes, vous nous avez fait vieillir vite.)

Mardi, 7 novembre. — Julie me reçut fort bien. Je lui contai la crainte où j'avais été de ne pas la rencontrer, si bien qu'Élise fit *chut!* Julie proposa de lire *Gonzalve de Cordoue;* je ne pus le finir, j'étais pressé, je dis que je reviendrais l'achever le lendemain.

Mercredi, 8 novembre. — J'y fus avec Joséphine; pendant le goûter, Julie termina quelque chose à la robe de ma sœur. Je dis à Élise que je reviendrais bientôt finir *Gonzalve,* en plaisantant sur ce que ce prétexte venait si à propos, et Julie répondit en riant : « Oh! avec vous le prétexte est tout trouvé. » Elle nous accompagna avec sa mère.

(*Avec vous le prétexte est tout trouvé.* C'en est fait, Julie sera la femme d'André.)

Jeudi, 10 novembre. — Maman m'ayant fait part du

projet de ma tante pour mon cours, je le dis d'abord à Élise et à Mme Carron, qui parut l'approuver.

(A présent il est question d'établir André à Lyon pour y faire un cours de mathématiques.)

Vendredi, 11 *novembre.* — Je portai un pot de renonculier; en chemin, je fis ces vers que j'attachai à une branche après les avoir écrits chez ma tante :

> Lorsque du sommet des montagnes
> L'hiver descend dans nos campagnes,
> Que les zéphyrs n'y règnent plus,
> Les fleurs que l'amour fait éclore
> Peuvent seules leur rendre encore
> Les attraits qu'ils avaient perdus.
> C'est lui, c'est sa flamme adorée,
> Malgré le souffle de Borée,
> Qui nous fit naître dans ces lieux;
> Partout, sous les pas de Julie,
> La terre doit être embellie
> De ses dons les plus précieux.

Julie n'y était pas d'abord, elle vint et me dit sa charade de *Merlin :*

> Mon premier engloutit les hommes, la richesse;
> On sème mon second, dans ses doigts on le presse,
> Et l'on voudrait que mon entier
> Fût pour toujours au fond de mon premier.

Elle me refusa le *Rat*, disant qu'elle n'était pas en train. Alors Mme Carron entra et me demanda ce que c'était que ce pot de marguerites avec une étiquette. Sans rien répondre, je continuai de lire *Gonzalve* rapidement, et je m'en fus.

Dimanche, 13 novembre. — Au jardin, je causai de mes affaires avec Élise ; entre autres choses, je dis qu'elle savait pourquoi je désirais une fortune, que sans cette espérance je n'avais que faire de toutes les richesses de la terre. Elle me fit quelques reproches de mon pot de fleurs.

Nous pelâmes des châtaignes et les fîmes cuire à la cuisine. Je m'y trouvai deux fois seul avec Julie ; la première, elle me fit des reproches d'un air charmant du pot de fleurs. Je lui en montrai un regret dont elle parut touchée. La seconde fois, je lui parlai du projet de mon cours ; elle me répondit : *Si je voyais que ça pût vous mener à quelque chose !*

(Il est bien évident qu'un seul obstacle s'oppose au mariage de Mlle Carron et d'André : celui-ci n'a point d'état. La science qui s'amasse dans son vaste cerveau, la passion qui envahit de plus en plus son âme n'ont encore aidé en rien à sa fortune.

« Si je voyais que ça pût vous mener à quelque chose ! » Ces mots s'entendent, et de reste.)

6.

Mercredi, 16 novembre. — Ces dames faisaient des fleurs de paille, j'en fis une, je soutins la conversation et donnai une leçon à Périsse. Julie me jeta des regards charmants et me dit adieu avec beaucoup de grâce.

Samedi, 19 novembre. — J'y portai *l'Ile inconnue*. Julie regardant les figures, je me mis à genoux devant elle et j'y restai assez longtemps. Elle envoya enfin chercher sa fable que je demandais tout bas à Élise.

> Un solitaire habitant dans les bois
> N'avait, dit-on, pour fournir son ménage,
> Qu'un peu de pain, du fromage et des noix.
> Pauvre et content dans un réduit sauvage,
> Un chien fidèle était son compagnon,
> De son bon maître il gardait la maison.
> Un certain soir, tous deux, près de la table,
> Après souper, paisiblement dormaient,
> Quand par malheur, l'histoire est véritable,
> Un gros rat gris, que la faim tourmentait,
> Accourt sans bruit, emporte le fromage,
> Qui pour l'ermite était friand potage.
> En s'éveillant, il fut des plus surpris
> De n'en trouver pas même les débris;
> Prend sa lanterne et cherche avec constance.
> La revue faite, il n'a plus d'espérance.
> Se désoler n'aurait servi de rien,
> Il se décide à troquer son vieux chien
> Contre un bon chat qui promptement s'éveille
> Au moindre bruit qui frappe son oreille.
> Étant si pauvre, il eut grande raison
> De craindre plus les rats que les fripons.

Élise me fit lire les *Pensées* de Cicéron. Le soir, me trouvant seul avec Julie, elle me parla de mes projets comme y prenant beaucoup de part ; Mme Carron vint se mêler à cet entretien et elles firent toutes deux l'éloge de l'état d'agent de change.

(On se figure difficilement l'inventeur du télégraphe électrique agent de change, malgré les services que devait rendre un jour une pareille découverte à ceux qui exercent cette profession aussi bien qu'à tant d'autres.

L'idée de Mme Carron, qui cherche en cette occasion, pour le futur mari, une position lucrative, est assez originale et rappelle ce qui se passait vingt-cinq ans plus tard au foyer du père de famille André Ampère, quand, à son tour, essayant de trouver pour Jean-Jacques un état qui lui permît de gagner quelque argent sans abandonner la science, il crut avoir rencontré ce double idéal dans le talent et la carrière de pharmacien.

Que de fois l'illustre littérateur, le voyageur passionné, l'historien de la ville éternelle, le poëte et le polyglotte avait ri de bon cœur en racontant les naïves insistances de ses parents, et ses propres hésitations à ce sujet !

« Ah ! disait-il, en me trompant involontairement de mélanges ou d'étiquettes, que de dégâts, de crimes, mes distractions ne m'eussent-elles pas fait commettre ! J'aurais empoisonné tout le quartier. »

A cela ajoutons aujourd'hui que si les clients de son père, agent de change, devaient échapper au péril qui menaçait les siens, ils conservaient la vie, c'est vrai, mais leur fortune, attachée à celle du mathématicien, aurait couru de grands dangers.)

Vendredi, 24 novembre. — C'était la veille de sa fête, je fus rendre sa fable du *Rat gris*, que j'avais transcrite pour garder l'original, et dans laquelle je glissai un bouquet en vers. Julie me dit que je faisais facilement les vers, mais qu'elle voulait sa fable et non pas la copie ; heureusement que Périsse, qui venait prendre sa leçon, nous interrompit.

Je cessai de lire *Adèle*, quand on vint mettre le poêle; Julie me dit en passant et à mi-voix qu'il fallait songer à mon départ ; je partis.

Dimanche, 26 novembre. — Je la vis au château; elle vint danser avec Élise et Jenny. Elle s'assit auprès de maman, et parla beaucoup avec elle avant et après le souper, quand elle cessait de danser. Je trinquai avec elle quand nous trinquâmes tous avec les Catherines.

Vendredi, 1ᵉʳ décembre. — En arrivant de Lyon, je trouvai les trois demoiselles en train de s'habiller pour aller au château ; j'avais dîné au bord de la Saône. Seul avec Mme Carron, je ne lui parlai d'abord que des propositions de M. Périsse pour mon cours ; puis j'ouvris mon cœur. Elle me dit plusieurs choses consolantes, qu'elle laissait à maman le soin de décider la fortune qui était nécessaire à mes projets, que quand on possédait l'estime d'une personne et qu'on la méritait, c'était beaucoup. En partant, elle ajouta : « Monsieur Ampère, quel jour reviendrez-vous ? » Je répondis : « Dimanche. »

Dimanche, 3 décembre. — Après le dîner, je pris plusieurs fois au jeu du meunier la place que Julie venait de quitter.

Jeudi, 7 décembre. — Elle me fit lire *Adèle*, et trouva *l'Histoire de saint André* peu intéressante; un chameau passa l'après-midi. Le soir, Julie me conseilla différentes choses pour mon ajustement qui marquaient un peu d'intérêt.

(Julie usera souvent, dans l'avenir, de ses droits conjugaux pour exhorter André à réparer les négligences de sa toilette.)

Samedi, 9 décembre. — A Lyon j'appris que son beau-frère était malade, je retournai à quatre heures et demie savoir des nouvelles. J'y trouvai Julie qui parut contente de me voir ; elle me chargea d'une lettre pour sa sœur, se mit à la fenêtre pour écouter un concert dans la rue. Elle daigna me demander si la musique me plaisait.

(Très-jeune, André avait composé un traité sur la musique, écrit des lettres à ce sujet dans un petit journal du temps.)

Dimanche, 10 *décembre.* — Je fus déjeuner chez M. Périsse avec elle. Julie me donna un quart de poire pelée de sa main après en avoir mangé l'autre quart ; elle entra aussi dans mes arrangements, préféra une pension pour moi aux dîners apportés de l'auberge, et une chambre bien meublée pour donner mes leçons, au magasin de M. Périsse.

L'après-midi je portai la lettre de Julie à Saint-Germain et dînai chez Mme Carron.

Lundi, 11 *décembre.* — J'entrai d'abord chez ma tante ; elle me dit de rester peu chez Mme Carron, que j'avais ennuyée la veille. Celle-ci vint bientôt faire visite à ma tante ; elle me parla de mes projets, et ne me permit de voir Julie que le jour de mon arrivée à Lyon et celui de mon départ.

(Sa consciencieuse naïveté constate sur le papier que la veille il a *ennuyé* Mme Carron ! Quand Julie sera à Lyon chez sa sœur, André ne pourra la voir qu'en arrivant et au départ. Toutes ces sévérités n'émoussent pas plus sa soumission que sa tendresse.)

Mercredi, 13 décembre. — Je ne vis que M. Périsse, auquel je fus obligé de dire que Mme Carron m'avait défendu de chercher à rencontrer Julie plus souvent. Il me répondit avec beaucoup d'amitié.

Vendredi, 15 décembre. — Je déjeunai chez M. Périsse. Julie vint enfin, je restai avec elle jusqu'à onze heures du matin. Elle me montra tous ses bijoux, me dit qu'on avait trop coupé mes cheveux, et se moqua des merveilleux avec lesquels elle avait passé la soirée la veille.

(Cette critique de l'élégance exagérée n'est-elle pas encore une preuve délicate de la bienveillance de Julie pour André?)

Lundi, 18 décembre. — Chez M. Périsse, je parlai un peu à Julie et à sa sœur de mes projets. *Elle* sembla faire peu de cas de l'état que je voulais embrasser ; ces paroles m'engagèrent à interroger à ce sujet M. Périsse, qui me répéta qu'elle avait dit : « J'aimerais mieux voir M. Ampère dans le commerce. »

(L'état qu'André désirait tout naturellement embrasser était celui de professeur, *lui* qui savait déjà tant de choses et qui devait apprendre *toujours*. Que pouvait-il donc faire de mieux que d'ouvrir les trésors de son intelligence à ceux qui se sentaient capables d'y puiser?)

Quant aux velléités de Julie pour le commerce, elles ne s'expliquent que trop par l'espérance de vaincre ainsi les obstacles d'argent qui retardent son mariage avec celui qu'elle aime.)

Samedi, 23 décembre. — Je revins de Lyon sans m'arrêter à Polémieux ; je passai une partie de l'après-midi à lire à Élise l'ouvrage de M. de la Dixmerie : *Des deux âges du goût*. Je lui parlai longtemps de Grandisson, des passions, et je plaignis le sort de ceux qui ignorent s'ils sont aimés. Elle me rappela que l'année passée je disais que je voudrais seulement être sûr de n'être point haï.

Jeudi, 28 décembre. — Julie avait été malade le mercredi, après avoir dansé.

Vendredi, 29 décembre. — Elle allait mieux et ne vint qu'à midi et demi. Je la quittai à une heure.

Samedi, 30 décembre. — M. Périsse me retint à déjeuner avec elle ; je donnai une leçon de mathématiques. Mme Périsse m'invita à dîner, je voulais refuser, Julie me dit : « Est-ce que vous êtes engagé quelque part ? »

Lundi, 1er janvier 1798. — Je souhaitai la bonne année à tout le monde, on causa des affaires de mon cours ; dans la conversation je dis : « Quand même je logerais chez maman, à Lyon, il faudrait que j'allasse manger chez M. Angles lorsqu'elle serait à Polémieux. » A cela Mme Carron répondit qu'on ne pouvait pas faire des projets de si loin, qu'on ne savait guère ce qui arriverait d'ici là.

En revenant de la messe, ma cousine me dit qu'elle avait prié Dieu pour le succès de mes vœux ; je la remerciai ; elle ajouta que Mme Carron le désirait autant qu'elle, que tout le monde s'intéressait à moi.

En revenant à Lyon le soir, je sus que Julie avait dansé la veille et se portait si bien qu'elle redanserait le soir.

Mardi, 2 janvier. — Je montai chez M. Périsse pour y prendre son fils. En redescendant ensemble : « Entrons ici, » me dit-il. Nous entrâmes au premier, où je la vis un moment ; mais elle était fort triste.

Mercredi, 3 janvier. — Je ne la vis point le matin avant ma leçon. Je fus chercher la clef à deux heures, elle venait de dîner ; je ne pus que saluer Julie en disant : « Mon élève m'attend. »

Jeudi, 4 janvier. — Avant ma leçon, je la vis un moment, toujours en allant chercher la clef ; je lui parlai un peu le soir ; j'y retournai de cinq à six heures, mais elle était toujours bien triste.

(Julie n'est plus une enfant; elle connaît beaucoup mieux qu'Ampère toutes les nécessités de la vie matérielle; en cette circonstance décisive pour son avenir, la raison livre chez elle des combats à l'amour; elle prévoit des ajournements sans fin. On comprend sa tristesse.)

Vendredi, 5 janvier. — Je ne la vis qu'à deux heures, en sortant de chez Camille Jordan. Marsil me dit que la clef était au second. Il me l'apporta bientôt là, ayant voulu ainsi me procurer le plaisir de voir Julie, qui était plus gaie et plus riante.

Le soir je retournai chez Mme Périsse; je passai deux heures à converser avec Julie, qui fut bien gracieuse pour moi et m'écouta avec une patience si douce que j'en restai charmé.

Mme Carron vint ensuite et me força d'abréger ma visite plus que je ne l'aurais voulu.

(Voilà une bienheureuse clef à laquelle André doit beaucoup de reconnaissance. Ces messieurs Périsse sont des hommes compatissants qui ne demandent qu'à aider un peu notre amoureux, et Mme Carron elle-même, malgré ses injonctions précédentes, ne semble pas non plus très-cruelle, car ce n'est qu'après deux heures de conversation avec Julie qu'elle abrége la visite de cet insatiable jeune homme.)

Dimanche, 20 *janvier*. — Je fus à Saint-Germain et je parlai un peu à Élise des événements de la semaine et de mon amour.

Mardi, 23 *janvier*. — J'ai eu beau l'attendre le lundi chez sa sœur, elle dînait dehors et ne vint qu'à six heures, après mon départ.

Je retournai le soir chez Mme Périsse, elle y parut enfin en perruque *brune*, et l'on ne parla que de perruques et de littérature. La petite *Fanchette* nous entretint de son ouvrage, et Julie disant : « Voilà qui est bien intéressant, » j'osai répondre : « Pourtant chacun veut parler de ce qui l'intéresse, heureux ceux qui le peuvent. »

Vendredi, 26 *janvier*. — N'ayant pu la voir, parce qu'*elle* faisait toujours des visites, je reçus l'*arrêt* de son départ de Lyon ; mais, pour me consoler, Périsse me mena déjeuner avec elle.

Samedi, 27 *janvier*. — Je la vis assez longtemps, elle n'avait pu partir la veille.

Dimanche, 28 *janvier*. — A Saint-Germain je ne trouvai d'abord que Mme Carron ; Élise vint ensuite et nous ne parlâmes plus que de ma passion.

Mardi, 30 *janvier*. — Revenu à Lyon, où elle était encore, je la vis après le dîner.

Mercredi, 31 janvier. — Grâce à la pluie, qui l'avait empêchée de quitter la ville, je goûtai avec elle.

Dimanche, 4 février. — Je fus à Saint-Germain, où Julie était revenue, mais je ne la vis pas et ne parlai que de choses indifférentes.

―――

Le journal d'André finit là. Les dernières feuilles sont coupées ou perdues.

Pendant l'année qui va suivre, Mme Carron devient veuve, et, malgré les préoccupations très-naturelles que lui causent la situation précaire du jeune Ampère, son manque de fortune, ses hésitations de carrière, elle paraît accepter tacitement ses assiduités auprès de sa fille.

Sans pouvoir absolument deviner encore l'homme célèbre qui se cache sous les apparences d'un modeste professeur de mathématiques, on sent pourtant, en approchant d'André, sa supériorité. Ses camarades, ses amis intimes (dont Ballanche et Bredin sont dès lors deux des plus chers) doivent avoir déjà porté sur lui un jugement qui n'étonnera pas l'avenir.

(Julie partage l'impression générale, André n'a plus

besoin de l'éloquence d'Élise pour plaider sa cause. Si l'on admire son intelligence, il n'en sait rien ; mais ce qui le touche bien davantage, c'est qu'on l'aime enfin, et qu'en dépit des difficultés matérielles que présente l'avenir, Julie consent à les aborder avec Ampère et lui accorde sa main, trois ans après la première rencontre du 10 avril 1796.)

Notre amoureux est donc au comble de ses vœux, quand une malencontreuse rougeole le sépare momentanément de sa fiancée. Il se console en lui écrivant, avec la permission de Mme Carron.

« Lyon, 3 mars 1799.

« Mademoiselle,

« Il m'est donc permis de vous écrire ! Je voudrais pouvoir exprimer mille sentiments à la fois ; l'excès de mon amour, celui de ma reconnaissance, les chagrins d'une séparation, les souvenirs charmants, les images délicieuses qui m'ont consolé dans mon exil, tout se presse au bout de ma plume.

« Je serai donc le plus heureux des hommes ! ! Cette chambre aujourd'hui déserte sera bientôt habitée par une femme adorée ; je pourrai lui consacrer tous les moments de ma vie ; elle sera heureuse de mon bonheur comme je le serai du sien. La confiance, l'amitié, le pur amour partageront nos cœurs ; je la verrai assise devant cette cheminée, auprès de cette table ; elle me dira qu'elle m'aime.

« Mais je m'égare, Mademoiselle, j'oublie que vous n'avez pas encore fixé le terme de mes peines.

« Comme il me serait doux de recevoir un petit talisman qui a une merveilleuse vertu pour faire prendre patience aux absents ! On n'admet dans sa composition que de l'encre et du papier ; mais il ne peut avoir de puissance s'il ne vient d'un objet chéri.

« André Ampère. »

« Lyon, 5 mars 1799.

« Mademoiselle,

« Dès que ma lettre d'hier fut partie, je soupirai après le moment d'en commencer une autre, et ce matin, en me levant, me voilà la plume à la main, occupé à répandre mon cœur sur le papier. Que je voudrais que vous y puissiez lire !! Vous ne songeriez plus à différer mon bonheur, vous diriez : S'il ne possède ni l'esprit, ni les agréments qui auraient pu le rendre digne de moi, du moins il sait aimer.

« Une douleur vive m'a ôté le repos et le sommeil, mais elle m'a laissé votre image et mes souvenirs.

« M. Brac ayant fait entrer dans son plan de convalescence un petit séjour à la campagne, je partirai quand il le prescrira. Il faudra de la diligence aller à Polémieux; le chemin passe par un certain village qu'on appelle Saint-Germain; je serai trop heureux si l'on me permet d'y faire une pause, dans une jolie maison blanche placée entre un verger et un petit jardin. Elle sert d'habitation à la plus charmante personne que vous ayez jamais rencontrée; si vous la connaissez, vous me plaindrez de vivre loin d'elle depuis dix mortels jours.

« 7 *mars*. — Comme le bonheur s'échappe à mesure qu'on croit y toucher! Mme Périsse m'avait dit que tout le monde à Saint-Germain avait eu la rougeole; sur ce canevas j'avais bâti tous les projets dont j'occupais si doucement mes rêveries; je viens d'apprendre le contraire, et voilà mon exil devenu éternel!

« Comme j'oublierais mes ennuis, si je recevais aujourd'hui quelques lignes tracées d'une main chérie!

« La crainte de compromettre votre santé ne me laisse plus que des espérances bien éloignées; pourtant je n'ai plus aucune trace de rougeole depuis hier, 6 mars.

« ANDRÉ AMPÈRE. »

De Julie Carron au citoyen Ampère.

« Saint-Germain, vendredi matin.

« Nous voyons avec plaisir, Monsieur, que votre maladie ne fait pas errer votre imagination sur des choses tristes. Le talisman composé avec le plus de soin ne pourrait rien ajouter à la magie qui vous environne : tout paraît animé autour de vous ; le coin de la *cheminée*, qui d'ordinaire pour un malade est un endroit fort maussade, vous fait rêver gracieusement. Continuez, Monsieur, à faire des châteaux agréables, et en suivant les conseils de prudence que vos amis vous donnent, vous pourrez vraisemblablement jouir bientôt du plaisir de la campagne.

« Vous avez souffert de la tête et vous écrivez des volumes ! C'est vouloir éterniser vos maux. Ce serait folie sans exemple de penser à voyager par un temps aussi froid. Quand il fera beau, c'est alors que je n'aurai plus à craindre la rougeole.

« Le docteur et ces dames en décideront.

« Si vous n'êtes pas soumis à leurs avis, les talismans ne vous aideront plus à prendre patience.

« Vous voudrez bien, Monsieur, me rappeler, ainsi que ma sœur, au souvenir de mademoiselle votre tante, en lui présentant nos respects.

« JULIE. »

De Mme Carron à André Ampère.

« Monsieur,

« Lorsque mes enfants étaient petits et malades, pour les engager à garder la chambre, je leur promettais des joujoux et des bonbons ; mais pour le grand M. Ampère, il lui faut un talisman, si l'on ne veut pas le voir franchir toutes les montagnes du Mont-d'Or.

« Vous ne savez donc pas que je suis la fée transie et que ma puissance n'a point le feu ni l'étendue de votre imagination. Mes talismans sont broyés avec une infusion de patience, quelques grains de calme, un peu de plaisir et beaucoup de modération ; vous diviserez toutes ces parties ; cela vous prendra assez de temps pour ne point fatiguer vos yeux, ce qui pourrait vous faire beaucoup de mal ; à la suite de la maladie que vous avez eue, il faut éviter l'application et les impressions de l'air.

« Je suis, avec considération,

« Antoinette Boyron, veuve Carron.

« Bien des choses à madame votre mère, ainsi qu'à la chère tante. »

« Lyon, 13 mars 1799.

« Mademoiselle,

« Mille fois merci du charmant talisman! Le plaisir de le lire et de le relire, de le mettre sous mon chevet, dans mon portefeuille, m'a procuré un sommeil si doux, de si délicieux rêves, qu'il n'y a point de maux qui eussent pu résister.

« Demain, à sept heures, je m'embarque avec ma tante sur la diligence de Neuville ; à dix heures, j'aurai déjà traversé la Saône ; me voilà montant à Saint-Germain par le chemin des amoureux ; jamais il n'aura mieux mérité ce nom. J'aperçois bientôt dans le lointain la jolie maison blanche, et mon pas devient plus rapide.

« Pour ne point quitter ma tatan au milieu du bois, je reviens cinq à six fois au-devant d'elle! O disgrâce imprévue ! il faut l'accompagner chez Mme Sarcey. Voilà un des plus beaux instants de ma vie retardé de cinq minutes! Cinq minutes sont bien longues dans une pareille circonstance. Mais les pieds me brûlent, et j'abrége ma visite en disant que Mme Périsse m'a donné telle ou telle commission. C'est alors que mon cœur bat; je traverse rapidement le peu d'espace qui me reste à parcourir ; j'entre dans la cour, j'approche de la porte, je l'ouvre. Il n'y a point d'expressions qui puissent peindre les sensations que j'éprouve; le cœur de Julie saura lire dans le mien, à travers mon embarras, mon air gauche et contraint.

« Daignez, Mademoiselle, redire à ma seconde maman tous mes sentiments de reconnaissance.

« A demain, à demain.

« AMPÈRE. »

(J'en passe, et des *meilleures*. Cette correspondance de quelques jours, véritable conjugaison du verbe *aimer*, se termine le 13 mars.

L'heureux convalescent reprend alors le chemin de la petite maison blanche. Il y trouve sa fiancée, recevant, comme lui, des lettres de félicitation; dans celle que Marsil écrit à Julie, les plaisanteries que se permet la vieille amitié d'un beau-frère ne seront probablement pas lues en présence d'André.)

De Marsil Périsse à Julie Carron.

« Ce jeudi matin.

« Nous arrivons, chère Julie, à ce charmant printemps où la campagne se pare de ses plus belles couleurs, où les oiseaux chantent à l'envi leurs amours et se préparent à bâtir leurs nids. Et toi, chère amie, tu choisis cette riante saison pour faire un heureux. Je te témoigne ma joie de son bonheur. Tu sais ce que je pense de ses qualités morales et spirituelles ; s'il lui en manque de celles appelées d'agrément par les mondains, ne les acquerra-t-il pas bien vite, étant le fortuné compagnon de l'incomparable *Déesse des Grâces*, modèle du goût ?.... Ce sont là les faibles expressions dont se servait, pour te désigner, l'amoureux André, dans le cours de sa maladie ? « Devenir possesseur d'un pareil trésor, qu'ai-je fait pour « mériter du ciel une telle faveur ? disait-il, je vais être « l'heureux par excellence..... une couleur de rose se « répandra désormais sur ma vie, dont chaque jour me « promet un bonheur nouveau. » Et puis il reprenait toujours et toujours ton éloge. Si je te répétais toutes ces jolies paroles, ta modestie en serait blessée ; le poëte Ovide n'en a jamais tant raconté de sa beauté chérie. Tu penses que je faisais chorus, approuvant et pensant depuis longtemps comme lui. Je lui contestai pourtant en moi-même une seule chose qu'il vint à me soutenir : c'est que ta présence rend parfumé l'endroit fortuné qui te possède. Non, je n'ai jamais, je l'avoue, joui de cette agréable sensation. Mon odorat n'a pas connu cette charmante atmosphère que notre ami déclare respirer dans l'air qui t'entoure. Sans doute est-ce une faveur particulière qu'il aura obtenue à force d'amour, et ce ne sera que la bien moindre de celles qui lui sont réservées. En vérité,

Julie, quand je réfléchis sur ce point, tout mon être trémousse. Ne pourrais-je pas réclamer auprès de toi des droits de primauté? Ne t'effarouche point d'abord d'une telle prétention, elle n'est pas si mal fondée. Premièrement, tu as la plus parfaite ressemblance avec ma femme ; secondement, vous pensez l'une comme l'autre, vous êtes deux têtes dans un bonnet ; aimant le bonnet de l'une, je dus aimer par conséquent la coiffe de l'autre, quand notre jeune ami ne se doutait pas encore du trésor incomparable qu'il a trouvé. Que sa bonne étoile l'ait conduit à cette belle découverte, tant mieux pour lui!... mais tu conviendras qu'il n'en est pas moins vrai que j'ai sur Ampère primauté d'affection, et j'attends avec impatience que nous soyons réunis à Lyon, en petit comité de jeunes gens, bien entendu, pour décider cette cause importante. Aujourd'hui que l'on ne radote plus comme autrefois et que l'on raisonne sensément sur toutes choses, je regarde ma cause comme gagnée.

« Ne suis-je pas bien fou, ma chère amie? Eh! oui, c'est que tu en fais des fous, par centaines : Montpellier, Lyon, Polémieux l'attestent. Ce qu'il y a eu de piquant, c'est de ne t'avoir jamais vue blessée par ce petit dieu malin dont tu sais si bien te servir... Tant mieux pour l'André fortuné qui va être ton vainqueur! Que le ciel verse donc sur votre union une félicité sans nuages, telle que vous la méritez! Nous te tendons la main, ma femme et moi, puisque tu entres enfin dans notre grande confrérie. J'embrasse de toutes mes forces la chère sœur Élise, quoique ce ne soit qu'un profane.

« MARSIL PÉRISSE. »

(En ajoutant ici aux témoignages passionnés d'Ampère ceux, beaucoup moins suspects, de quelques contemporains de Julie, il est aisé d'en tracer un portrait assez attrayant pour satisfaire les plus difficiles.

Elle a « des cheveux d'or », « des yeux d'azur »; cette « bouche demi-close », mise en vers par le poëte pour fournir, sans nul doute, la rime à un teint de rose, provoque les réclamations d'Élise, qui nous assure, à ce propos, que les lèvres de sa sœur lui « semblent, au contraire », fort épanouies, c'est-à-dire ouvertes et souriantes. Ce trait caractéristique de la physionomie permet de deviner, sans hésiter, la forme et la blancheur de deux rangées de perles. Pourquoi montrer si volontiers ce qui ne serait point agréable à voir?

D'après les confidences de M. Marsil Périsse, il existe entre sa femme et la fiancée d'Ampère une ressemblance frappante. Elles sont grandes toutes deux, puisqu'Élise envoie à la première « des baisers proportionnés à sa taille, avec l'assurance d'être aimée amplement ». La constitution délicate de Julie indique une tournure élégante, souple et svelte. Elle a les mains mignonnes, les pieds petits et étroits. Jean-Jacques possédait ce signe de race qu'il n'avait pas hérité de son père.

Chaque membre de la famille vante la grâce du modèle qui pose devant nous, la sérénité d'un front radieux reflétant la pureté d'une âme angélique. Le frère Carron, qui, lui, n'est pas un amoureux, l'appelle familièrement « sa gentille incomparable », tandis qu'Élise reproche à André, ce dont il ne se défend pas du tout, d'avoir eu trop vite l'esprit monté par « les qualités extérieures de celle qu'il aime ». Puis, en répondant à sa sœur, qui lui raconte ses prouesses à Lyon, ses parures mondaines, elle dit : « Ce que je comprends surtout, c'est que vous « vous trouvez fort jolie, Mademoiselle ; il y en a bien « d'autres qui pensent de même. »

Julie est donc charmante en costume de bal, et non moins séduisante en bonnet de nuit, car, plusieurs fois, elle se montre à André dans ce négligé, dédaignant de relever ses charmes par le moindre prestige de toilette. Qu'ajouter à cette dernière preuve?)

Le 6 août 1799 (15 thermidor an VII), André-Marie Ampère, fils mineur de J.-J. Ampère, défunt, et de vivante Antoinette de *Suttières*-Sarcey, épouse, en la paroisse de Polémieux Mont-d'Or, demoiselle Catherine-Julie Carron, fille majeure de feu Claude Carron et de vivante Antoinette Boyron, de la paroisse de Saint-Germain (Mont d'Or).

Le jour du mariage, on dîne en famille chez la mère de Julie, où l'ami du cœur Ballanche chante le bonheur d'André dans un épithalame en prose.

ÉPITHALAME.

Felices ter et amplius!
Quos irrupta tenet copula, nec malis
Divulsus querimoniis
Suprema citius solvet amor die!

Célébrons la fête antique
De l'hymen! qu'il sorte brûlant
De nos cœurs ce cri trois fois répété :
O hymen, hyménée !

« Que nos vœux montent au ciel comme un nuage de parfums ! Que du ciel ils descendent ensuite sur ces deux époux comme une rosée de bénédictions et de plaisirs !

« Le jeune homme se nourrit d'espérances, le vieillard se nourrit de souvenirs : les espérances et les souvenirs de l'amour sont également chers. Enfants, adolescents, vieillards, célébrons tous la fête de l'amour, par qui nous sommes! Chantons tous en chœur : O Hymen, Hyménée !

« Lorsqu'au lever de l'aurore une voix matinale est venue murmurer à mon oreille encore assoupie : Aujourd'hui, deux êtres bons, sensibles, aimants, s'enlacent des liens heureux de l'hymen, j'ai tressailli de plaisir, le sentiment du plaisir m'a enivré de toutes ses illusions, et je me suis écrié : Que l'homme ne se plaigne plus de sa destinée ! Si le chagrin, si la douleur viennent quelquefois opprimer son existence, n'est-il pas dans la vie des instants de félicité, d'une félicité suprême, qui peuvent racheter des années de tourments et d'inquiétudes ?

« Quel bonheur, en effet, est comparable à celui de deux amants qui deviennent époux? Leur sort est désormais inséparable, ils s'aiment, ils s'adorent, et ils peuvent savourer l'inexprimable plaisir de se le dire... Leurs yeux ont été si longtemps les seuls interprètes de leur ardeur !

« Dieu ! qui pourrait apprécier la délicieuse certitude que rien ne pourra plus les séparer, qu'ils porteront au sein de l'éternelle bonté un seul tribut pour deux cœurs..., un tribut de bienfaisance, d'harmonie de volontés pour le bien, et de ces jouissances si faciles et cependant si rares que donnent toujours une bonne conscience et la pratique constante de la vertu?

« Le bonheur de deux amants devenus époux est indépendant des revers et des caprices de la fortune, car le bonheur est dans eux-mêmes ; qu'ils soient ensemble, n'importe le lieu ! L'amour, ce puissant magicien, fait éclore des jardins d'Armide au sein des déserts.

« Jeunes époux, assis dans la même barque, voguez ensemble sur le fleuve rapide de la vie ! Qu'Iapis, léger pilote de Cythère, dirige le gouvernail de l'heureuse nacelle ! Que les douces illusions du bel âge flottent en banderoles dans les airs ! Que les présages de l'amour et de l'amitié soufflent mollement et enflent la voile de l'espérance !

« Jeunes époux, recevez à votre passage le salut de votre ami !... Ah ! la certitude en est dans mon cœur, vous réaliserez les peintures enchanteresses des poëtes, vous retrouverez Éden et l'âge d'or !

« Jeunes époux, puissiez-vous avoir des enfants bons, aimables comme vous ! Ils seront vertueux s'ils savent profiter des leçons de leurs parents.

« Jeunes époux, vous serez toujours unis et Dieu étendra sa main pour vous bénir, vous et vos enfants : car le meilleur hommage que l'homme puisse offrir à la divinité, c'est le spectacle d'une vie heureuse par la pratique de ses devoirs. »

LE SOIR.

« Il a lui sur les montagnes de Polémieux, le dernier rayon du soleil couchant. Le crépuscule enveloppe la nature d'un voile sentimental. Volez sous la feuillée, sylphes légers, folâtres zéphyrs ; et, chargés des émissions balsamiques de mille végétaux, allez parfumer la couche nuptiale.

« Époux, jouissez silencieusement de l'approche de l'heure fortunée... Déjà l'Hymen allume son flambeau à celui de l'Amour... Chantons : O Hymen, Hyménée !

« Fille de la Pudeur, Vesper au haut des cieux a donné le signal de ta défaite... Julie, il est venu le moment où tu dois abandonner le giron maternel... Dieu a voulu qu'un époux fût plus que des parents : c'est Dieu qui te commande de suivre le nouveau guide qu'il te donne en ce jour...

« Le voile de Pénélope descend sur le visage naïf de Julie et cache le triomphe de l'amour... elle cède en versant quelques larmes et suit son nouveau guide, à qui il sera bien doux d'essuyer ces larmes pieuses de tendresse filiale et de pudeur : ainsi les baisers de Zéphyre sèchent les gouttes de rosée qui brillent au matin sur la reine des fleurs. »

LE LENDEMAIN.

« Éveillez-vous, jeunes époux ! Le soleil dore le sommet des montagnes, la rosée se balance mollement sur les fleurs mobiles des champs, les oiseaux saluent l'aurore et chantent le lendemain... Éveillez-vous, jeunes époux !... Et toi, fille de l'Amour, pour cacher l'embarras de la pudeur, réfugie-toi dans le sein de ton bien-aimé.

« Éveillez-vous, jeunes époux ! pour savourer les nouveaux bienfaits de l'amour ! C'est lui qui embellit la scène de la nature, c'est lui qui en fait toute l'harmonie ! Il préside aux concerts des oiseaux, il assujettit les végétaux à ses douces lois : il est l'âme universelle.

« Heureuse solitude de Polémieux, que de monuments d'amour tu vas renfermer ! Sur ces jeunes arbustes croîtront avec les années les chiffres et les emblèmes de l'amour. Le repos et les plus douces rêveries seront attachés à ce gazon foulé par les pieds aériens de l'objet aimé. Cette fleur cachée dans la verdure devient chère si elle a attiré les regards de Julie.

« Et ces sources limpides, et ce ruisseau solitaire murmurant sous des berceaux de feuillage..., et la mystérieuse obscurité de ces lieux silencieux..., que de souvenirs seront un jour attachés à tous ces lieux ! Quelles promenades délicieuses ! quels heureux labyrinthes ! Que de fois on se sera égaré sans s'en apercevoir ! que de fois, de cette terrasse, on sera venu contempler la nature ! que de fois on aura passé les belles soirées d'été sous cette allée d'arbres !

« Solitude de Polémieux, je te salue de toute mon âme ! Jeunes époux, pour qui elle se change en Élysée, pour qui elle est devenue Éden, je vous embrasse dans toute l'étreinte de l'amitié ! »

(A la suite de cet épithalame, nous aimons à citer la page suivante que nous trouvons écrite par l'un des meilleurs amis d'André.)

« Sentiments religieux, d'amour, de pudeur, naïveté pure, parfums cachés de l'âme de Ballanche, c'est avec un pieux respect que nous vous retrouvons ici tout entiers, sous cette belle forme antique, dans ce petit poëme inspiré par une amitié d'enfance.

« Jeunes filles, jeunes femmes, invitées à ce banquet de famille, ne baissez point les yeux, ne rougissez pas. Aucune parole ne blessera vos oreilles délicates, aucun malin sourire n'effleurera les lèvres de ceux qui vous regardent, en provoquant votre embarras.

« Matrones, restées sages à tous les âges, soyez satisfaites, écoutez avec confiance le chantre de cet hyménée, les encouragements qu'il donne à l'accomplissement des devoirs, l'hommage qu'il rend à la vertu, et ses souhaits de félicité.

« Cette voix qui a retenti au milieu de la fête, tout en parlant des plaisirs très-vifs de ce monde, s'est bien vite élevée plus haut que la terre. Les convives du festin, les amis d'André et de Julie, entraînés par l'émotion du poëte, ont uni leurs vœux aux siens, non pour demander en faveur des époux les fausses jouissances de la vanité ou l'abondance superflue des richesses, mais pour supplier Dieu de bénir et d'enlacer d'une étreinte éternelle et divine deux cœurs bons et aimants, qui viennent de se donner aujourd'hui l'un à l'autre.

« Ampère, si même une longue et glorieuse carrière lui est destinée, ne connaîtra jamais rien de comparable à ces heures, à ces courtes et heureuses années passées auprès de sa Julie, sur ce pauvre domaine paternel où il est né. Que de souvenirs seront un jour attachés à ce lieu! disait le candide et sublime Ballanche; il ne se trompait pas.

« Solitude de Polémieux, deux fois consacrée par l'amour, nous voudrions te saluer de près, marcher dans tes allées maintenant désertes, au bord de ce ruisseau tari; nous voudrions te voir et ne plus t'oublier, en mémoire du bonheur dont tu reçus la confidence et le témoignage! »

La première année de cette union réalise toutes les joies rêvées et attendues avec une constance si rare. Julie, qui est dans une situation intéressante, suit sa mère à Saint-Germain au printemps de 1800 (an VIII), tandis que son mari donne des leçons de mathématiques à Lyon. Une fois par semaine, il va retrouver sa femme à la campagne. Dès ce moment, André nous initie aux tendresses, aux projets, aux préoccupations de son ménage, à la sollicitude que lui cause déjà la santé de sa Julie, qui va s'altérant de jour en jour, après les épreuves de la maternité. Dans la page suivante, il parle d'abord de ses deux Julies, croyant à la naissance d'une fille. Le petit tableau, c'est la campanule encadrée ; nous connaissons le talisman ; le portefeuille de satin rose, orné de deux chiffres entrelacés et brodés, recevait ce qu'il appelait ses trésors : les réponses de Julie. Toutes ces reliques amoureuses sont encore enveloppées avec les autographes du mari et de la femme sous le même cachet.

D'André Ampère à Mme *Julie Ampère, chez M*^{me} *Carron, à Saint-Germain, Mont-d'Or.*

« Lyon, mardi matin.

« Pourquoi tous mes jours ne s'écoulent-ils pas auprès de toi ? Si je suis méchant quelquefois, c'est que je reste trop longtemps sans respirer l'air de douceur et de bonté que tu exhales.

« Mes deux Julies se portent-elles bien, la plus petite saute-t-elle toujours, te rappelle-t-elle que son papa ne vit que pour toi ? »

« Du 16, mercredi.

« Je fus bien attrapé hier quand je voulus faire mon inventaire. Je ne sais où tu as mis une partie de mes trésors. En prenant mon portefeuille, je n'ai trouvé que le petit tableau, que j'ai baisé de bon cœur ; j'aurais eu encore plus de plaisir à baiser le talisman, mais tu me l'as caché, petite méchante ; c'était bien assez de me défendre d'aller si souvent à Saint-Germain sans me priver aussi de cette dernière consolation.

« Je n'ai point encore placé la violette à côté de la campanule, je la laisse un peu sécher dans le livre où elle est en presse.

« Toutes ces dames sont à Bellerive ; Marsil vint me voir hier matin et me dit que Mme Périsse ne tarderait pas à revenir.

« Adieu, tu te moquerais encore si je mettais là un baiser ; cela me ferait pourtant bien plaisir. Adieu.

« AMPÈRE.

« J'ai emporté dans ma poche un livre d'heures qui appartient à ma tante. »

Ici pour la première fois nous trouvons des lettres de Mme veuve Ampère ; elles font pressentir l'arrivée prochaine du grand événement de famille.

De Mme veuve Ampère à Julie.

« Polémieux.

« Je crains, mes chers enfants, que vous ne soyez en peine de votre bonne mère ; je profite d'une occasion pour vous dire que ma santé est toujours bonne, que mes forces sont bien revenues. Je suis occupée de mon pauvre Ampère et te permets de le plaindre. Travailler pour les autres quand on a besoin de travailler pour soi, c'est triste ; mais avouez, mes enfants, que vous auriez été bien fâchés si M. Roux s'était adressé à un autre qu'à lui. Cela le fera connaître, et j'espère que son temps ne sera pas perdu. Embrasse-le pour moi, il te le rendra à mon intention.

« Non, ma chère Julie, je ne t'ai pas donné le jour, mais tu as pris dans mon cœur la place d'une fille chérie. Qui pouvait mieux que toi la remplacer ? même candeur, même douceur, même bonté, même esprit. Je n'ai qu'un seul chagrin, c'est de ne pas te rendre aussi heureuse que tu devrais l'être ; mais si la tendresse d'un époux et celle de ta seconde mère peuvent te dédommager un peu de tes privations, tu es sûre d'être aimée autant que tu le mérites.

« Nous t'avons envoyé tout ton linge, Marion a fait la lessive ; j'y ai mis tes draps, ils pourront t'être utiles.

Ma chère fille, ménage ta santé, aie bien soin de cette jolie petite qui sera mon quatrième enfant. Je t'ai gardé un vieux coq pour le premier bouillon que tu prendras. Comment l'avoir tout prêt sous la main quand nous en aurons besoin ; si tu avais un grenier fermé, je te l'enverrais au commencement du mois d'août.

« Veuve AMPÈRE. »

« Joséphine et la tatan vous disent mille choses. »

De Mme veuve Ampère à Julie.

« Juillet.

« Ma Julie s'inquiète, elle n'est pas sage. Pourquoi, ma bonne amie, avoir des idées noires ? Rien de plus naturel que de mettre au monde des petits êtres qui, deux ou trois mois après avoir vu le jour, vous sourient et vous tendent les bras. Ne pense qu'à la satisfaction que tu auras quand tu entendras une voix douce qui t'appellera maman. C'est un plaisir qui fait oublier les souffrances qu'il nous a coûtées. Je ne te dirai pas que les douleurs ne sont rien, mais plus elles sont fortes, plus tôt on est délivré. Du courage, ma chère fille. Nous avons eu dans ce pays sept heureux accouchements en deux mois, dont trois sont des premiers enfants; pourquoi ma Julie se tourmenterait-elle? Tout ira bien. Sois sage, ne te fais pas gronder par ta seconde mère. Dis à la première, car je suis obligée de lui céder ce droit, mille jolies choses de ma part; j'irai près d'elle incessamment pour l'aider à rendre notre fille tout à fait raisonnable. Les demoiselles Bœuf vinrent me voir avec M. Navarre un instant après que mon fils fut parti; elles croyaient que tu étais accouchée.

« C'est ton lit qui a retardé le départ de Marion, il n'a été fini que mercredi. Pour la farine, j'ai bien peur, mes chers enfants, que vous ne soyez obligés d'acheter du pain et moi du blé, car je ne peux vous envoyer que trois bichets, mais cela poussera toujours avec le temps, et comme Delorme sera obligé de se presser de battre pour lui, je trouverai bien quelque âme charitable qui portera de suite un ou deux sacs, ton pain en sera meilleur. Quant aux fromages, la vache est encore à la foire qui doit nous en fournir; mais voici des poires et du raisin qui vous serviront en attendant. Je profite aussi de la charrette pour expédier du linge, de mauvaises serviettes, nous n'avons que ça, puis une paire de draps roux pour doubler ton lit de misère; je ne me souviens plus si tu m'as demandé autre chose; tu sais que tout ce que possède ta bonne mère est à ton service; c'est un chagrin que la Providence lui réservait encore de ne pouvoir faire davantage, mais il faut se soumettre.

« J'ai encore du coton plat pour tricoter une seconde paire de bas à ton mari. Joséphine n'a pas de plus grand plaisir que de travailler pour sa sœur Julie.

« Adieu, ma chère fille, dissipe-toi, ne reste jamais seule. Puisque les grandes courses te fatiguent, elles ne te valent rien, fais un petit tour sur le quai quand le soleil est couché. Je te prie de me rappeler au souvenir de ta famille. Aime-moi toujours autant que je t'aime, c'est la plus grande consolation que puisse avoir ta bonne mère.

« Veuve AMPÈRE. »

D'André Ampère à Mme Julie Ampère, chez Mme Carron, à Saint-Germain, Mont-d'Or.

« Vendredi matin.

« Je t'écris à la hâte, ma Julie, des nouvelles de Mme Périsse. Elles sont on ne peut meilleures; Julien Périsse est né hier entre sept et huit heures du soir.

« Quand Louison m'a éveillé ce matin, que je faisais un joli rêve! quel tort elle m'a fait! Je rêvais que je voyais ouvrir mes rideaux par ma Julie arrivant de Saint-Germain pour visiter sa sœur, et venant d'abord chez son mari; elle n'avait qu'un jupon de bazin, un corps de toile et un petit mouchoir qui laissait entrevoir quelque chose de bien blanc, et deux boutons de rose! Ah! mon amie, comme je t'embrassais de bon cœur, quand la grosse voix de Louison a frappé mon oreille, au lieu de cette voix si douce que j'aime tant. Ce réveil m'aurait mis au supplice sans l'espérance de te revoir demain! Que deux jours et une nuit sont longs! que je t'aime!

« Je t'écris en donnant une leçon qui me détourne sans cesse. Adieu, voici encore M. Lescure qui arrive, il faut te quitter pour lui; je ne sais ce que je lui ferais.

« AMPÈRE. »

A son tour Julie est devenue mère; André s'accusera désormais de toutes les douleurs de sa femme. « J'ai raison de me détester, répète-t-il à ce propos. Je pense encore, mon amie, au mal que tu t'es fait en te tenant éveillée pour bercer le petit, et en me faisant croire que tu allais t'endormir, afin que je m'endormisse. J'ai pleuré de regret en chemin de ma bêtise; promets-moi de me laisser faire au prochain voyage, je veux le soigner moi-même. Tu oublies, ma pauvre petite, que ta santé est bien délicate, que tu as à présent des occupations rudes, et que tu ne dors pas la moitié de la nuit.

« Si tu ne veux point empoisonner tout mon bonheur et me faire haïr, s'il était possible, ce que j'aime le mieux après toi, permets qu'on te garde le petit en bas depuis huit heures jusqu'à onze; Françoise aura encore sept heures pour se reposer, tu trouveras que ce n'est pas assez, *toi* qui, épuisée, tourmentée de toutes les manières, n'obtiens pas un moment de véritable calme; tu peux compter sur elle, je te répons de sa prudence. Ton petit boira un bon lait, son papa n'aura plus les craintes continuelles qui l'agitent, et regrettera moins de ne t'avoir pas priée à genoux de le mettre en nourrice. Je donnerais à présent la moitié de ma vie pour qu'il y fût.

« Ma bienfaitrice, ma bien-aimée, je t'aime cent fois plus aujourd'hui que tous les jours, parce que je pense davantage à ce que mon bonheur te coûte et ce qu'il t'en coûtera pour celui du petit être qui est ton enfant et le mien.

« AMPÈRE. »

D'André à M. Carron.

« Lyon.

« Il y a bien longtemps, mon cher frère, que je veux t'écrire et te remercier des démarches que tu as faites pour moi relativement au prytanée ; des occupations qui ne me laissent point un moment ne me l'ont pas encore permis. Tu t'étais donné bien de la peine pour me procurer les moyens d'obtenir quelques recommandations auprès de Comberousse ; je suis à peu près sûr qu'on va nommer un autre directeur : lequel, je n'en sais rien ; en attendant, tout reste là.

« J'espère que tes projets réussissent mieux que les miens et que tu te trouves dans une position stable et avantageuse. Ta femme va nous quitter ; nous serions trop fâchés de son départ si nous ne pensions qu'elle va te rendre un bonheur dont tu es privé depuis si longtemps. Puissiez-vous revenir bientôt à Lyon, car personne ici ne sera parfaitement content loin de vous ; tu sais bien comme Julie t'aime, et je ne suis qu'un avec Julie.

« La pauvre petite a aussi ses inquiétudes : notre revenu est bien incertain, les élèves vont et viennent sans qu'on sache jamais sur quoi compter ; le prytanée arrangerait tout, mais qui sait ce que cette espérance deviendra. Si tu voulais ajouter un nouveau service à tous ceux que tu m'as rendus, tu tâcherais de voir M. Cayre, tu pourrais savoir de lui s'il songe toujours à moi. Je t'avoue que j'ai craint quelque temps la rivalité de Boucharlat, qui sait bien mieux que moi solliciter les personnes en place. Quoiqu'il ait assez travaillé en mathématiques, pourra-t-il être admis sans de nouvelles études à l'École polytechnique, d'après tout ce qu'on exige aujourd'hui. La protection de M. Cayre suffirait au reste pour me rassurer. A son dernier voyage à Lyon il m'a promis de s'intéresser à moi ; je lui ai écrit depuis, mais il n'a pas répondu, peut-être n'a-t-il pas mon adresse ; s'il la demande, c'est rue Mercière, maison Rosset, n° 18, au premier.

« Tu vois, mon bon frère, que je compte bien sur ton amitié et que je te fais un long détail de tout ce qui m'occupe. Ma pauvre Julie a un mal de tête qui me tourmente bien. Ta femme est venue nous voir et lui tenir compagnie.

« Adieu, je te souhaite une bonne santé, avec tout ce que tu désires.

« ANDRÉ AMPÈRE. »

D'André Ampère à Mme Ampère,
à Saint-Germain, Mont-d'Or.

« Du lundi.

« Mon amie, je viens d'écrire une quantité d'idées mathématiques dont j'avais besoin pour mon ouvrage.

« J'ai un nouvel élève ; à ton retour, je pourrai t'offrir une bonne recette et un compte bien en ordre.

« Hier Ballanche m'apporta ses productions, et nous restâmes à les lire jusqu'à neuf heures un quart.

« Mercredi.

« Mes expériences ont paru réussir complétement, mais j'ai eu recours à un peu de supercherie, qui, du reste, n'a rien gâté.

« J'éprouve tous les jours davantage qu'il n'y a que pour toi que je me soucie de vivre. Hier, faisant des préparations avec de l'acide sulfurique, il me semblait que je n'aurais point eu de répugnance à en boire un verre, si ce n'était que ma Julie est à moi et le petit qu'elle m'a donné.

« AMPÈRE. »

Il ne s'agit point ici d'idées de suicide, mais d'un sentiment passager de détachement terrestre pour tout ce qui n'est pas sa Julie ou son enfant.

Les impressions mélancoliques n'ont jamais été étrangères à la nature d'André. Assez rares dans sa jeunesse, elles deviennent presque habituelles quand il a perdu Julie et qu'il avance en âge. Dès lors, quelle que soit la date de sa correspondance, on n'y trouve jamais l'expression de la sérénité, mais plutôt un certain sentiment de fatigue que lui causent les agitations incessantes de son cœur et de son cerveau. Il ne connaît guère le repos ; pour lui, les jours, les heures ne s'écoulent point, mais se précipitent. La passion de la science le dévore et l'entraîne, ses affections le consument, toute sensation de bien-être moral, fût-elle momentanée, lui échappe, et les circonstances qui l'entourent favorisent et développent ces dispositions. Si les ennuis, les embarras, les inquiétudes de la vie, ne le touchent pas personnellement, il souffre pour les siens, pour ses amis ou pour l'humanité. C'est ainsi qu'en 1816 Ampère parlera à Ballanche, qu'un chagrin de famille désole : « Je sais combien tous les discours sont vains quand le malheur accable ; je sais quelle impression font sur une âme souffrante ces raisonnements de résignation, *non ignara mali*. Voilà donc ce que c'est que la vie ? On devient trop triste quand on y songe, à moins que ce sujet si triste ne devienne un sujet de joie et de consolation, comme cela est arrivé à Bredin. Oh ! mon ami, tu devrais bien voir souvent cet homme admirable ; sa conversation calmerait tes peines. Ce ne peut être qu'ici, près de moi, que tu retrouveras la paix, le calme nécessaire au développement de tes talents, de ces talents dont tu dois compte à tes semblables, à toi-même. N'enterre pas le talent que tu as reçu comme le méchant serviteur de l'Évangile. Ballanche, mon ami, cherche à secouer ta douleur, à te retirer dans ce sanctuaire de la pensée où l'homme apprécie le peu qu'est cette vie. »

A la date de 1818, il nous tombe encore sous les yeux ces lignes, toujours adressées à Ballanche :

« Je suis tellement agité de pensées diverses, d'inquiétudes de tous genres, que je n'ai pas un moment à donner aux occupations qui pourraient seules me délasser un peu. Quand je veux m'y livrer à l'unique instant dont je puisse disposer, c'est-à-dire le soir, ma tête est si épuisée que je ne trouve plus une idée. Mon ami, c'est un tourment continuel. Qui aurait cru que Ballanche et Ampère, l'un à Lyon, l'autre à Paris, laisseraient finir deux mois sans s'écrire ? De ces deux mois, l'un a passé en examinant chaque jour neuf à dix heures ; ah ! l'autre a disparu comme un éclair ; que m'en reste-t-il ? des pensées qu'un autre mois effacera peut-être. Le sentiment de la nullité de cette existence porte dans tout mon être, plus profondément que jamais, je ne sais quelle aspiration vers une autre vie, seule consolation que l'on puisse avoir sur la terre. »

Oui, selon l'expression de Ballanche, qui connaissait bien Ampère, *c'est un brasier qui était dans son cœur.*

Revenons aux jours heureux du jeune mari, jours trop courts et pourtant déjà mêlés de bien des peines.

D'André Ampère à M. Carron.

Le 18 germinal an IX, 8 avril 1801.

« Que j'ai de remerciements à te faire, cher Carron, mon véritable ami, de toutes les peines que tu t'es données. Je ne me ressouviens guère de ce que je t'ai écrit dans ma précédente au sujet de notre situation à tous deux. Je crois que je faisais des souhaits pour ton bonheur et celui de ta femme, mais j'étais bien loin, en te confiant les embarras de ma Julie et le chagrin que j'en ressentais, d'oublier les tiens. Je sais, hélas! que tu as été longtemps en butte à mille peines, éloigné de tout ce qui t'était cher; je sais encore qu'à présent ta position n'est pas celle que tu mérites. Paris est trop loin de Lyon. Je voudrais me rappeler précisément ce que j'ai pu te dire dans cette lettre que je suis bien fâché d'avoir envoyée puisqu'elle t'a causé quelque déplaisir. Je t'écrivais tout occupé des élèves qui venaient de me quitter, tourmenté qu'il ne m'en restât qu'un nombre très-médiocre, et j'épanchais ce chagrin dans le cœur d'un frère. Il m'en est venu heureusement quelques nouveaux depuis lors. Les soins que tu as donnés à mon affaire me procureront, j'espère, une place plus fixe, soit que l'établissement en question s'organise à Lyon ou quelque chose d'équivalent. Et puis, je me flatte toujours que la fortune réparera ses torts envers toi ; que, réunis tous ensemble, nous verrons nos enfants grandir pour jouir d'un bonheur moins mêlé d'inquiétudes que celui de leurs pères. N'est-ce pas, mon bon ami, que cette fois ces vœux ne te feront pas de peine ; ils sont, j'en suis sûr, si bien d'accord avec les tiens !

« Je vais te parler aussi de ton petit-neveu. On lui a mis aujourd'hui pour la première fois de petits souliers rouges. Je l'ai aidé à marcher vers sa mère, ma Julie l'a soutenu aussi à son tour, et j'ai goûté un grand bonheur à recommencer cet exercice ; que sera-ce donc quand il saura courir seul et parler ? Tu auras bientôt le plaisir de voir ton Élisa, et tu sentiras alors combien l'enfant que ma Julie m'a donné doit me causer de joie. Ce pauvre petit a déjà bien de la connaissance ; il crie quand sa maman fait semblant de me battre, et s'efforce des pieds et des mains pour se débarrasser de nous tous et aller près d'elle. Il faut que je compte bien sur l'amitié que tu conserves à ta sœur cadette, à ta petite Julie, comme tu l'appelles, pour te conter de si petites choses ; mais, vois-tu, quand j'écris à d'autres moi-même, je laisse ma pensée du moment gouverner ma plume.

« Adieu, mon bon ami, tu sais bien comme tu es aimé dans cette maison ; Julie y met tout à l'unisson de son cœur. Elle apprendra au petit Jean-Jacques à répéter le nom de son oncle de Paris et de sa tatan Aguarite, qu'il ne verra peut-être pas de bien longtemps ; si tu ne viens point, il faudra pourtant que je te le mène.

« Adieu, je t'embrasse de toute mon âme.

« André Ampère. »

D'André Ampère à Madame Julie Ampère, à Saint-Germain.

« Lyon, du mercredi soir.

« Julie se souvient-elle de l'amandier, des derniers baisers qu'elle m'a donnés avant-hier? J'ai le cœur serré toutes les fois que j'y pense, et j'y pense toujours. Ma pauvre petite, quand seras-tu bien contente, bien heureuse comme tu mérites de l'être? Voilà que tu vas me dire que je t'attriste. Je veux t'égayer en te donnant des nouvelles de noce.

« Un poëte de ta connaissance se marie, il épouse une fille unique, devine son nom ; un métaphysicien de ta connaissance se marie, il épouse une fille unique, devine son nom ; un mathématicien de ta connaissance se marie, il épouse une fille unique, devine son nom. Le nom du poëte commence par un *B*, le nom du métaphysicien par un *B*, le nom du mathématicien par un *B*. Si tu trouves cette énigme trop difficile, tu n'as qu'à en demander le mot à Mme Carron, qui aime également ces trois génies sous un seul chapeau.

« Hélas ! pendant que je m'amuse à t'écrire des balivernes, peut-être que notre petit crie et ne te laisse pas tranquille. Chère Julie, dis-lui d'être bien sage en lui donnant le baiser que tu as promis à ton mari le soir en te couchant ; qu'est-ce que ce mari ? y songes-tu quelquefois ? n'y penses-tu qu'au moment où ton fils te fatigue ou te réveille ? Pardon, pardon pour ce petit, il fait mal sans le savoir ; il deviendra bon, presque aussi bon que sa maman, à force de sucer son lait.

« Bien des choses à tous ceux que nous aimons ; embrasse Élise et des deux côtés. Quoique ses baisers courent les rues, ils n'en sont pas moins précieux pour moi. Adieu, ma bien-aimée.

« AMPÈRE. »

Ce métaphysicien, ce poëte, ce mathématicien, n'est autre que l'ami Ballanche, alors épris d'une jeune fille lyonnaise, qu'il espéra vainement épouser. De ce rêve poétique caressé à vingt-trois ans, on retrouve la trace touchante dans une page écrite en 1830 par l'auteur de l'*Antigone*.

« Le 14 août 1825, dit-il, une belle et noble créature qui m'était jadis apparue, et qui habitait loin des lieux où j'habitais moi-même, une belle et noble créature, jeune fille alors, jeune fille à qui j'avais demandé toutes les promesses d'un si riche avenir; en ce jour, cette femme est allée visiter, à mon insu, les régions de la vie réelle et immuable, après avoir refusé de parcourir avec moi celles de la vie des illusions et des changements. Hélas! je dis qu'elle avait refusé; mais il y a là un mystère de malheur que je ne saurai jamais sur la terre. »

De Mme veuve Ampère à André.

« Polémieux.

« Je commence par te dire que ta femme et ton petit se portent bien. Elle ne viendra à Polémieux que lundi, parce qu'elle est invitée dimanche à Neuville, pour un goûter; ainsi je ne te verrai pas, car tu te rendras tout droit à Saint-Germain; je t'attendrai l'autre semaine.

« Les deux lettres que je t'ai données, n'as-tu point oublié de les mettre à la poste ? On ne me fait aucune réponse; si par hasard elles sont dans ta poche, envoie-les tout de suite.

« Louison fera remplir la bouteille d'huile ; si tu as des sacs de farine vides, elle les rapportera. J'enverrai à Julie son linge, avec des sarments; Delorme amènera en même temps un petit baril de vin blanc et des fagots.

Pour la voiture, quand Nanon en parla à son mari, il répondit que vous seriez bientôt d'accord ; qu'avec des gens qui étaient toujours à donner à ses enfants, l'on n'y regarderait pas de si près. Ainsi, mon fils, tu t'en tireras comme tu voudras. Je t'envoie douze livres six sous pour le 9 avril et six livres pour le 5 de mai.

« Adieu, mes chers enfants, aimez votre bonne mère autant qu'elle vous aime, elle sera contente.

« Veuve AMPÈRE. »

D'Élise à Mme Marsil Périsse.

« Cé lundi matin, octobre

« Tu as pensé à chacun de nous, ma bonne sœur. Comment as-tu trouvé le temps de faire toutes ces emplettes? Nous aurions pu encore passer deux jours ensemble ; je regrette à chaque instant de n'avoir pas mieux employé mon temps près de toi, mais mon sort est d'avoir toujours quelques vœux à former sur l'avenir ou quelques regrets à éprouver sur le passé ; le présent court sans que je sache ou que je puisse en jouir.

« Julie est partie hier pour Polémieux ; elle n'était guère en train d'y aller, pas plus que nous de la voir disparaître. Maman enverra aujourd'hui Marie savoir comment elle a passé la nuit et porter cette lettre à Ampère, car dans ce moment les vendanges empêchent toute correspondance ; chacun faisant les siennes, il n'est plus d'occasion.

« Tes deux enfants se portent à merveille. Stéphane ne fait que chanter ; son sabre lui a donné une surabondance de gaieté ; il est vraiment d'une humeur charmante. Je l'entends dans ce moment qui dit à Fanchette: « Comme tu voudras, mais je ne voudrais pas te donner « cette peine. » Fanchette fait la petite mère ; ils sont tous deux notre unique plaisir dans la maison, où nous ne trouvons plus personne ; quel vide ! Heureusement Julie est encore à ma portée ; mais toi, ma bonne sœur, que j'aurais pu voir à toute heure, à tout moment, et que j'ai laissée des matinées, des après-midi entières, comme je les voudrais ravoir à présent ! Il me semble que je t'entends me dire : « Ce qui est fait est fait, nous savons que « nous nous aimons. » Oui, j'espère que tu le sais, que tu l'as vu à travers mille choses qui ne ressemblaient pas à de la tendresse, et qui cependant partaient d'un cœur qui sent vivement.

« Tu veux sans doute savoir comment se trouve mon rhume du bon sirop que tu lui as envoyé. Il continue comme si de rien n'était ; à vrai dire, la *phiole* n'est qu'à moitié ; mais, je te prie, que ce soit la dernière, car il est trop tenace et trop têtu pour mériter ces douceurs-là ; il faut me le laisser conduire, et je le mettrai simplement aux infusions, tant pis pour lui! Marion et Pierrette ont trouvé la jupe bien jolie et le mouchoir aussi. Je pense que tu es maintenant à Bellerive, auprès de ces dames, que j'embrasse de tout mon cœur. Ménage-toi et calme un peu ton esprit sur le compte de Julie, comme tu me conseillais de le faire sur d'autres sujets. M. Poulin, malade, nous a envoyé son fils, celui qui a épousé Mlle Reboule. Julie et moi lui avons trouvé l'air très-honnête et fort bien élevé. Pour bon médecin, nous n'en savons rien. Il a conseillé au petit quatre grains d'ipécacuana qu'on n'a pas donnés, des boissons chaudes qu'il a prises froides. Il a promis d'aller voir Mme Ampère et son petit à Polémieux ; je compte plus sur le changement d'air que sur sa visite pour faire du bien à la mère et à l'enfant. Je saurai bientôt là-dessus ce qu'il en est par moi-même, en montant avec l'âne jusqu'à Polémieux. Julie nous a bien promis d'en redescendre dimanche.

« Adieu, ma sœur, bien des choses à ton mari, à ma tante, à ta cousine, et un mot pour moi à Mme Périsse. Je t'embrasse comme je t'aime.

« ÉLISE. »

D'Élise à Julie.
« Ce jeudi.

« Je commence ma journée par t'écrire, puis je lirai, non pas les livres bleus, car ils sont d'un genre..... enfin tu verras si jamais nous avons rien lu de pareil. C'est progressivement de plus fort en plus fort, et je n'en ai peut-être que trop lu pour être mise à la question par Ampère, car je ne sais guère mieux mentir sur cet article que sur les autres. Enfin, ce qui est fait est fait; ne te donne pas la peine d'envoyer la suite. J'espère que tu t'en amuseras avec ton mari, mais j'en veux à l'auteur d'avoir rendu son livre intéressant puisqu'il n'est pas pour moi. C'était pourtant bien le cas de dire, comme le renard : « Ils sont trop verts! » Mais à qui mentirai-je ? Ne faut-il pas que sur les plus grandes comme sur les plus petites choses tu saches tout ce que je pense ?

« Tu as dit à Marie que ces petits voyages dérangeaient ton Jean-Jacques et que tu n'en ferais plus; il faudra renoncer à nous voir si je ne peux t'aller trouver. Cette humeur de tête est arrivée bien mal à propos; je tousse encore, mais beaucoup moins, et je verrai M. Poulin un de ces jours. Je voudrais être débarrassée et pouvoir monter à Polémieux. Marie m'assure que tu n'étais pas mal, malgré tes insomnies. Tu dis que tu travailles, prends garde à n'en pas trop faire. Qu'est-ce que toute cette besogne au prix de bonnes nuits qu'on achèterait bien cher s'il y en avait à vendre? Mon Dieu! quand sera-t-il sevré, ce petit-là? quand pourras-tu faire soigner ton côté avec autre chose que des cataplasmes? mais à quoi sert de dire? Je t'écris sans savoir quand et comment tu recevras ma lettre; c'est égal, il faut que je répète à quelqu'un ou à quelque chose tous les regrets que j'éprouve en voyant le temps si beau se passer loin de toi. Je souffre de la tête, de lancées sur les dents, de douleurs d'oreille, et je n'irai point à Polémieux, et je reste enfermée dans ma chambre comme dans une boîte. Maman veut que j'y dîne, et je la fâcherais d'en sortir ; mais je suis sûre que tu attends l'une de nous aujourd'hui : cette idée me dépite. Quant à ma mère, la voilà dans ses combinaisons de lessive avec Péragonne, pour faire blanchir son fil roux ; tu juges qu'elle n'a pas le temps de se morfondre en regrets sur le beau temps et Polémieux. La Françoise fait un effort de courage et vient dans ce moment où toute la jeunesse du pays se met en mouvement pour aller à la danse.

« Adieu, ma bien tendre amie, je t'embrasse dans ta petite chambre jaune qui m'attendrit toujours ; tu y as été si malade. Puissé-je t'y voir un jour fraîche et aussi bien portante que mon cœur le désire. Adieu, mille choses aux dames qui t'entourent ; si tu as Mlle Morande, ne m'oublie pas auprès d'elle. J'ai mis tes quatre drapeaux à la petite lessive.

« ÉLISE. »

D'André Ampère à Mme Julie Ampère, à Polémieux.

« Je viens, ma charmante amie, de chez M. Petetin, à qui j'ai fait toutes les questions dont nous étions convenus. Il ne voit aucun inconvénient à sevrer le petit, et regarde sa coqueluche comme en bon train de guérison. Il te conseillle de lui faire prendre une décoction de lichen *peidatus* mêlée de lait, de manière à la lui rendre agréable ; s'il n'en veut point, il déclare absolument inutile que tu en prennes toi-même. Tu donneras à téter une ou deux fois en vingt-quatre heures, jusqu'au moment de ton départ, et j'avertirai le médecin de celui de ton arrivée. Il ne faut plus penser à la diligence, ni à la Saône, qui est trop grosse. S'il fait beau, tu pourras te servir de l'âne en t'empaquetant bien, et en mettant sous tes pieds un caillou chaud enveloppé de linge. Prends le chemin de Saint-Cyr, qui est très-sec, afin de pouvoir marcher ; si tu sentais du froid, rien au monde ne serait plus dangereux. Cette considération me ferait préférer que tu attendisses ta maman, qui tâcherait de venir cette semaine à Polémieux surveiller la santé et le voyage de sa Julie. Je charge Élise de ne pas oublier le caillou chaud.

« AMPÈRE. »

(Élise, qui est enfin montée jusqu'à Polémieux, assiste au départ de sa sœur en oubliant le caillou chaud. Pendant qu'on sépare forcément le pauvre Jean-Jacques de ce qu'il aime, la bonne tante va tenir compagnie à la grand'maman, et l'aider à consoler son petit-fils. De cette campagne où les dames Ampère la traitent en papesse, elle redescendra bientôt à Saint-Germain; son absence de Lyon nous vaudra quelques lettres nouvelles.)

D'Élise à Julie.

« Polémieux, ce mercredi 11 novembre.

« Je suis encore près de ton petit, ma bonne amie. Notre mère, qui a imaginé que nous étions ensemble, ne m'a pas envoyé chercher hier, elle apprendra en même temps que ton départ la bonne nouvelle de ton arrivée. C'est ce que je voulais, elle aurait été trop inquiète de ce voyage sur une rivière débordée. Hélas! le caillou chaud me vint à l'esprit sitôt que tu fus partie, que va dire Ampère? me trouver bien bête.

« Ne te tourmente pas de ton petit, il se porte comme tu l'as laissé; Françoise, à son retour, le vit encore endormi; en s'éveillant, il eut l'air de te chercher, regarda par toute la chambre, mais nous nous mîmes à le distraire de cette mauvaise pensée et nous y réussîmes.

« On apporta hier une lettre d'Ampère pour toi, et le petit fourreau de Jean-Jacques. Après bien des si et des mais, il a été décidé que sa maman ouvrirait cette lettre; nous y avons trouvé beaucoup de tendresses, que je te renvoie ainsi que le fourreau. Après avoir tenu conseil, l'avis a été que le petit, ayant aussi chaud avec le mauvais surtout qu'avec le neuf. il fallait que tu visses toi-même avant de rien décider.

« Comment te trouves-tu de ce voyage? C'est ce qui nous occupe. Je te vois bien dans ton lit, mais je ne sais si tu y souffres. La tatan est près de toi, te comblant de ses attentions; elle ne nous avait point dit qu'elle craignait l'eau, juge de ce qu'elle a dû éprouver en traversant cette large rivière ; mais cette tatan est le courage, la vivacité et la bonté en personne. Tu as aussi à ton chevet notre grande sœur; donne-lui, je t'en prie, un baiser proportionné à sa taille, car je l'aime bien amplement.

« Enfin voilà de bonnes nouvelles, toutes adressées à notre mère, il a fallu encore rompre le cachet d'autrui. Je déteste ces manières-là, mais c'est votre faute; pas un mot pour Élise, et vous savez si j'étais empressée. Tout va le mieux du monde puisqu'on est arrivé à bon port ; ménage-toi, écoute les conseils. Je suis souvent en esprit à côté de ton lit, mais je ne sais jusqu'à quand ma personne restera à Polémieux.

« Adieu, mille choses de ma part à toute la famille Périsse. Je t'embrasse comme tu sais, sans faire grand tort aux baisers qu'Ampère te donne continuellement. Dans ce moment, ton petit te fait *serviteur* de la meilleure grâce du monde. Adieu, chère amie, nous t'aimons de tout notre cœur.

« ÉLISE. »

De Mme veuve Ampère à Julie.

« Polémieux.

« Sois sans inquiétude, ma chère Julie, les ordres étaient donnés pour que Marion n'approchât pas de la maison avant ta lettre. Je souhaite que tu te portes aussi bien que ton petit, il est charmant. S'il n'avait pas tant de mémoire il n'aurait point tant de chagrin, mais sa maman lui revient toujours à l'esprit. Il est gras, frais et n'a pas souffert du sevrage, il tousse très-peu. La bonne assure qu'il est toujours assez grognon la nuit; c'est peut-être pour se faire valoir, car il est bien gentil le jour. Elle est allée aujourd'hui à Charelet, de là à Saint-Germain; pendant ce temps-là, ton fils ne nous a point donné d'embarras, il s'est laissé coucher sans pleurer et lever de même. Il fait toujours le *serviteur* en sortant. Je ne te parle que de lui, mais vraiment est-ce que je puis rien dire de plus intéressant? Ménage-toi, sois bien soumise aux ordonnances. Je partage tes ennuis, mais j'espère que tu en sortiras bientôt, et que j'aurai la satisfaction de te voir engraissée. Adieu, ma bonne amie, aime-moi toujours autant que je t'aime et je serai contente.

« Ta mère, Veuve AMPÈRE. »

De Julie à sa belle-mère, Mme Ampère.

« J'ai reçu vos deux lettres, chère maman, et suis bien contente que la mienne vous ait fait plaisir en vous persuadant que ma santé est meilleure; l'air pur de la campagne a produit un bon effet; j'ai très-bon appétit, et, sans être grasse, je reprends un teint ordinaire. Je suis le régime et les ordonnances du docteur.

. . . .

Je sais si bien l'intérêt que vous prenez à votre fille que je vous écris de moi comme si je vous parlais ; si je vous parlais, j'aurais beaucoup à vous remercier des jolis raisins qui m'attendent au Griffon, des fruits que mon mari trouve à Lyon pour son déjeuner. Il m'a dit que vous nous enverriez notre vin, et de plus une mouture de noix. L'année dernière, vous mîtes, chère maman, l'abondance dans mon ménage aux dépens de votre provision d'huile; ma maladie a aidé à tout consommer, mais comme j'espère me mieux porter à présent, je serai bien heureuse de ne pas vous imposer tant de privations.

. . . .

« Votre fille, JULIE. »

D'Élise à Julie.

« Saint-Germain.

« Je ne fais que penser à toi et à la pluie qui m'empêche de partir. Je m'en veux de n'être pas assez courageuse pour affronter ce mauvais temps ; d'un autre côté, je me console, car j'ai fait ici bien des choses nécessaires. Te trouverai-je mieux ? Seras-tu un peu plus vigoureuse ? Je te vois travailler près de notre mère, vous causez, Ampère vient tout à coup t'embrasser et s'en va content. Cela est au mieux, mais quand je serais en tiers, il n'y aurait pas grand mal non plus. S'occuper de toi, loin de toi, n'est pas de mon goût. Je me venge en avançant tes layettes, et ces dames me font lire, puis je dors, je rêve à toi, je vais faire ramasser nos fruits, j'entre en courant dans notre maison déserte et reviens vite chez nos bonnes voisines. Je songe aussi que, n'ayant pas de mes nouvelles, il peut vous venir en tête d'être en peine de moi ; cela me chiffonne, et je vais donner ce petit bout de lettre au mari de Mlle Chavoi, qui raccommode des tonneaux pour ces dames.

« Ma bien-aimée Julie, cette courte absence m'apprend que quand on n'a pas l'espoir de se réunir pour longtemps et qu'au plaisir de se retrouver se mêle la crainte d'être bientôt obligé de se quitter, on a dans la vie plus de peine que de joie. Ah! je puis me convaincre en ce moment qu'Ampère est, comme il le dit, l'homme le plus heureux du monde auprès de sa Julie.

« Embrasse Mme Périsse ainsi que notre bonne mère, et surtout ayez le plus grand soin de vous préserver de ces premières fraîcheurs ; qu'à mon retour je vous trouve toutes deux comme mon cœur le souhaite.

« Adieu, mille choses. On me traite en véritable Papesse, mais si tu y étais! Adieu, adieu, je te recommande à Ampère.

« ÉLISE. »

D'Élise à Julie.

Saint Germain, ce lundi 17 octobre.

« Je viens un peu causer avec ma bonne Julie et lui dire que maman a reçu sa lettre. Ah! ma sœur, il faut toujours en revenir à dire : Pourquoi Saint-Germain n'est-il pas plus rapproché de Bellerive ! C'est surtout depuis quelques jours que nous pensons à ce terrible éloignement, parce que tout, excepté cela, nous engagerait à passer ici l'hiver. Maman y trouve beaucoup de distractions, elle s'y porte mieux ; nos bonnes voisines disent que si nous restions elles ne songeraient pas à aller se charrier à Charelet, où elles ont pourtant déjà loué et fait une provision de bois qu'elles revendraient bien vite. Enfin, elles nous pressent, nous offrent de si bon cœur toutes les petites distractions qu'elles pourraient partager avec nous : Mme Sarsay fait valoir ses livres et ses journaux ; sa fille met en avant toutes les personnes qu'elle saurait accrocher d'une manière ou de l'autre. Elle me dit : « Nous amuserons nos mères, nous ferons toutes deux des « petites cornettes pour les pauvres, des beignets, des pâtis-« series, nous prierons Dieu, nous écrirons, et enfin le « temps passe si vite, si vite. » Elle fait un salmis de tout cela, puis m'embrasse avec une telle amitié et me témoigne autant d'empressement que si j'étais un être capable d'en inspirer. Autrefois je n'aurais pas été si surprise de cet accueil ; je portais chez ces dames mon petit mot dans la conversation, j'étais gaie, nous étions quelque chose pour elles parce qu'elles ne voyaient pas beaucoup de monde, mais à présent c'est le contraire. Si nous pouvions rapprocher d'ici toi et ta famille, il ne faudrait pas hésiter, si toutefois on trouvait quelqu'un qui prît le Griffon meublé. Ce petit argent nous viendrait bien en ce moment ; à la place de ma mère je m'occuperais de ce point essentiel, mais si elle se détermine il sera trop tard, car cette aversion de ne pas mettre d'écriteau et de ne rien dire à personne n'avance pas les choses ; elles resteront donc là, toujours en répétant qu'on a eu ou qu'on a bien d'autres affaires dans la tête. Pour moi, je trouve que c'en est une *affaire* que deux ou trois cents livres de plus ou de moins quand on n'a rien ou à peu près. Il est des moments où il ne faut pas même songer à calculer, d'accord! Mais il y a temps pour tout. A propos de calcul, je me trouve fort bien de celui qui m'a déterminée à ne point acheter de robe grise, qu'en aurais-je fait? Je l'aurais pas mal abîmée, si j'eusse voulu la mettre les dimanches, dans nos jolis chemins et parmi les paysannes qui à la messe vous montent dessus et vous entourent de galoches et de sabots crottés. Mme Mayeuvre elle-même y aurait été moins belle que moi; elle y vient cependant toujours en voiture, mais dans des robes si simples que je n'aurais jamais osé porter la mienne. Je ne l'avais jamais vue si parée qu'hier soir chez les dames Sarsay; elle avait fait des visites l'après-dînée et quitté sa petite robe reteinte du matin pour en prendre une d'indienne bleue très-jolie avec des manches blanches et une capote comme les nôtres. Mme Courageau est aussi fort simple, et pour peu que je mette un tablier de mousseline le dimanche sur mon vieux jupon de drap vert que je porte avec mon spencer noir, on se récrie déjà que je suis en toilette ; c'est cependant celle de tous les jours depuis qu'il fait froid. Voilà, ma sœur, qui pourrait bien ne pas t'intéresser, mais, tant pis! j'en suis fâchée, il faut que je t'écrive, que je cause comme si tu étais là. Ne t'ai-je pas dit que mes griffonnages ne t'engageaient seulement pas à une ligne? Je te les envoie pour rien, et dans le tout tu peux trouver à choisir, y pêcher des choses que tu es bien aise de savoir, par exemple, sur nos santés. Maman ne se porte pas mal; on a tiré la première cuve aujourd'hui; notre récolte ne sera point magnifique, la grêle y a mis bon ordre; nous aurons cependant beaucoup plus que l'année dernière, ce qui ne veut pas dire grand'chose, puisqu'il n'y avait rien du tout. Enfin je te rendrai, ainsi qu'à ma tante, compte de cela quand le vin sera tiré.

« Mme Carron a passé trois jours ici; son départ nous a renouvelé tant de tristes pensées que nous avons bien pleuré; j'ai vite emmené ma pauvre maman chez les dames Sarsay, qui nous gardèrent à dîner. Carron a bien fait de ne pas venir, sa visite devait être trop courte. Dans le chagrin, on sent plus vivement les peines que les jouissances, et son départ si prompt eût gâté son arrivée.

« Marie fut hier à Polémieux savoir des nouvelles du petit; il se porte bien, mais ils ne lui ont pas ôté l'habitude de battre à tort et à travers. Il dit à Marie qu'il savait bien que sa tatan Périsse, sa tatan Boyron, Stéphane et Julie viendraient tous ensemble le voir dimanche, et qu'il ne battrait pas Julie. L'on va lui faire faire un petit habit de drap par le tailleur de Polémieux, qui sera sans doute le commencement du costume que nous n'aimons guère. Ce n'est qu'une bagatelle, mais cela m'ennuie; il me semble que c'est le premier pas qu'on lui fait faire dans l'opposé du bon goût, et j'aurais voulu qu'il eût une idée du joli ou du laid ; mais qu'importe tout cela si sa santé est bonne et s'il conserve ce petit ton gracieux qu'il savait prendre si à propos.

« Je vais te dire adieu, j'entends maman qui cloue la toile de sa chambre. Nous avons déjà bien avancé la besogne ; c'est un ouvrage pénible pour moi, mais je serais bien fâchée de ne l'avoir plus. La peine physique empêche les idées de vous poursuivre ; on se chapote les doigts, on tend les bras, on s'éreinte, mais on est moins malheureux qu'avec un petit ouvrage dans les mains qui ne vous empêche point de réfléchir. Félicite-moi de ce que maman a bien voulu céder à mes conseils en ne faisant pas venir un colleur de Neuville ; il y a eu là double profit.

« Adieu, ma bonne sœur, ménage-toi bien, embrasse ma tante et ma cousine. Mme Sarsay me charge de remercier ton libraire galant et complaisant. Elle a été contente et fait voir à tout le monde son almanach.

« J'embrasse la famille.

« ÉLISE. »

(Mme Périsse et Julie offrent à Élise, à l'occasion de sa fête, un bouquet et un chat, c'est-à-dire une sorte de petite palatine ou fourrure. André ajoute à ce cadeau une pièce de vers.)

Élise Carron à Julie Ampère.

« Non, ma chère Julie, je ne suis point malade, et le charmant bouquet que j'ai reçu eût été capable de me ressusciter, mais je lui ai évité ce miracle en savourant de toutes mes facultés le plaisir d'être aimée par mes sœurs. Ce souvenir, arrivé de trois lieues, dans le moment où je *songeais* le moins qu'on pût *songer* à moi, m'a fait un plaisir que je voudrais vous rendre, mais mon cœur ne me dit rien pour vous, c'est le chat, écoutez-le.

(Nous serions très-heureux de l'entendre, ce *chat* d'Élise, mais il a disparu. La fin de cette lettre seulement reste sous nos yeux.)

« Je trouve bien que mon chat n'a pas beaucoup d'esprit, mais que faire? Il me semble qu'il vaut mieux pour lui d'inspirer Ampère que de se mêler de la conversation.

« Si j'allais finir sans te dire un mot de ton petit, ce ne serait pas ma faute, mais celle du bouquet dont j'ai le cœur rempli. Cependant Toinon, qui l'a vu hier, m'assure qu'il se porte à merveille; voilà le principal, je n'ai pas le loisir d'en dire là dessus davantage · les enfants m'attendent pour monder des noix; ils me pressent, s'étant mis en tête que je leur raconterais des histoires. Que leur dire? je n'en sais rien. Ils sont trop savants pour la Barbe-Bleue et le Petit-Poucet; j'ai peur de ne pas m'en tirer à mon honneur avec cet éternel rhume et ma voix des plus rauques.

« Je te dis tout de bon adieu, puisqu'il le faut, et te recommande de te tenir bien chaudement. Je suis surprise que tu n'aies gardé que trois jours le lit, l'impatience ne t'a-t-elle point gagnée ? prends garde ! Mille choses à la famille Périsse, mais de ces choses qui aillent au cœur plus qu'aux oreilles, car je les aime tous bien fort, quoique je ne le leur dise pas souvent. Adieu.

« Un gros baiser pour moi à la bonne tatan. Tous se portent bien à Polémieux.

« ÉLISE. »

Élise à Julie.

« Saint-Germain.

« Ta lettre arrive, ma chère Julie, elle m'a fait, quoique petite, un bien grand plaisir; mais, ma bonne amie, je vois que tu as quitté ton déjeuner pour l'écrire, et si je ne te trouve pas ronde et grasse comme une boule, ce sera ma faute. Je te verrai lundi, chez toi, tranquillement et sans aucune distraction. Ayant encore un peu de fruits à ramasser, je ne partirai que dimanche, si le temps le permet.

« Tu me dis que tu as soupé deux fois au Griffon. Oh ! ma bonne Julie, prends donc bien cette habitude, afin que je la trouve toute établie et que nous nous voyions, s'il se peut, autant que nous le désirons toutes.

« Adieu, ma petite, adieu, je ne sais si tu pourras lire, mais je suis sûre qu'Ampère déchiffrera que je le prie de t'embrasser bien tendrement pour ton Élise.

« ÉLISE. »

(Cette dernière lettre est adressée à Lyon, rue Mercière, où Julie s'est installée avec son mari en revenant de Polémieux. La jeune mère, que son allaitement a épuisé, se plaint de faiblesse, de douleurs intérieures qui l'empêchent de marcher. Au mois de décembre 1801, André est nommé professeur de physique et de chimie à l'École centrale de l'Ain, à Bourg; malheureusement sa femme ne peut pas le suivre, le docteur Petetin, médecin et ami de la famille Carron, ayant ordonné à sa malade un repos presque complet.)

« Bien des personnes trouvent que tu as mal fait de t'en aller, va lui écrire incessamment Julie, car tout le monde sait que ce n'est pas mille écus. Je penserais comme elles *si...* » Cette réticence veut dire : *si je n'espérais pas* que la place de Bourg ne te mène bien vite autre part.

Certainement le traitement fixe d'Ampère à l'École de l'Ain ne s'élevait point à mille écus, mais à *deux mille six francs*, sept louis de vingt-quatre livres par mois; et, sans les leçons particulières qu'il allait donner à la pension Dupras et Olivier, son ménage eût été impossible à soutenir.

Ici va commencer, entre le mari et la femme, une volumineuse correspondance encore sous forme de journal. Les lettres d'André sont écrites en gros caractères, sur un papier d'une épaisseur inconnue aujourd'hui aux écoliers ; elles n'ont pour date que les jours de la semaine, sans quantième, ni indication du mois, ni de l'année ; on n'a donc pas la prétention d'avoir toujours rencontré juste en classant ces feuilles volantes. Mais des erreurs de ce genre, fussent-elles répétées, n'auraient pas d'importance.

Nous savons déjà qu'il ne faut pas chercher dans les lettres d'Ampère l'attrait du style ou de l'originalité, mais un intérêt d'un autre ordre, le cœur et le caractère d'André, son adorable bonhomie, une naïveté de pensées et d'expressions qui le font sur-le-champ connaître et aimer.

Jour par jour, pour ainsi dire heure par heure, il raconte à sa femme ses plus minutieuses affaires, ses labeurs, ses espérances, ses désappointements, ses craintes puériles, ses doutes sérieux, ses réussites ou ses désespoirs ; il livre ses premiers mouvements, ses fugitives impressions, souvent contradictoires, avec la candeur d'un enfant, en revenant incessamment sur le sujet qui domine tout le reste : la santé de Julie.

Je voudrais mettre sous les yeux des jeunes hommes inconnus et pauvres comme Ampère, au début de leur carrière, les confidences intimes que je transcris ici pour toi, Madeleine. Ils y trouveraient contre les défaillances d'un présent difficile des encouragements pour l'avenir, le dégoût salutaire d'une vie mal employée, celui des entraînements sans règle et des folles affections, malgré les poignantes angoisses que n'évitent pas de légitimes tendresses.

Les réponses de Julie, non moins naïves que les lettres d'André, ont une délicatesse, un tour parfois si heureux dans leur simplicité, qu'elles donnent une physionomie individuelle à celle qui les signe.

Cette correspondance me touche profondément, grâce aux sentiments qu'elle révèle ; bien d'autres pourront la trouver insipide, car aucune péripétie imprévue ne vient en rompre la monotone uniformité, jusqu'au terrible malheur qui la termine brusquement.

Quoi qu'il en soit, les émotions ne manquent guère à ces âmes aimantes ; l'espérance d'une réunion aux jours de fête, la solution d'un problème, la perspective de découvertes nouvelles qui pourront établir les droits d'Ampère au professorat du lycée de Lyon, l'amour d'un mari, le dévouement de sa femme, les tendres sollicitudes qu'inspire un enfant unique, suffisent à dispenser largement la peine ou la joie, le calme ou l'inquiétude à ces deux existences qui n'en font plus qu'une.

A peine arrivé à Bourg, André s'empresse d'écrire à sa femme. Ces premières pages ne nous laissent aucun doute sur la place qu'elles doivent occuper.

D'André Ampère à Julie.

« De Bourg, département de l'Ain,
vendredi, à 7 heures du soir.

« Je courus en te quittant dire adieu à Marsil et chercher Ballanche, de peur qu'il ne restât fâché contre moi. J'arrivai un quart d'heure trop tôt, et, voulant en profiter pour voir quelqu'un de ceux que tu aimes, je fus chez ta cousine Ampère. Tu étais toujours devant mes yeux comme je t'avais laissée ; pourquoi t'affliger ainsi ?

« Je ne suis arrivé qu'à huit heures du matin ; la voiture s'est embourbée deux fois.

« M. Ribon m'avait invité à dîner avec un petit professeur de mes confrères. Ce jeune homme me plaît fort, il m'a conduit chez ses collègues, j'en ai rencontré trois. Le bibliothécaire a l'air bien bête ; celui qui m'a montré tant de complaisance s'appelle Beauregard. J'ai distribué mes lettres de recommandation d'abord à M. de Bohan, vieux militaire, chimiste et physicien distingué.

« J'aurai six ou sept jours de liberté aux environs de Pâques, mais faudra-t-il attendre jusque-là le bonheur de te voir? »

« Samedi soir.

« Je me suis mis en pension, à quarante francs par mois, chez Beauregard; on me demandait soixante francs à l'auberge de Renaud, où il fallait manger avec les plus grands sottisiers que j'aie vus de ma vie. Cela passait toute expression; je ne veux pas retourner dans ce corps de garde.

« J'ai vu le cabinet de physique, le laboratoire de chimie et l'unique petite *chambre* avec alcôve, petit débarras à mettre le bois. J'ai été fort content des machines; le laboratoire a un grand manteau de cheminée par où doivent s'exhaler les vapeurs nuisibles; il y a assez de ressources pour les différentes expériences.

« La portière de l'École centrale est une pauvre femme, mère de six enfants, qui ne peut se tirer d'affaire qu'en faisant le ménage et les commissions des professeurs. Elle a déjà balayé et nettoyé l'appartement dont je viens de te donner la description.

« Le journal que je t'ai promis va être, tant que tu seras loin de moi, ma seule occupation douce; nous voici séparés comme pendant ma rougeole; l'absence durera plus longtemps, mais tu m'aimes davantage. Tu m'as sacrifié ton repos, ta santé, et tu pleures comme tu me pleurais sous l'amandier quand tu craignais pour ma vie. Tes larmes me sont restées sur le cœur.

« La peine que je t'ai faite en partant, le délabrement de ta santé, voilà le tourment de ma vie ! »

« Dimanche soir.

« J'ai reçu ce matin l'acte de ma nomination, il est en bonne forme.

« Adresse tes lettres au citoyen Beauregard, professeur d'histoire à l'École centrale du département de l'Ain ; envoie-moi le plus tôt possible l'ouvrage intitulé : *Description et usage d'un cabinet de physique*, par Sigaud-Lafond.

« Adieu, ma bonne Julie, tu sais ce que mon cœur te dit.

« AMPÈRE. »

De Mme Julie Ampère au citoyen Ampère.

Chez le citoyen Beauregard, professeur d'histoire à l'École centrale du département de l'Ain, à Bourg, près l'église Notre-Dame.

« Lyon, mardi soir.

« Mon ami,

« Je te disais de partir parce que je sentais que j'étouffais, et je ne voulais pas te troubler ; bientôt après j'ai été prendre notre petit pour me faire caresser. Il appelait son *pa* avec sa voix d'ange ; c'est lui qui sera ma seule consolation. »

« Mercredi soir.

« J'étais tout ennuyée de ne point avoir encore de nouvelles, cela me rendait maussade ; ma pauvre maman me tranquillisait ; mais elle a été contente aussi de savoir que tu te portes bien, que tu es en pension chez quelqu'un du pays et non pas à l'auberge.

« Auras-tu une personne pour t'aider dans tes expériences ? As-tu retiré tes effets, qui sont à Bourg depuis samedi ?

« Tu es bien sage de me faire un journal ; je veux t'imiter, quoique je n'aie pas grand'chose à t'apprendre, je serrerai cependant plus mes lignes que toi pour ménager notre bourse.

« Le dimanche, malgré une grosse pluie, maman, mon petit et moi fûmes dîner au Griffon ; car je ne pouvais pas me souffrir dans la maison vide de toi, ne te voyant plus venir me demander tantôt ton chapeau, tantôt ta cravate, etc., etc., etc., et ne pouvant pas te gronder de chercher si loin ce qui est ordinairement sous tes yeux ; enfin je n'étais pas satisfaite, tu en devines la cause. Je ne dormis guère. Le lundi, ma sœur et mon beau-frère vinrent ; nous causâmes de leurs affaires, qui vont être signées. Marsil, associé pour tout, excepté pour les deux campagnes, est fatigué d'avoir tant de choses à conduire ; il disait que si cela dépendait de lui, il réaliserait deux cent mille livres et que le fonds de commerce resterait encore assez considérable pour les occuper. J'étais démontée ce jour-là, et quoique j'éprouvasse du plaisir à savoir ma sœur et son mari bien heureux, ces choses me faisaient songer tristement ; Dieu sait pourtant que je ne suis pas jalouse !

« Cette après-midi, j'ai trouvé Mme Lempereur et une vieille tante, à qui tu as tourné la tête, qui voulaient absolument me faire chanter une chanson de ta composition.

« M. Deplace trouve que tu as mal fait de t'en aller ; il y en a bien d'autres qui disent de même, car presque tout le monde sait que ce n'est pas mille écus. Je penserais comme eux si..... Mais le temps nous fera voir plus clair.

« J'ai conté toute ma vie sans avoir encore envoyé un mot de tendresse à mon ami, qui sait bien que sa femme l'aime, mais qui n'est pas fâché qu'elle le lui répète. Si tu es triste, je ne suis pas gaie. A Saint-Germain, je t'attendais toutes les semaines et les jours passaient vite ; à présent tu es bien loin, je ne peux t'aller trouver, un voyage de douze lieues me fatiguerait beaucoup. Cela met mon esprit à la gêne et je dois attendre du temps une tranquillité que je voudrais tout de suite. Maman a toujours été mon conseil. Elle est près de moi ; ainsi je suis aussi bien que possible loin de celui qui m'aime de si bon cœur.

« Adieu, adieu !

« Ta JULIE. »

D'André à Julie.

« Bourg, vendredi soir.

« Ma journée s'est partagée entre des visites chez mes confrères et le charme que j'ai ressenti en lisant tes lettres, dans le jardin de l'École centrale, au bord d'un canal où j'irai souvent rêver à Julie.

« Remercie de ma part ta petite consolation ; baise-la au nom de son papa. »

« Samedi soir.

« J'ai été définitivement installé ce matin. On a fait l'inventaire du laboratoire, la clef est dans ma poche ; tous mes moments vont être désormais consacrés à l'arrangement des machines, jusqu'à ce que je puisse commencer mon cours.

« J'ai dîné chez le professeur d'éloquence Mermet, bavard sans être bête ; les deux Beauregard, mari et femme, étaient invités aussi. J'avais déjà cru remarquer que Mme Beauregard ne lui déplaisait pas. La mère de M. Mermet, grosse et franche paysanne, n'a voulu se mettre à table qu'un instant et a confirmé mes conjectures en adressant à Beauregard un petit avis très-énergique, dans le goût du pays, et dont chacun a été très-déconcerté; je me mordais les lèvres pour ne pas rire de la colère concentrée de la *Dame*.

« Pour reposer mes yeux en changeant de travail, je me suis amusé à tracer cette espèce de plan; tu y verras la place que j'occupe. »

(Ici se trouve au bas de la page un plan de la ville de Bourg, tracé à la plume.)

« Dimanche soir.

« J'ai travaillé à mon livre et un peu aux mathématiques. Tu sauras que les professeurs des lycées ne seront nommés ni à Paris, ni par le jury, mais par trois commissaires et trois membres de l'Institut qui parcourront les provinces, et si je veux me présenter pour les mathématiques, il faudra que je subisse un examen sur les hautes parties de cette science, dont je ne me suis pas occupé depuis cinq ans. Je n'ai donc plus de ressources que celles que je puis tirer de moi-même; c'est pourquoi je te prie de séparer mes papiers de mathématiques, dont tu feras un paquet que tu garderas; ces papiers me seront inutiles parce qu'on ne m'interrogera pas sur mes idées, mais sur *mes études*. J'aurai besoin au contraire de tous les livres qui se trouvent chez M. Périsse, excepté de l'*Astronomie* de Lalande.

« J'aurai demain un nouvel élève, M. Gripière; il payera dix-huit livres par mois tant qu'il sera seul, moins s'il trouve un compagnon, sans cela point d'affaires. M. Clerc ne prend que neuf à douze francs par mois, et il a la vogue; Gripière n'est venu me trouver qu'à son refus.

« Adieu, ma Julie.

« AMPÈRE. »

De Julie à André.

« Lyon, vendredi.

« Mon bon ami,

« Tu devrais bien prendre l'habitude de m'accuser la réception de ce que je t'envoie. Voilà ton mauvais habit; aie soin de ne pas sortir avec.

« Ton projet de faire un petit ouvrage sur les mathématiques serait bien bon, s'il arrive à temps. On dit que toutes les nominations vont être promptes.

« M. Coupier écrira pour toi à de Gerando; fais-en autant afin de ne rien négliger. Une lettre aussi à Camille Jordan, à M. Morel Desjardin. Laisse plutôt ton élève, ton temps est si précieux en ce moment; ne le perds pas pour des considérations de politesse et ne fais de promenades que celles qui te sont nécessaires pour rafraîchir ton corps et ton esprit. Je ne veux pas non plus que tu veilles, le lendemain tu as mal à la tête. Fais acheter une bouteille de vin, et quand tu ne prendras pas de lait ou ta bouillie rousse, tu la trouveras ; après celle-là une autre. Dis-moi bien comment tu te portes, comment tu es nourri, ne mens sur rien.

« Hier je fus dîner chez Mme Calas ; on vit la lanterne magique, je tenais mon petit sur mes genoux et je jouissais de tous ses mouvements ; lorsqu'il vit Gargantua, il me disait tout bas : *papa, papa ;* cela me fit rire, parce que cette figure avait un chapeau énorme, et c'est à tous les chapeaux qu'il dit *papa.* Je dansai une contredanse avec Franscice et m'amusai bien. Quand je pense que la seule fois où je me suis un peu divertie, mon pauvre mari n'y était pas, lui qui est si content d'entendre rire sa Julie, qui aurait été si heureux de la voir danser, cela me serre le cœur, et je sens encore plus que pour être bien tous deux il faut être ensemble.

« Je t'envoie *la Découverte,* peut-être en auras-tu besoin. Un M. Balouvière est venu chercher la *Géométrie du Compas.*

« Adieu, adieu, je t'embrasse mille fois.

« JULIE. »

D'André à Julie.

« Bourg, jeudi soir.

« J'ai donné hier ma première leçon, et je crois m'en être assez bien tiré, en espérant faire mieux à l'avenir, car j'étais, au commencement, tremblant et embarrassé.

« Ce matin, je suis allé hors la ville chercher un endroit champêtre pour relire les lettres où ma Julie a peint les sentiments qu'elle éprouvait après mon départ. Ce sentiments et ces lettres sont tout ce qui me reste de mon ancien bonheur.

« M. Vernarel m'a envoyé un petit paquet contenant une cravate; c'est mon amie qui me l'a choisie; je l'avais mise à ma première leçon pour commencer sous de bons auspices. Je voudrais pouvoir embrasser celle qui m'a fait un si joli cadeau. »

(Ampère nous apprend qu'au commencement de sa leçon il était tremblant et embarrassé. Des émotions de ce genre ne devaient pas durer longtemps chez le jeune professeur; devant ses élèves de l'Ecole de l'Ain, ou dans sa chaire au Collége de France, la science qui ls possédait tout entier l'emportait bien vite au delà de préoccupations extérieures; il n'était plus alors question de timidité. Mais dans les affaires de la vie, dans ses relations avec le monde, l'autorité de l'homme supérieur disparaissait. A cela les années ne devaient rien changer : l'Ampère devenu célèbre, surchargé de distinctions honorifiques, le grand Ampère ! en dehors des spéculations de l'esprit, redevenait hésitant et craintif, inquiet et troublé, et plus disposé à accorder sa confiance aux autres qu'à lui-même.)

De Julie à Ampère.

« De Lyon.

« Mon bon ami,

« Je suis bien aise que tu aimes tes cravates. Tu les appelles des cadeaux ! Je ne t'en ai jamais fait qu'un, que j'apprécie beaucoup, qui est bien à toi et qui est aussi à moi ; tu le devines et me dis que tu aimes mieux celui-là que les autres.

« Je te trouve bien pastoral d'aller lire mes lettres dans les prés ; j'ai peur que tu ne les sèmes en chemin et que tout ce que je t'adresse ne tombe sous les yeux des premiers venus. Si je te connaissais plus soigneux, combien je te confierais de jolies choses ! Tu saurais que je t'aime bien, que j'ai grande envie de te revoir, que tous les soirs j'aurais mille choses à te conter qui restent là, et qui me font soupirer ; enfin tu saurais que lorsqu'on a tant fait que de prendre un mari, on l'aime trop pour en être séparée, et que cette absence m'ennuie.

« JULIE. »

D'André à Julie.

« De Bourg, jeudi.

« Je suis occupé de choses qui ne laissent aucune trace dans ma mémoire. J'ai passé toute ma journée à ranger les machines ; Dieu soit béni, c'est fini !

« Julie a-t-elle songé aujourd'hui à son mari ? il est si loin d'elle qu'il faudra trois jours avant qu'elle puisse lire ce qu'il voudrait lui dire comme autrefois : *je t'aime, je t'aime* ; t'en souviens-tu, quand tu me le disais aussi et que le son se croisait sur nos lèvres ? Comme j'ai mal profité du temps où ce bonheur était près de moi ! Je hais tous les ouvrages que j'avais entrepris et qui m'ont séparé de toi. »

« Vendredi.

« Je viens de faire une visite où j'ai appris des particularités qui ne m'ont pas diverti : on m'en a conté de toutes les couleurs sur Mme Beauregard. Elle est sage à présent parce que personne n'en veut plus. Tu conviendras que cette découverte n'est pas gracieuse, après m'être mis en pension dans cette maison. J'en veux à

M. Ribon de m'avoir fait faire connaissance avec son mari ; je crois du reste que le meilleur est de ne faire semblant de rien, et de dîner dans ma chambre dès que le mois sera fini. Ce qu'il y a de plus désagréable, c'est que tout le monde a su à Bourg que j'avais quitté l'auberge de Renaud à cause des polissonneries qui s'y disaient, et que l'on a bien ri de ma simplicité d'aller, comme ils disent, me mettre chez une *cateau*, voilà le beau mot dont on se sert ici. Je n'aurais jamais cru en souiller une lettre adressée à mon innocente amie. Ne crois pas, au reste, que je prenne ici le langage du pays ; rien n'est plus décent que mon hôtesse : comme elle a su la raison qui m'avait fait fuir l'auberge, elle s'observe beaucoup, et si M. Mermet, que je trouve souvent chez elle, s'avise de parler un peu trop librement, elle a soin de détourner la conversation et de singer la prude.

« La nouvelle chambre qu'on m'a donnée au collége est malheureusement séparée par un jardin de l'ancienne, qu'on me laisse aussi ; mon logis consiste en quatre murailles grises, une cheminée et une fenêtre.

« A. AMPÈRE. »

De Julie à André.

« De Lyon.

« Le temps te paraît donc bien long, bien ennuyeux? c'était impossible qu'il en fût autrement. nous nous y sommes attendus, et tu ne le pensais pas moins lorsque tu voulais partir; tes réflexions, en revenant de Polémieux, te tourmentaient d'une autre manière: tu trouvais que pour l'avenir il fallait sacrifier le présent. Que toutes ces idées ne soient pas loin de ta mémoire, et tu sentiras qu'en faisant ce qu'on croit devoir faire on est tranquille; ce raisonnement a toujours été ma grande ressource.

« Je ne suis pas comme toi éloignée des miens, il est vrai, mais mon mari n'est plus avec moi, ma santé me rend faible d'esprit; voilà des épreuves aussi!

« J'ai reçu la lettre où tu me parles d'un dîner chez un de tes confrères. Fais bien attention, *mon fils,* à tout ce que tu dis. L'histoire de Renaud est une leçon dont tu te serais bien passé, mais qui n'a pas d'importance; il ne faut guère étaler ses principes. Mais, mon ami, je tiens là une conversation qui a quasi un air de pédanterie.

« Je te recommande de ne rien prendre sur toi pour les machines de physique. Est-ce que tu donneras ou prêteras ton globe à la nation? Dans quelle condition l'inventaire du cabinet s'est-il fait? De quoi répondras-tu? Te donnera-t-on un aide? Penses-tu bientôt à commencer ton cours? Auras-tu des élèves de mathématiques? Fais-tu bon feu? Ta chambre est-elle bien saine? As-tu des chaises? Ces murs gris doivent être encore plus froids que les autres? Pourquoi as-tu changé? Dis-moi tout cela.

« Prends garde à ne pas en vouloir injustement à celui qui t'a fait faire connaissance avec le mari, car ce n'est pas avec la femme : l'un peut valoir mieux que l'autre. Je t'en prie, ménage-toi bien ; parle-moi du préfet, de ce qu'il promet pour notre logement.

« Bonne nuit; je me sens bien ce soir.

« Dis-moi si tu vas te mettre à finir ton livre sur la physique.

« Adieu, adieu, je t'embrasse de toutes mes forces, tu sais que c'est de tout mon cœur.

« Ta JULIE. »

D'André à Julie.

« De Bourg, dimanche matin.

« En sortant de chez M. de Bohan, je croyais trouver une lettre dont j'avais grand besoin, oh! bien besoin, après huit jours d'ennui. Je suis allé me promener ; j'ai passé la rivière et l'ai côtoyée sur la rive opposée. »

« Dimanche soir.

« Point de lettre, j'aime encore mieux croire qu'on ne pense plus à moi ni au journal promis que de te supposer plus malade.

« Mais pourquoi as-tu si tôt cessé de t'occuper de ton mari? Quand je désirais, en te quittant, que tu ne te tourmentes pas tant, je ne savais guère être si vite exaucé.

« Je viens de faire des vers sur la situation d'un homme que sa femme n'aimerait plus ! Ah ! ce n'est pas la mienne, n'est-ce pas ?

« J'ai mal à la tête ; bonsoir, dors bien. C'est toi qui m'as donné le talisman, c'est toi qui m'as tant de fois rendu heureux ! Comment ai-je pu me résoudre à quitter Lyon !

« Tu es peut-être plus malade ? Tu ne veux pas le faire écrire...... Ah ! il eût mieux valu encore que je fusse un peu inquiet, même beaucoup.

« Ce que je viens de t'écrire est mal, je suis fou et bien injuste, mais je laisserai partir cette lettre pour ne point te cacher ce premier mouvement. »

« Du lundi.

« Tu jugeras aisément, ma Julie, et des transports de

ma joie et de la vivacité de mes regrets, lorsque tu sauras qu'aujourd'hui à midi, après avoir perdu l'espérance de recevoir de tes nouvelles, j'ai été jeter ma folle épître dans la boîte et qu'en entrant chez Beauregard on m'a remis la tienne.

« Après souper, je viens d'être poursuivi par des masques comme Pourceaugnac des lavements ; tu sauras que c'est ici la mode que toutes les honnêtes femmes se masquent aussi bien que les hommes ; on donne des bals déguisés dans les meilleures maisons ; cet usage paraît d'autant plus comique qu'on ne sait à Bourg ce que c'est qu'un carrosse, et qu'ainsi ces belles dames costumées s'en vont à pied dans les rues.

« Mon cours s'ouvrira le 21 ventôse, c'est-à-dire dans dix jours.

« A. AMPÈRE. »

André Ampère à Élise.

« Bourg, le dimanche 12 février

« Ma chère sœur,

« Je profite du seul jour de la semaine où j'aie un petit moment à moi pour t'écrire. Mon silence est pardonné, n'est-ce pas, car à peine ai-je le temps d'entretenir Julie.

« Si tu connaissais quelqu'un ici, je te donnerais des nouvelles qui t'intéresseraient. Si tu y avais une ou deux bonnes amies, je t'écrirais qu'elles se marient, car c'est dans ce moment la grande occupation des demoiselles de Bourg. Le reste des habitants de cette ville trouve que le carnaval est bien moins animé que le précédent. L'année passée, ce n'étaient que bals et que fêtes; pour se consoler on se *martine* : la martinière est toujours pleine de gens qui ne se donnent pas le temps de manger, pour se livrer à cet amusement, dont je n'ai pas tâté, mais dont la continuelle monotonie ne peut guère enchanter que des Bressans. C'est une fureur, et quand on s'est martiné depuis le lever du soleil jusqu'à son coucher, on allume des chandelles, des lampions tout le long de la rue qui descend des prisons à la Grenette, et l'on continue de se martiner, si bien qu'on dit que jusqu'à deux heures du matin la rue est illuminée et pleine de martineurs. Il faut avouer que voilà bien du papier perdu pour une chose qui n'en valait guère la peine; mais un voyageur doit faire un fidèle récit des mœurs et des usages des régions qu'il parcourt, et l'usage des martinets est le caractère propre du peuple de Bourg; le reste y va comme à Lyon et à Paris, et tout cela est su d'avance par quiconque a une légère connaissance des légers Français. Au lieu que la martinoire est une chose dont on ne se douterait pas, si l'on ne voyait le plaisir qu'y trouvent une foule de badauds, et le profit des jambes et des bras qui en revient au chirurgien.

« Je me sens gai aujourd'hui de ce que Julie m'a écrit la plus jolie lettre qu'on puisse imaginer, de ce qu'elle me dit que tous vos rhumes, dont j'ai été fort inquiet, vont mieux, et de ce que j'ai fait ce matin le compte de mon exil, qui ne doit plus durer que trente-six jours, jusqu'au dimanche où j'irai la voir. Je voudrais de ses nouvelles ; c'est toi, ma bonne sœur, qui me dirais toute la vérité, si Julie devenait plus *malade*.

« Adieu, je t'embrasse mille fois de tout mon cœur.

« Ton frère,

« AMPÈRE. »

De Julie à André.

« De Lyon, jeudi matin.

« Mon ami,

« Comment ayant rouvert ta lettre le lendemain, n'as-tu pas songé à la peine que tes idées pourraient me causer ?

« Comment supporter à la fois le chagrin de ton départ et celui de tes reproches ? Tu es donc capable, autant que les autres hommes, de te laisser entraîner à l'injustice par les mouvements déréglés de ton affection pour moi. Ah! que j'aurais voulu ne pas recevoir cette lettre, et rester toujours persuadée que mon mari ne penserait jamais que je l'ai oublié. Être ensemble depuis plus de deux ans, se dire chaque jour ce que l'on a dans l'âme et pouvoir douter l'un de l'autre au moindre retard d'une lettre, au point d'imaginer des folies! Oui, mon bon ami, des folies! Je n'ai pas besoin de t'en dire davantage, car tu te repens déjà de me les avoir écrites, mais moi je te gronde de les avoir pensées.

« Tu connais ta Julie et sais le déplaisir qu'Élise me fait avec ses soupçons d'oubli; les tiens me seraient bien autrement sensibles. Ah! tu sens tous tes torts, ainsi n'en parlons plus. Crois que Julie t'aime et t'aimera toujours, qu'elle t'envoie de bons baisers donnés de bon cœur aujourd'hui pour te faire oublier les soufflets qu'elle t'aurait donnés d'aussi bon cœur hier.

« Derion me charge de te demander quel maître tu conseilles pour son frère cadet.

« Tu ne me dis point si tu as un perruquier, si tu as besoin d'argent. J'espère que tu me l'écriras avant d'être bien pressé, car tu vois, ma lettre était dans le paquet de livres que tu avais demandés à Marsil, et s'il s'était perdu, ce serait dix-huit francs jetés au vent. As-tu chaud ou froid? Es-tu bien ou mal couché? As-tu besoin de quelques nippes? Renvoie-moi la loquetière, je t'en prie.

« Ne sois pas en peine de ma santé, j'ai vu le médecin et suis ses conseils.

« J'espère que tu ne fais pas le carême ; souviens-toi que tu me fâcherais beaucoup et que tu m'as promis de m'écouter.

« *Papa, je t'aime,* c'est ton fils qui vient de finir ma lettre.

« JULIE. »

D'André à Julie.

« De Bourg, dimanche.

« Que tu es bonne, ma Julie, de m'avoir pardonné ma grosse sottise ! Jusqu'à ce que mes cours soient en train, tant que je n'aurai pas fini mes notes, je ne pourrai relire mes lettres et tu y verras parfois bien des folies ; en t'écrivant je m'abandonne à toutes les idées qui me passent par la tête. Tu peux te rassurer sur l'exactitude de mes comptes. Que ces quatre mots m'ont fait plaisir : *Papa, je t'aime.* C'est sa petite main, conduite par une plus jolie petite main, qui les a tracés. »

« Lundi matin.

« J'interromprai mon journal ce soir et demain ; je reprendrai la plume mercredi, et te rendrai compte de ma première séance. Jamais je n'ai été si à court de temps ; il me faut faire un discours d'entrée, je ne le sais que d'hier soir, et j'aurais besoin d'y travailler huit jours. »

(Nous avons sous les yeux le brouillon de ce discours, dont voici les premières lignes :)

« Jeunes gens intéressants, dont l'âme commence à se replier sur elle-même, à connaître les devoirs que la société impose à tous les hommes, à chercher dans les vertus la route du bonheur, vous savez que l'étude fera le charme de votre vie dans la prospérité, et vous offrira des ressources assurées contre les revers de fortune. »

(Après cet exorde, Ampère jette un coup d'œil général et rapide sur les sciences qui vont être l'objet de son enseignement à l'École centrale. Il énumère et classe d'abord chronologiquement *celles* qui embrassent l'universalité des êtres, distingue les autres, qu'il appelle *particulières*, et s'attache surtout à donner une définition précise de la physique. Il nomme Stahl, Descartes, Newton, Lavoisier, Berthollet, Torricelli, Franklin, Volta, Cheselden, Bergmann, Rumford, le docteur Smith, et termine par cette exclamation :)

« Quelle gloire attend celui qui mettra la dernière pierre à l'édifice de la physique moderne ; quelle utilité ne doivent pas en espérer les arts les plus nécessaires à l'humanité ! »

(Exclamation prophétique dans la bouche d'un homme qui, vingt ans plus tard, devait s'immortaliser en faisant faire à la science dont il parle un si admirable progrès.)

« Mercredi, 5 heures.

« Je viens d'ouvrir mon cours, j'ai lu un discours qui a été bien accueilli, mais assez mal entendu, parce que la salle est très-vaste et qu'on m'avait placé loin des auditeurs. Je ne suis ni content ni fâché ; mais après avoir été dans une vive excitation tout le jour, et surtout à mesure que le moment approchait, je me trouve subitement dans un calme si complet que cet état a causé dans toutes mes idées une des plus singulières révolutions que j'aie éprouvées de ma vie. Le regret de t'avoir quittée, comme je l'ai senti violemment quand tout ce tourbillon qui m'agitait depuis huit jours a été dissipé ! J'ai été chercher le portefeuille en soie. Une suite de réflexions se sont, depuis une heure, succédé dans ma tête relativement à la vie du corps. »

« Mercredi soir.

« Je viens de faire la revue de mes petits trésors ; j'ai relu trois anciennes lettres de ma Julie, j'ai pesé toutes

les paroles de celle qui a décidé de mon sort ; j'ai baisé
le talisman, le petit tableau, une rose desséchée que j'ai
reçue de sa main, et les doux liens qui couvraient autrefois sa tête. Je me suis rappelé alors de bien d'autres
choses que j'aurais voulu pouvoir baiser comme celles-là
et qui ne sont plus à la portée que de la bouche de mon
petit. Pauvre petit, quand me sera-t-il rendu ? Quand
me retrouverai-je près de toi ?

« AMPÈRE. »

De Julie à André.

« Lyon, mardi matin.

« Tu es donc anéanti, mon pauvre ami ! Tu as passé
d'un état d'agitation à un état qui tient un peu du sommeil, mais qui ne vous fait cependant pas oublier tout
ce qu'on a éprouvé.

« J'ai connu cette situation : au moment de notre
mariage, jusqu'au jour du contrat, je ne dormais point,
je ne pouvais rester un instant à la même place ; ma si-
gnature donnée, je fus comme toi après l'ouverture de
ton cours. En sortant de la municipalité, j'étais dans une
telle apathie que je vis partir maman sans une grande
émotion. Depuis ce temps, plus d'apathie, je suis toujours agitée ou par mes idées ou par mes occupations. »

« Mercredi à midi.

« J'ai mené hier notre enfant chez ta cousine Ampère. Il fut si gentil, si séduisant, que chacun l'admirait. Après souper je le pris sur mes genoux, le faisant chanter et raconter tout ce qu'il savait; on s'extasiait autour de moi, en disant : « Qu'il est joli, qu'il est plaisant! » Le petit l'entendait, comprenait, et recommençait de plus belle. Enfin, mon ami, ce fut pour moi un moment de jouissance qu'aucune idée triste ne vint troubler. J'aurais bien voulu que tu pusses le partager. MM. Callas et le Peiré disaient que nous étions bien heureux d'avoir un si gentil garçon, et les dames enceintes le regardaient et le prenaient pour modèle.

« Combien il est doux d'entendre louer ses enfants, et comme cette satisfaction doit être plus complète lorsqu'ils grandissent et qu'on peut remarquer en eux des vertus ou des talents que vous leur avez inspirés!

« On me parle beaucoup de toi ici.

« Adieu, je te quitte pour ménager ma tête, mais mon cœur reste avec toi. Qu'as-tu fait du livre de Ballanche? Ne relis pas tes lettres, c'est du temps bien perdu. Adieu, adieu, je t'embrasse.

« JULIE. »

(Le livre réclamé par Julie est le premier ouvrage que Ballanche venait d'écrire, à l'âge de vingt-quatre ans

en 1801), sous le titre : *Du sentiment aans la littérature
; dans les arts.*)

D'André à Julie.

« Bourg, mardi matin.

« Il y a sept ans, ma Julie, je m'étais proposé un problème de mon invention que je n'avais pu résoudre directement, mais dont j'avais découvert par hasard une solution dont je connaissais la justesse sans pouvoir la démontrer. Cela me revenait souvent dans l'esprit ; j'ai cherché vingt fois sans succès cette solution directe. Depuis quelques jours mon idée me suivait partout ; enfin, je ne sais comment, je viens de la trouver, avec une foule de considérations curieuses et nouvelles sur la théorie des probabilités. Comme je crois qu'il y aura peu de mathématiciens en France qui puissent résoudre ce problème en moins de temps, je ne doute pas que sa publication dans une brochure d'une vingtaine de pages ne me soit un bon moyen de parvenir à une chaire de mathématiques. Ce petit ouvrage d'algèbre pure, où l'on n'a besoin d'aucune figure, sera rédigé après-demain ; je le relirai et le corrigerai jusqu'à la semaine prochaine, que je te l'enverrai par Pochon avec le gilet à carreaux, les gros bas de laine, les six louis dont je t'ai parlé.

« Dès que mon manuscrit sera arrivé à Lyon, il faut qu'il s'imprime, tu en prieras de ma part tes cousins, en leur faisant observer qu'il n'a dérobé qu'une huitaine à mon livre de physique, que je vais reprendre avec ardeur. Mais tâche de t'assurer que MM. Périsse pourront en recevoir le prix dès que l'impression sera achevée. Les six louis de ce mois et les sept du prochain devront être employés à cela, et je serai certain de la place du Lycée. Nous vendrons peut-être quelques unes de ces brochures; mais je crois qu'il faudra surtout en donner beaucoup aux savants de Paris.

« Je te prépare encore de l'embarras avec mes commissions, mais tout cela ne durera pas. L'avenir nous offre en perspective ta santé rétablie, une bonne place à Lyon, notre enfant charmant ; une idée bien douce encore, c'est que tu m'aimeras toujours. Je t'embrasse, et tu sais de quel cœur.

« A. Ampère. »

« Je voudrais deux ou trois petits linges à barbe pour essuyer le rasoir de mon perruquier. Je ne sais ce que sont devenus les miens, j'ai peur d'en avoir fait des luts pour mes expériences chimiques. »

(André vient enfin de découvrir la solution qu'il cherche. L'inventeur, pour la première fois peut-être, se révèle à lui-même ; doublement heureux de son succès, il le rapporte tout d'abord au bonheur de Julie.

Le messager Pochon, qui doit porter le fameux mémoire, faisait douze lieues de Bourg à Lyon en dix heures, quand il ne s'embourbait pas sur la grande route au milieu de l'hiver.

André et Julie lui confiaient leurs commissions de toutes sortes : instruments de physique, machine électrique, machine à faire de l'eau, fioles, tubes, cornues, vaisseaux grands et petits, produits chimiques, sel, salpêtre, mercure ou marcassite, etc., etc.; bouteilles d'encre, de vins, ou de raisiné, argent ingénieusement caché dans la poche d'un gilet ou d'une culotte, le tout s'en allait de conserve, rangé pêle-mêle sous le fromage ou le saucisson.

A cela s'ajoutaient encore les lettres amoureuses, le journal aux dimensions formidables, les manuscrits d'André, qui, pour éviter les frais de poste, étaient bravement livrés au conducteur de la charrette ; thermomètres, globes ou baromètres sortaient bien souvent brisés de leurs étuis, au vif désappointement de Julie, qui s'en prenait toujours à la physique. Mais de plus grands désastres arrivaient parfois, car un mémoire sur l'application à la mécanique des formules du calcul des variations, égaré pendant huit jours sur le chemin de Bourg, faillit n'arriver jamais à sa destination.)

D'André à Julie.

« Bourg, mercredi, onze heures du matin.

« Que je soupire après le moment qui doit nous réunir ! Oh ! quand viendront, quand viendront les vacances ! »

« Mercredi, 4 heures.

« J'en étais à cette exclamation, quand j'ai pris tout à coup une résolution qui te paraîtra peut-être singulière. J'ai voulu retourner avec le paquet de tes lettres dans le pré derrière l'hôpital, où j'avais été les lire, avant mes voyages de Lyon, avec tant de plaisir. J'y voulais retrouver de doux souvenirs dont j'avais ce jour-là fait provision, et j'en ai recueilli au contraire de bien plus doux pour une autre fois. Que tes lettres sont douces à lire ! Il faut avoir ton âme pour écrire des choses qui vont si bien au cœur, sans le vouloir, à ce qu'il semble. Je suis resté jusqu'à deux heures assis sous un arbre, un joli pré à droite, la rivière où flottaient d'aimables canards à gauche et devant moi ; derrière était le bâtiment de l'hôpital. Tu conçois que j'avais pris la précaution de dire chez Mme Beauregard, en quittant ma lettre pour aller faire cette partie, que je n'irais pas dîner aujourd'hui ; elle croit que je dîne en ville ; mais comme j'avais bien déjeuné, je m'en suis mieux trouvé de ne dîner que d'amour.

« A deux heures je me sentais si calme et l'esprit si à mon aise, au lieu de l'ennui qui m'oppressait ce matin, que j'ai voulu me promener et herboriser. J'ai remonté la Ressouse dans les prés, et, en continuant toujours d'en côtoyer le bord, je suis arrivé à vingt pas d'un bois charmant, que je voyais dans le lointain à une demi-heure de la ville et que j'avais envie de parcourir. Arrivé là, la rivière, par un détour subit, m'a ôté toute espérance d'y parvenir, en se montrant entre lui et moi. Il a donc fallu y renoncer, et je suis revenu par la route de Bourg au village de Cezeyriat, planté de peupliers d'Italie qui en font une superbe avenue. »

« Mercredi soir.

« Beauregard est le meilleur enfant du monde, il me témoigne beaucoup d'intérêt, et je crois que M. Berger a un peu exagéré tout le mal qu'il m'a dit de ce ménage. Il n'y a point de fumée sans feu ; mais, comme disait un grand seigneur à une dame de la cour qui se plaignait d'être accusée d'avoir eu six enfants d'un évêque : « Ras-
« surez-vous, Madame, on sait bien que de tout ce qui
« se dit à la cour on n'en doit croire que la moitié. »

« Je ne sais quelles bêtises je t'écris ; si j'ai envie de rire, c'est du bout des lèvres. Je laisse d'ailleurs cela dans ma lettre comme mes tragiques bêtises, pour te donner une idée juste de l'état de mon esprit. Il est certain que ma promenade, quelques chers souvenirs, le succès de mes expériences, de mes leçons, ont singulièrement tranquillisé cet esprit il y a huit jours si extravagant.

« A. AMPÈRE. »

De Julie à André.

« De Lyon, samedi matin.

« Mon ami,

« J'ai reçu ta grande lettre qui me parle de toutes tes promenades, cela m'a fait beaucoup de plaisir; mais je serais aise de voir dans quelque autre que tu as bien avancé ton petit ouvrage, que tu es content et en espère toujours un bon effet. Le temps est précieux; en ce moment rien ne m'occupe davantage que cette nomination. Je voudrais savoir mille choses que personne ne peut me dire. Ballanche a dû écrire à M. de Gérando et à M. Coupier; l'un et l'autre pensent que le parti que tu as pris d'envoyer ton mémoire à M. Roux ne peut être qu'excellent. Ainsi je l'attends par Pochon.

« Nous avons été à la comédie samedi dernier, ma cousine Périsse nous y mena. On jouait *Nanine* et *la*

Fausse Agnès, de Destouches. Nanine a mal dit son rôle, mais Agnès fort bien. Cette dernière nous fit beaucoup rire et moi aux éclats.

« Mon petit est toujours charmant. Comme je serais triste de quitter ce pauvre enfant ! Lui seul me dissipe complétement.

« Adieu, adieu.

« Ta JULIE. »

Aguarite à Élise.

« Paris.

« Ma chère Élise, tu veux t'inquiéter des expressions les moins inquiétantes. Prends ton grand courage, ne vois pas tout en noir ; le tableau de la vie est peu embelli par ton imagination. Tu doubles les peines les plus ordinaires par la crainte de l'avenir.

« Quant à l'intéressante sœur que nous aimons, M. Vitet a tout espoir d'une parfaite guérison, et tu t'exagères tellement son état que je suis plus tranquille depuis que j'ai parlé au médecin lui-même qu'après avoir lu tes lettres.

« Pigno nous donne des nouvelles très-raisonnables, Jenny aussi ; ils voient moins trouble que toi.

« Il est très-possible que le traitement qu'elle suivra

la fatigue un peu, mais n'envisage que la réussite, ta santé s'en trouvera mieux aussi.

« Ton caractère a trop de rapport avec le mien ; je me tourmente à force de creuser, tout me devient supplice et mon mari n'en est pas plus heureux. Rien n'altère le jugement comme l'exagération. Je te donne des conseils que je voudrais suivre. Julie a l'esprit plus ferme que le nôtre ; elle souffre moins de ce que j'appellerais des puérilités. Je trouve, dis-tu, tous les moyens de te tromper ; mais examine, ma tendre sœur, que si j'en avais eu besoin, j'y aurais travaillé davantage. Je me suis réjouie avec toi de l'accord qui régnait entre deux médecins célèbres pour le traitement de notre amie à tous. M. Vitet croit à son rétablissement, et il ne sait pas flatter.

« Cette vie monotone, cette chambre de la rue Mercière ne me plaît guère ; sans s'en apercevoir, on prend des goûts tristes, et c'est ce qu'il ne faudrait pas. Ce que tu me dis de la comédie me fait plaisir. Ah ! si vous étiez à Paris, comme je serais contente ! Paris est un séjour délicieux ; tout y est objet de distraction dans la belle saison ; l'hiver, c'est autre chose : il faut être riche pour y avoir des jouissances.

« A présent, la promenade suivie est celle des Tuileries ; toi, ma toute bonne, qui aimes les jardins superbes, celui-là aurait de quoi te plaire. Les femmes y sont mises au dernier genre et *très-nues,* même les jeunes filles ; on entend louer ce dont on ne parlait point jadis sans faire rougir.

« Je pense souvent à vous tous. Ce bon Ampère, séparé de sa Julie, doit se trouver bien malheureux. Julie est entourée d'êtres qui lui sont chers, et puis son cœur, tout rempli d'amitié, ne connaît peut-être pas ce feu brûlant qui faisait courir son mari de Lyon à Saint-Germain, de Bellerive à Polémieux, comme le Juif-Errant. Ce cher frère est bien la bonté même ; tes sœurs peuvent se flatter d'avoir de bons maris qui ne doivent pas t'en dégoûter, mon Élise ; ils sont heureux, ces deux ménages, et pourtant pas exempts de soucis. Julie adore son bel enfant, ma sœur m'enchante par le récit qu'elle fait de ses gentillesses Élise est encore languissante de sa petite vérole ; elle a maigri. Je resterai en chambre garnie [1] jusqu'à la fin du mois ; en attendant, je vais rendre visite à mon mari, qui me reçoit comme une amie désirée, et ces visites ont le charme d'un rendez-vous.

« Adieu, écris-moi souvent, parle-moi de ce qui occupe ta vive imagination ; quoi que j'en puisse dire, mon cœur comprendra le tien. Mille choses tendres de la part de mon mari. Je t'embrasse.

« Ton
« AGUARITE. »

[1]. Aguarite s'était mise en chambre garnie pour faire inoculer sa fille.

D'André à Julie.

« Bourg, mardi soir.

« Si tu pouvais m'envoyer dans une lettre ce pauvre enfant qui appelle son papa, j'en aurais bien soin; il courrait dans le jardin, je ferais sauter sa paume, et ne lui laisserais point toucher d'acide. Tu me dis, ma charmante amie, que tu serais fâchée de quitter notre petit; aurais-tu formé le projet de t'en séparer en effet pour venir me voir? Cette supposition est la seule qui se soit présentée à mon esprit, elle ne s'accorde guère avec la faiblesse de ta santé ; mais en me montrant ainsi de loin le plus grand bonheur que je puisse goûter, tu m'as fait éprouver un saisissement de joie. Pauvre petite ! Tu as si peu d'amusement qu'il faut bénir le ciel quand tu ris une fois de bon cœur. Je remercie Destouches d'avoir fait *la Fausse Agnès*, et ta cousine de t'avoir menée ce jour-là à la comédie.

« Que je suis content d'avoir écrit ce petit mémoire, puisqu'il t'a fait plaisir ! Je voudrais bien savoir au juste si tu as pris quelques arrangements avec MM. Périsse à cet égard, en supposant toujours que personne n'ait eu *mon idée* avant moi, ce que nous saurons bientôt par M. Roux.

« A. Ampère. »

(Au milieu de tous ses travaux, une pensée tourmente incessamment André : d'autres esprits n'ont-ils pas déjà devancé le sien? ses découvertes sont-elles bien réellement nouvelles? M. Roux, professeur de mathématiques à l'École centrale de Lyon et président de l'Athénée, sera consulté. C'est à sa sincérité comme à ses lumières que le jeune inventeur croit devoir recourir pour trancher ses doutes en cette circonstance importante.)

De Julie à André.

« Lyon.

« Le baromètre et le thermomètre sont sortis cassés de l'étui ; cet accident me fait encore plus trouver que la physique est une sotte chose.

« Tu voudrais donc bien avoir ton petit près de toi? Je te plains, mon pauvre ami, de ne posséder ni lui ni ta femme.

« Pas un cœur là-bas ne devine ce qui se passe dans le tien; mais à Lyon tu as quelqu'un qui te suit partout, qui voit que tes calculs te font mal à la tête, que tes leçons t'empêchent de travailler, et que plus souvent encore tu soupires en pensant que ton amie est loin de toi. Je trouve aussi cette absence bien triste! Cependant je ne puis songer à t'aller voir. Je ne sais comment je t'ai parlé de me séparer de mon fils ; c'était, sans doute, en pensant à ce que disent tant de personnes qui n'ont pas le sens commun, qui s'imaginent que si ce pauvre petit était à la campagne je serais moins fatiguée. Elles ne savent pas que c'est à lui que je dois mes meilleurs moments. Se faire part de toutes ses pensées, souvent même s'affliger ensemble, c'est une grande douceur ; mais, mon ami, ces jouissances, quoique bien nécessaires, ne ramènent pas la gaieté autour de nous. Ce sont les jeux d'un enfant, ses petites grâces, son petit langage, qui enveloppent le passé, l'avenir et le présent, même dans un voile couleur de rose qui nous éblouit aussi longtemps que ses gentillesses durent. Lorsqu'il est malade, toutes les idées les plus noires nous assiégent et ne nous laissent point de raison. M. Vitet, dont j'apprécie le savoir, n'est guère partisan de la vaccine ; il dit qu'on ne pourra juger de son bon effet que dans vingt ans, et préfère l'inoculation.

« L'impression de ton prospectus et du commencement de ton livre de physique n'est pas payée. Comment dire à Marsil que tu veux immédiatement lui rembourser les frais qu'il fera pour ton petit ouvrage sur le jeu ? Il faudrait pour cela avoir de l'argent prêt, et j'ai tout donné pour les impositions sans rien garder pour le loyer, ni ma dette du médecin. Les trente-six francs de tes deux élèves seront indispensables. Enfin comptons sur la Providence, espérons beaucoup de l'avenir !

« Je voudrais savoir si tu as toujours beaucoup de monde à ton cours, et aussi le nombre de tes leçons particulières. Mon cousin et ma tante demandent si tu travailles à ton ouvrage ; dis-moi quelque chose là-dessus. »

D'André à Julie.

« Bourg.

« Ma bonne amie,

« Voici l'emploi de mes journées. M. Clerc travaille avec moi de six heures du matin jusqu'à dix ; Gripière, depuis onze heures et demie jusqu'à une heure ; l'après-midi, depuis trois heures jusqu'à quatre, c'est ma leçon de physique ; le reste de mon temps se passe à penser à Julie et aux ouvrages que je médite. Pendant la vacance du décadi, M. Clerc fait avec moi des expériences de chimie. Hier je ne fus souper qu'à dix heures, bien las d'avoir pilé, broyé, porté du charbon et soufflé le feu pendant douze ou treize heures, mais content d'avoir réussi quelquefois. Ah ! si tout cela me faisait arriver au Lycée, je serais satisfait, et ne craindrais plus de vivre longtemps séparé de Julie, de ne pas pouvoir lui fournir le nécessaire à elle, si souvent privée de mille choses indispensables. Ma bonne, ma charmante amie, qui mériterait mieux que toi tout ce qui contribue à rendre la vie heureuse?

« J'ai fait un arrangement avec la Perrin, par lequel, à compter d'aujourd'hui, elle me fournira tous les jours à déjeuner pour trois francs par mois.

« Chère Julie, consulte le médecin que tu voudras, mais ne reste pas sans t'occuper de ta santé. Ah! si je savais te guérir en retournant à Lyon! j'abandonnerais vite École centrale et tout. Mais, loin de là, j'augmenterais tes souffrances en te donnant de l'inquiétude et en détruisant mes espérances d'un sort plus honnête! A Pâques, ma bien-aimée, à Pâques, j'aurai quelques jours de bonheur et peut-être pourras-tu!.... mais non, je ne l'espère plus. Que j'aurais envie au moins de baiser le bord de ta couverture, comme je le faisais autrefois en te disant bonsoir!

« Adieu.

« A. AMPÈRE. »

De Julie à André.

« Lyon.

« Ta femme est tout ennuyée d'avoir une santé qui s'accorde si peu avec son caractère; mais il faut se résigner et espérer du temps. Ne pense donc pas à quitter tes élèves; ne fais rien dont tu puisses te repentir. Notre petit se porte bien; fais comme lui; c'est ce qui m'importe le plus, car si tu étais malade là-bas, que deviendrais-je? On ne peut pas tout avoir, tu le sais, mon pauvre ami, toi qui es loin des tiens, et qui n'as que la physique ou la chimie pour te consoler. Tu fais donc toujours ces vilaines drogues? Tu souffles tes charbons, piles toute la journée; tu as encore moins de temps qu'ici, et ton pauvre livre reste au crochet; mais tu aimes ta physique de Bourg, tu as tes raisons, je ne les désapprouve pas. Ainsi, prenons patience et réjouissons-nous de pouvoir parler à Pâques de tout ce que nous avons dans l'âme.

« En souffrant moins je reprendrai des forces et de l'espérance; regardons dans l'avenir, songeons aux vendanges! Mon bon mari, mon fils auprès de moi m'empêcheront d'être malade; cette pensée me met une teinte rose dans l'esprit.

« Ferme soigneusement ton bureau, ta chambre et toutes mes lettres; car je n'oserais plus t'écrire.

« Je ne sais rien de M. Roux. Ne te livres-tu pas trop à M. Clerc? C'est une connaissance bien nouvelle; s'il te prenait tes idées! N'oublie pas d'écrire à Morel-Desjardin. Envoie tes pantalons de drap, pour que les rats ne les mangent pas.

« Marsil aura le globe que tu demandes, le mercure, la cornue, le ballon aussi. J'ai reçu les six louis que tu avais remis à M. Joli. Pourquoi n'en as-tu pas gardé plus d'un? Mon pauvre Ampère, tu es trop content de m'envoyer tout ce que tu gagnes.

« Élise serait très-aise d'une lettre de toi ; mais c'est à ta mère qu'il faut absolument écrire.

« JULIE. »

(« Mais tu aimes ta physique de Bourg, tu as tes raisons, je ne les désapprouve pas », dit Mme André. Ce sentiment de naïve condescendance pour la science qui doit illustrer Ampère aurait étonné Julie au moins autant que nous-mêmes, si elle en avait retrouvé l'expression sous ses yeux quelques années plus tard. La pauvre femme, maintenant aux prises avec d'impérieuses nécessités de tous genres, juge ici bien des choses au point de vue de la ménagère. Elle ne voit dans ces expériences, qui préparent de glorieuses découvertes, que la fatigue de son mari soufflant des charbons durant treize heures du jour, et déteste « ces vilaines drogues », si funestes aux habits qu'il faudra remplacer. Mais pourtant, au milieu de toutes ces préoccupations domestiques, une pensée d'un autre ordre la domine, une crainte la saisit : M. Clerc ne va-t-il pas s'emparer des idées d'André? Cette fois elle a fort bien deviné qu'entre les deux professeurs de Bourg et leurs travaux mis en commun, la balance n'est pas égale.

Julie peut se rassurer : les idées d'Ampère ne tariront

pas ; il aura beau en laisser tomber encore et encore, ni celle-ci, ni cette autre, ni toutes celles qu'il jette sans compter à son auditoire ou à M. Clerc, n'épuiseront son génie inventeur, pas plus que les baisers qu'il adresse à Julie n'éteindront sa flamme.)

D'André à Julie.

« Bourg, vendredi

« Ma bonne amie,

« J'ai été chercher dans la petite chambre au-dessus du laboratoire, où est toujours mon bureau, le portefeuille en soie. J'en veux faire la revue ce soir, après avoir répondu à tous les articles de ta dernière lettre et t'avoir priée, d'après une suite d'idées qui se sont depuis une heure succédé dans ma tête, de m'envoyer les deux livres que je te demanderai tout à l'heure.

« L'état de mon esprit est singulier : il est comme un homme qui se noierait *dans son crachat*, et qui chercherait inutilement une branche pour s'accrocher. Les idées de Dieu, d'éternité, dominaient parmi celles qui flottaient dans mon imagination ; et, après bien des pensées et des réflexions singulières, dont le détail serait trop long, je me suis déterminé à te demander le psautier de

François de la Harpe qui doit être à la maison, broché, je crois, en papier vert, et un livre d'heures à ton choix.

« Que tu m'as écrit de jolies choses ! tu ne seras plus malade aux vendanges, parce que tous ceux que tu aimes et que tu rends heureux seront près de toi. Mais je n'ai pas eu de tes nouvelles hier ; mon Dieu ! si tu étais plus malade ! et je ne puis pas quitter Bourg ! Élise, ma sœur, refuseras-tu une consolation à ton pauvre frère exilé qui t'aime bien ! »

(Élise ne reste pas insensible à cette prière. Voici sa lettre tout entière :)

D'Élise à André.

« Lyon, dimanche   mars.

« Julie devait t'envoyer un doux billet ; le voilà, mon bon frère ; il serait parti plus tôt si une fluxion ne m'avait empêchée de t'écrire ; car tu sauras que je ne compte point avec mes amis et que tu aurais pu rester muet deux mois sans que je songeasse à t'en vouloir ; prendre la plume pour Julie est une chose si naturelle. Tout ce qui n'a pas quelque rapport à elle ne m'intéresse guère. Tant que sa santé ne sera pas rétablie, il ne faut pas compter sur la mienne ; mais si notre bonheur voulait que Julie redevînt ce que je l'ai vue autrefois, la vie me paraîtrait bien douce. Je me transporte à cette époque, et cette pensée chasse un instant toutes les autres Quelle jouissance nous éprouverions, toi, maman et moi, en la voyant gaie et bien portante! Je me place modestement la dernière, et toi le premier, mais tu sauras que c'est politesse toute pure.

« Il fait aujourd'hui un temps bien laid, bien triste ; je suis enfermée au Griffon et ne verrai ni maman, ni Julie. Je vais passer ce dimanche entre mes livres et André, qui est bien quelque chose de Julie, mais ce quelque chose écrit des lignes si écartées que si je répondais de même j'aurais déjà fait une grande lettre. Voyez, Monsieur, comme l'on écrit quand on est à douze lieues de ceux à qui l'on parle, à moins qu'on n'ait une grande envie de se débarrasser d'eux et de son papier blanc. Si je suivais ton exemple, tu ne saurais pas même que ton fils est de plus en plus charmant. Toutes les fois qu'il vient dans ma petite chambre, il veut baiser le buste de *Bonaparte*, il l'appelle *papa*. Il est drôle, si drôle que s'il n'était pas si lourd je voudrais toujours l'avoir près de moi.

« Je ne sais à quel propos l'autre jour Marie fit semblant de pleurer pour l'attendrir. Le petit la regardait attentivement; je dis à Marie qu'il ne fallait jamais tromper les enfants, et là-dessus elle se mit à sourire. Le petit, qui commençait à prendre les yeux brillants, voyant qu'il avait été la dupe de cette figure, lui appliqua un petit soufflet très-ferme et se jeta hors de ses bras comme un éclair. Ne lui sais-tu pas bon gré de cette justesse d'idée? Jamais soufflet donné si sérieusement ne m'a tant fait rire. Il court comme un petit Basque, et, quoiqu'il donne pas mal d'embarras, Julie et maman passeraient sans lui des moments bien tristes dans cette rue Mercière si noire.

« J'ai beaucoup souffert d'un coup d'air dans l'oreille, et, pour parler le langage de Mlle *Amkin*, je suis *exclue* de ma tête et *perclue* de la société. J'ai bien celle des dames de Sarçay; mais l'univers n'est rien pour un cœur bien épris. Je ne puis te dire au juste si c'est moi qui ai fait ce beau vers ou si je l'ai lu dans quelque tragédie de Voltaire; mon esprit sublime pourrait bien avoir rencontré le sien, surtout si le vers se trouve dans les *Scythes*. J'ai encore tout évanoui dans la tête et voudrais bien savoir s'il est mort, ce pauvre Tamerlan; polimeni il ne pouvait mieux faire; peut-être la politesse n'était-elle pas de saison en ce temps-là; quoi qu'il en soit, j'a trouvé cette pièce fort de mon goût, ainsi que *Tancrède*, que je n'avais jamais lu et que j'aime de tout mon cœur, parce qu'il est sensible comme une femme et courageux comme Bonaparte; et tous ces chevaliers, qui ne sont que des matamores, le font ressortir autant qu'un soleil. Je viens de recevoir des nouvelles de Julie, elle a passé une bonne nuit et a reçu tout à l'heure une lettre de toi.

Tu dis que tu te portes bien et puis d'autres choses, qu'est-ce que ces autres choses? je suis curieuse de les savoir; mes idées se promènent sur des sacs d'argent. Si tu pouvais du moins en entasser autant que tu entasses d'idées tristes dans ta tête, tu serais et nous serions tous très-riches; mais ne te forge pas de chimères, il y a bien assez de réalités. Ah! si Julie était plus malade, tu n'aurais point de mes lettres, car, ne voulant pas te mentir, je ne dirais mot, et tu vois que je ne suis pas muette.

« Pauvre Ampère, je te plains d'être si loin d'elle; y a-t-il du moins à Bourg un mari qui aime bien sa femme, afin que tu puisses tout à l'aise lui parler de la tienne? Mais il est peut-être aussi difficile de trouver un mari qui aime comme toi que de rencontrer une sœur qui aime autant que j'aime.

« Je suis fâchée que le temps te manque; j'espérais accrocher par ci par là quelques brins de science que je me repens de n'avoir point saisis au collet pendant qu'ils étaient là tout près. Suis-je sotte de n'avoir pas tourné toutes mes idées de ce côté-là! Tu m'aurais conté tes expériences de Bourg et j'y aurais compris quelque chose. Parle-moi, pour me consoler, de ce qui est à ma portée, et surtout de ce qui te rapporte quelque bénéfice, des espérances qui t'arrivent pour ton petit ménage.

« Adieu. Julie me dit que tu vas venir nous embrasser à Pâques. Combien reste-t-il d'heures à passer jusque-là? Je suis sûre que tu en as déjà fait le calcul.

« Adieu, adieu.

« ÉLISE. »

(Jean-Jacques Ampère, à l'âge de dix-huit mois, voulait embrasser le buste de *Bonaparte* en l'appelant son *papa* : cet enthousiasme précoce pour le héros qu'admiraient alors, en France, beaucoup d'hommes et plus de femmes encore, ne devait pas durer longtemps : il disparut aussi vite que la liberté, et ne se réveilla pas, cinquante-deux ans plus tard, devant un buste de Napoléon III, dans une circonstance que nous rappelle la lettre d'Élise.

En 1854, au moment de la guerre de Crimée, notre ami, toujours à Rome, choyé, recherché, engagé par les indigènes et les étrangers de tous pays qui s'abattent pendant quelques mois sous ce ciel méridional, notre ami, dis-je, fut invité à dîner chez un honorable citoyen américain, M. ***. Bien recevoir ce jour-là un hôte si aimable, si distingué, devint l'idée fixe, le but unique du maître de la maison, qui se mit à chercher, à chercher beaucoup pour tirer de sa cervelle d'outre-mer certaines nuances délicates de politesse raffinée, qu'il voulait rendre toutes françaises.

Offrir d'abord à son convive de choix la société d'un compatriote, *M. Mangin* (fils du célèbre préfet de police de la Restauration et remplissant à Rome le même office au double service du pape et de la France, parut à l'amphitryon une ingénieuse inspiration. Mais ce n'était pas assez, il fallait mieux encore. Quoi donc? Nous y voici :

Dans la chambre du festin, l'image de *Louis-Napoléon* couronné de lauriers sera posée sur une petite colonne, juste en face de M. Ampère. Ainsi accueilli par des visages amis, vis-à-vis de son souverain, à côté d'un fonctionnaire du gouvernement impérial, l'illustre savant, qui n'a pas besoin de stimulants pour être en verve, sera plus à l'aise, plus charmant, plus causeur que jamais. Quelle fête! quelle aubaine pour les heureux dîneurs!

Il est sept heures du soir; tous les convives sont réunis via Babouino; la soupe est servie, on passe gaiement du salon à la salle à manger; M. Ampère, qui a donné le bras à Mme ***, la salue en prenant sa droite, et bientôt, sous l'influence de ces bienveillantes impressions, il gagne tous ces cœurs de Boston en racontant quelques épisodes de ses promenades en Amérique. Tout à coup le narrateur s'arrête comme pétrifié; ses yeux ont rencontré la figure de *plâtre* et le sourire de M. le préfet. Dès lors, il ne s'agit plus de souvenirs lointains, de rêves agréables, de république ou de liberté : il faut quitter le Nouveau-Monde et rentrer chez soi.

Un silence obstiné succède immédiatement à l'entrain général. En vain les dîneurs, intéressés tout d'abord par les récits du voyageur, tâchent de ranimer la conversation interrompue : elle tombe pour ne plus se relever. M. Ampère, qui contenait mal son impatience, se lève de table avec tout le monde, et marchant doucement sur les pas du maître de la maison : « Monsieur, dit-il d'une voix légèrement émue, en me faisant le plaisir de m'engager à une réunion de famille, si vous aviez bien voulu m'adresser la liste des invités, j'aurais décliné l'honneur de votre hospitalité. Tous les Français, Monsieur, ne professent pas comme les Américains le culte passionné du pouvoir absolu. » Sur ce, notre ami saisit son chapeau et se sauve.

Cette boutade fit du bruit à Rome et du chemin à Paris.

Rapportée fidèlement par un des convives, racontée par un ministre [1] à un académicien [2], il est aisé de croire qu'elle n'ajouta rien à la faveur dont jouissait déjà l'auteur de l'*Histoire romaine* à Rome à la cour de César.

Revenons à ces fêtes de Pâques si impatiemment attendues par André et sa femme : le bonheur d'être ensemble n'a pas duré longtemps. « Ce voyage me laisse encore de plus doux souvenirs que l'autre, écrit la pauvre délicate dont la faiblesse augmente. Conservons dans nos cœurs la certitude de notre affection réciproque, et nous supporterons mieux l'absence. »

1. M. Fortoul.
2. Molh

A ces douces paroles, André répond par de tendres regrets et le récit naïf de ce qu'il appelle ses petites aventures.)

D'André à Julie.

« Bourg, mardi soir.

« Ils ont passé comme un éclair ces trois jours, et je me retrouve à Bourg. Je ne sais quoi me pèse sur le cœur et me fait faire de tristes réflexions sur la rapidité du temps.

« Pourquoi ai-je eu tant d'affaires ou de parties d'amusement ? Est-il des amusements qui me dédommagent des heureux moments que je passe quand tu me dis toutes tes pensées ? Voilà ceux que je regrette toujours et qui font le charme de mes souvenirs. Que je fus heureux le jour de mon arrivée ; tu vins avec moi chercher le petit en Bellecour ; nous y restâmes après lui en tête-à-tête ; il me semble encore sentir le chagrin que les demoiselles Allard me firent en l'interrompant ; ce sont elles aussi qui m'enlevèrent la fin de l'après-dînée du lendemain, où j'avais été distrait le matin par mille courses inutiles, et par Ballanche aussi.

« Ce jour compterait à peine dans ma vie d'amour, sans notre solitude du soir. Le samedi devait être le dernier jour de ma joie ; il fallait voir M. Roux, M. Petetin; j'accompagnai ma tatan chez M. Dumontet, j'allai chez M. Brac, chez Ballanche, où j'appris la mort du préfet ; je revenais à tes pieds, j'espérais du moins y passer mes derniers moments; tu me fis asseoir sur la banquette ; cette *banquette* me fait plaisir à penser. Hélas! tu m'envoyas parler à Marsil du préfet et je trouvai en revenant du monde avec toi. »

« Mercredi soir.

« Me voici mieux disposé aujourd'hui à te faire le récit de mes petites aventures. Tout fut bien jusqu'à Trévoux, où je dînai chez M. Billiond, avec lui, sa femme, son frère et son clerc. Mme Billiond est fort jeune; ses traits réguliers, mais durs; il y a quelque chose de singulier dans ses sourcils, qui semblent révéler je ne sais quoi d'*atroce*; on ne peut en soutenir la vue ; sans cette expression farouche, elle pourrait passer pour jolie. Son beau-frère m'en a fait l'éloge, et je regarde ce qu'il m'en a dit comme bien contraire à l'opinion de Lavater.

« Je me décidai, à cause du mauvais état des chemins de traverse, à suivre la route de Châtillon tant que je pourrais aller. On me parla alors d'une carriole ; je courus à l'auberge où on la prend, elle était partie; pour mes trente sols, j'aurais épargné mes pieds et mes souliers. J'eus de la pluie jusqu'à Villeneuve ; je voulais y coucher à la belle étoile ; mais, voyant le temps s'éclaircir, je continuai ma route. La boue de Bresse passait toujours par-dessus les quartiers de mes chaussures; j'arrivai à huit heures à Châtillon, où je n'eus que les premières gouttes d'une pluie à verse; si elle était venue plus tôt, le parapluie que m'avait prêté Billiond aurait été bientôt percé.

« Me sentant le lendemain un peu refait, je voulus passer au Chapuis pour y voir M. et Mme Dussablon. Cela allonge d'une bonne demi-lieue; j'espérais m'y reposer et y déjeuner. Mais, arrivé là, à sept heures du matin, on me dit qu'étant un peu fatigués, monsieur et madame ne se lèveraient qu'à neuf heures. Sur-le-champ je fus rejoindre le grand chemin à Neuville, où j'achetai une demi-livre de pain, que je mangeai en marchant avec un morceau de saucisson. Ayant encore à faire près de trois lieues pour arriver à Bourg, je me sentis si las, si las, que je me couchai au pied d'un arbre sans savoir quel parti prendre. Les cinq lieues faites la veille dans la boue m'avaient coupé les jambes, comme on dit ici; incapable de continuer, j'attendais sur la route, quand voici venir une carriole; j'approche, c'étaient Cardon, Gripière, etc., qui justement revenaient de Sondron. Je montai auprès d'eux, et comme ils ne voulurent pas que j'entrasse dans les frais, je m'en tirai pour quinze sous d'étrennes au conducteur. Rentré à midi, j'ai dormi jusqu'à deux heures, et donné ma leçon à quatre. »

« Jeudi soir.

« Pour nouvelles, je te dirai qu'on a rendu ici l'église de Notre-Dame aux prêtres insermentés ; les autres ont fait contre cette mesure une protestation qui n'a rien produit.

« Le jour de Pâques, on a dit une grande messe solennelle, où le préfet a assisté. Toutes les avenues de l'église étaient encombrées de monde, depuis sept heures du matin jusqu'au soir.

« Je veux aller demain m'acquitter de ce que tu sais et prier pour vous deux. Adieu, ma bienfaitrice ; tu me grondes quand je me sers de ce mot, et je l'emploie à chaque instant ; pardonne-moi ; tu ne veux pas sans doute m'enlever le peu de plaisir qui me reste loin de toi.

« A. AMPÈRE. »

De Julie à André.

« Lyon, dimanche.

« Pochon m'apporte ton journal. Je vois que mon pauvre ami a été bien mouillé, crotté et peut-être enrhumé.

« Pourquoi t'imaginer que le temps que tu as sacrifié à tes affaires a pu gâter ton séjour ici ? N'avons-nous pas eu de bons moments ensemble, quand je te donnais le bras, ou bien en courant avec le petit sous les arbres de Bellecour ? Tout cela, n'étaient-ce pas des jouissances ? Tu les as bien comprises, et ta lettre, qui vient de me faire pleurer, n'est pas écrite par un cœur insensible ; je l'aime bien, cette lettre ; elle me peint ton âme, et ton âme est ce que j'aime le plus en toi ; elle n'est pas ordinaire : elle sacrifierait tout au bonheur de ton amie. Mais ta mère, tu dois aussi l'aimer bien tendrement ; tu l'aimes ! mais pas comme il faut aimer sa mère. Tu ne m'as pas dit un mot de gronderie lorsque je te parlais d'elle un certain soir que j'avais l'esprit monté ; j'aurais voulu que tu m'eusses fait sentir que j'avais tort, et que ce ne soit pas moi qui m'en fusse aperçue la première. Je suis injuste lorsque j'ai de l'ennui : cette pauvre maman en a eu et en a tant encore!! Mon bon ami, mon André, écris-lui donc toutes les tendresses que tu sens pour elle. Le grand bonheur qu'un cœur maternel puisse éprouver est de retrouver dans celui de ses enfants une partie de ses propres sentiments, de ceux qui l'ont animée dans tous les soins qu'elle leur a prodigués. Mon pauvre petit, s'il venait à ne pas m'aimer toujours, qu'il eût une femme qui lui dise que je ne fais pas les choses comme il convient, que je détesterais cette femme ! Mais je ne serai jamais comme cela. J'aime ta mère de tout mon cœur, je la respecte ; elle le mérite par ses vertus, et si quelquefois la vivacité me fait dire quelque chose, c'est toujours sur le manque de prudence pour l'avenir dont sa piété ne lui permet pas de s'inquiéter.

« Voilà bien des radotages et je n'ai encore rien dit pour celui qui a toute ma confiance, que j'aime comme un frère, qui passera sa vie avec moi et notre enfant, ne troublera jamais sa Julie par des querelles et fera tout pour la rendre heureuse. Quand notre petit sera grand, nous irons peut-être passer la belle saison à la campagne ; l'hiver, nous le ferons danser à la ville, car je veux qu'il soit gai, gentil comme à présent.

« Adieu, adieu.

« Ta JULIE. »

(Pour ceux qui ont connu intimement J.-J. Ampère, le cœur de Julie se retrouve tout entier dans celui de son fils, avec ses touchants repentirs, ses remords profonds et pleins de grâce à l'occasion de fautes vénielles ou imaginaires.

Mme André gronde son mari de ne l'avoir pas grondée quand elle avait l'esprit monté au sujet de sa belle-mère ; voilà un sentiment d'une générosité rare : combien de femmes devront reconnaître ici un exemple à suivre !

Faire la part des autres en pareille circonstance, sans égoïsme, sans petitesse, sans jalousie, quelle équité ! quelle preuve d'élévation d'âme et d'intelligence !

N'allons pas conclure de ces doux reproches qu'Ampère négligeait sa mère ; il l'aimait tendrement, au contraire : sa conduite envers elle lorsqu'il s'agit du petit domaine de Polémieux, qui leur appartenait en commun, suffirait à montrer son respectueux dévouement filial, si tout le cours de sa vie n'en offrait de nouveaux témoignages.

En cherchant dans les pieux sentiments de la douairière Mme Ampère l'explication d'une administration parfois imprévoyante, elle fait preuve de bonté en même temps que d'ingénieuse délicatesse : cette fortune de famille était si modique que la plus petite dépense d'extra devait causer de grands embarras.

En matière d'économie, l'indulgence de Julie semble bien aimable, car elle pratiquait dans sa maison un ordre rigoureux, presque stoïque, qui pouvait en faire un juge sévère.)

D'André à Julie.

« Bourg, mardi.

« Qu'elle était jolie, ta lettre, ma chère Julie ! Comme elle m'a fait désirer un autre voyage en me retraçant les joies que j'avais goûtées au dernier !

« Envoie, je t'en supplie, chercher M. Petetin ; tu restes dans un état alarmant ; rappelle-toi qu'il est absolument urgent de commencer un traitement ; voilà une année perdue qui a sûrement empiré le mal.

« J'ai fait hier une importante découverte sur la théorie du jeu [1] en parvenant à résoudre un problème plus difficile encore que le précédent. Je travaille à l'insérer dans le même ouvrage, ce qui ne le grossira pas beaucoup, parce que j'ai fait un nouveau commencement plus court que l'ancien. Je suis sûr qu'il me vaudra, pourvu qu'il soit imprimé à temps, une place au Lycée, car, dans l'état où il est à présent, il n'y a guère de mathématiciens en France (je le répète) capables d'en faire un pareil. Je te dis cela comme je le pense pour que tu ne le dises à personne.

« Ce nouveau projet ne me permettra pas de t'envoyer demain le manuscrit. Quant à celui des *séries*, il s'avançait bien au moment où M. Clerc est tombé malade. Je le remplace dans sa classe.

« Afin d'imprimer mon mémoire, il faudrait savoir quand il aura été présenté à l'Athénée de Lyon, puis-

---

1. L'ouvrage publié à Lyon en 1802, sous le titre de : *Considérations sur la théorie mathématique du jeu*, avait pour but, non la théorie d'un jeu particulier, mais la solution d'un problème général qui avait occupé le génie de Pascal, de Fermat, et même de Buffon, c'est-à-dire une évaluation exacte, d'après le calcul des probabilités, des dangers que court l'homme qui expose une mise aux chances d'un jeu de hasard*.

* Note de M. de Loménie, prise dans sa *Biographie des Contemporains illustres*.

qu'on doit en parler sur le titre. Que Ballanche presse, sollicite M. Roux de ma part.

« Pense à toi, ma charmante amie, pour l'amour de ton enfant et de ton mari. Oh! oui, le petit t'aimera bien et sa petite femme aussi. Ils auront une si bonne et si aimable maman : voilà des rêves très-éloignés! Mais le temps a beau peser, il passe. Quand donc sera écoulé celui qui retarde notre réunion?

« A. Ampère. »

De Julie à André.

« Lyon, vendredi.

« Mon ami,

« Tu sais, par le bout de lettre que je mis l'autre jour à la poste, que j'ai vu le médecin, et que tes beaux sermons sont de reste, puisque j'ai fait de moi-même ce que tu voulais que je fisse. Ne suis-je pas la plus intéressée à me soigner? Voilà une année perdue pour ma guérison! Il faut me plaindre d'autant que je n'ai pas manqué de suivre les conseils de celui que vous avez tous choisi.

« Mais, mon pauvre mari, ce n'est pas la première

fois que tu m'as fait sourire en me disant de te promettre que je ne serais plus malade. Ah! la santé est si précieuse que, si je possédais des richesses, pour obtenir ce bien-là je les sacrifierais toutes. Mais il faut se soumettre, espérer dans l'avenir, prendre patience. Prends-la donc aussi cette patience, mon fils, et ne te fagote point la tête comme tu le fais par tes calculs; car se guérir n'est pas un problème qui puisse se résoudre, et nous aurions beau vouloir y parvenir, si le Maître de notre être veut que nous soyons ainsi, il faut savoir supporter ses maux en faisant ce qu'on peut pour s'en distraire; c'est à quoi je tâche d'arriver en ne me désespérant pas. Bénissons tous nos bons parents qui m'aiment bien, qui ne me laissent éprouver de privations d'aucun genre, et tout cela de si bon cœur! Pourtant, malgré leur amitié, il n'est vraiment doux de recevoir que d'une mère et de toi. Je t'aime bien, *toi* qui aimes ta Julie toujours et *quand même*; nos cœurs s'entendent, oh! oui; nous deviendrons heureux; notre petit restera longtemps jeune et gai. Un jour, dans quelque petite campagne que nous ferons bien cultiver, nous serons paisibles.

« M. Coupier te prie de renvoyer le livre à de Gérando; Ballanche doit demander à M. Roux si ton ouvrage a été présenté. Donne-moi des nouvelles de M. Clerc. Tu dis toujours qu'on devra se presser d'imprimer le petit mémoire : mes cousins pensent de même mais pour cela il faut l'avoir.

« Ton fils t'a écrit des barres.

« Adieu, adieu, je t'embrasse bien fort ; c'est un bon baiser de ceux que tu aimes, que je ne te donne pas avec distraction, de ceux que Mlle Carron ne t'a jamais donnés.

« Adieu.

« Ta JULIE. »

(La reconnaissance de Julie envers les siens est profonde, et pourtant, ajoute-t-elle, *il n'est vraiment doux de recevoir que d'une mère et de toi.*

Quel éloge Julie sait faire du cœur de son mari en le confondant avec celui de sa mère, et comme une sage résignation se mêle ici à sa tendresse !)

D'André à Julie.

« Bourg, mardi.

« Je mériterais que tu me battisses de n'avoir pas terminé les corrections que je veux faire à mon petit mémoire. De nouvelles idées sur cette théorie m'ont obligé à refondre le tout ; il en sera meilleur. Je ne puis l'achever sans un jour de vacance ; mais comment demander à M. Clerc de reprendre sa leçon avant qu'il ait retrouvé toutes ses forces?

« J'ai enfin été voir l'église de Brou. Je veux en envoyer une belle description à ma sœur Élise, lui faire une superbe lettre tragique, mélancolique et sépulcrale. Je me souviens qu'elle aime Hervé et Young. Au fond, cette église n'a pas tout à fait répondu à mon attente.

« Ah! si au lieu de lire ma description tu avais pu venir avec moi à Brou! En sortant, nous aurions été nous promener au clair de lune dans les jolis sentiers d'un petit village, vis-à-vis, à deux cents pas du collége. Je voudrais que tu pusses marcher là un seul jour pour y laisser des souvenirs que j'irais rechercher ensuite.

« Tu m'as dit que mon fils m'avait écrit des barres, pourquoi ne les ai-je pas reçues?

« On m'a envoyé hier deux soldats que j'ai fait loger à l'auberge, à dix sols chacun.

« Croyant que je devais être exempt, ici, les six premiers mois, j'ai été réclamer ; cette démarche n'a servi qu'à m'avertir que j'allais être imposé à la contribution somptuaire et mobilière.

« AMPÈRE. »

(Une contribution somptuaire imposée à la vie laborieuse d'André et à l'élégance de ses quatre murs gris et froids !)

André à Julie.

« De Bourg, jeudi.

« Ma chimie a commencé aujourd'hui. De superbes expériences ont inspiré une espèce d'enthousiasme à douze auditeurs. Il en est resté quatre après la leçon; je leur ai assigné des emplois qui me mettront à même de n'avoir presque rien à faire.

« 1° L'Écuyer, trésorier et gardien de la clef du laboratoire, fera les petites emplettes, préparera et lutera les vaisseaux.

« 2° Dubos, rangeur en chef, mettra chaque chose à sa place.

« 3° Ribon, aide-rangeur, sera chargé en outre de tirer de l'eau et de fournir du sable.

« 4° Etc... Mais qu'importe tout cela à une malade qui ne se soucie non plus de chimie que du Grand-Turc?

« Ah! ma pauvre petite, je viens de recevoir un mot qui ferait pleurer l'homme le plus dur. Jusqu'ici tu n'as gagné à ton traitement que des maux de tête et plus de faiblesse encore. Que je bénirais les eaux de Charbonnières, si tu y retrouvais la santé!

« A. Ampère. »

De Julie à André.

« Lyon, vendredi.

« Je suis bien aise que tu aies trouvé des aides et plus de temps à toi. Prends garde à ta chimie; tes bas bleus sont perdus avec ce maudit acide qui brûle tout. J'espère que ton livre sera enfin terminé mercredi, et qu'on pourra l'imprimer. M. Daburon est ici; je pourrai le lui montrer, afin qu'il corrige le style du commencement.

« Élise a été malade à la suite de l'inoculation. Toutes les femmes du voisinage, depuis le numéro 15 jusqu'au numéro 18, sont accouchées dans l'espace de huit jours : ça fait sept enfants. On a sonné les cloches de Saint-Jean pour le 14 juillet. Je te donne mes nouvelles comme on jette des *épogues* dans le four. Ce n'est pas ma faute si je suis bête, j'ai été trop longtemps à l'eau fraîche; mais je veux avoir de l'esprit dans mes lettres à venir.

« Peut-être que Dieu me guérira, lui seul, au moment où je l'espère le moins. En attendant, je tâche de ne pas trop m'inquiéter de la dépense que mon régime occasionne; les fraises et les fruits rouges sont hors de prix, le sucre fond aussitôt qu'on l'achète; ma pauvre maman ne cesse de payer. Une petite chambre, à Charbonnières, coûte cinquante sols par jour. Que d'argent! La mienne est arrêtée : je compte partir vendredi.

« A combien de choses ne suis-je pas entraînée pour rétablir cette santé! Ah! si une fois je la tiens, je veux en jouir, et n'entends pas que tu me rendes malade. Mais, si les eaux ne me guérissaient pas, je ferais par dépit une petite Julie, pour essayer de tous les remèdes.

« Mon cousin *copie* pour toi quelque chose qui est sur les journaux. Écris vite ton livre, je t'en prie en grâce; tant pis si le commencement ne va pas si bien. Adieu. Il y a seize jours que je ne t'ai pas embrassé; je t'aime et t'embrasse pour tous les jours que tu as passés loin de ta Julie. »

D'André à Julie.

« Bourg, samedi.

« Tu me parles d'un nouveau remède. Oh! que ne peut-il te guérir! Je pourrais réparer le mal que je t'ai fait par un remède comme celui-là? Non, ma raison combat ces mots de ta lettre, tu sens bien que cette pensée me revient sans cesse; mais je la chasse de toutes mes forces, ma Julie! Ils sont passés pour jamais peut-être ces jours commencés dans la maison rue Bas-d'Argent.

« Quelle émotion leur souvenir fait naître dans tout mon être! Ce n'est pas tant heureux jours qu'heureuses...

« Tu recevras avec cette lettre six louis pour aller à Charbonnières.

« Il ne m'est arrivé aucun accident ; les expériences réussissent ; je parle avec facilité et abondance depuis qu'il n'est question que de cette science, qui m'inspire plus d'attrait que le reste de la physique.

« Encore quatre semaines de travail avant d'aller retrouver ma Julie. Je baiserai ce gentil petit babillard, et je serai heureux deux mois. Ah ! je veux que ces deux mois soient les meilleurs de ma vie. Si nous nous promenons quelquefois en tête-à-tête dans ces campagnes où M. Ampère cherchait à rencontrer Mlle Carron...

« Au sujet de mon livre, je vais te dire le mot de l'énigme : — non-seulement le commencement n'est pas fait, mais je ne savais comment démontrer une formule de mon invention dont j'avais besoin pour la dernière conséquence de mon mémoire. Je cherchais inutilement cette démonstration depuis plusieurs jours, et cela me dégoûtait du travail ; je viens de la trouver cette nuit, à deux heures. Je t'écris à neuf heures du matin, et l'ouvrage sera absolument fini à midi. J'aurai une semaine entière pour le relire et le corriger. Tu le recevras certainement mercredi prochain avec mon beau pantalon. J'ai fait le compte de mes nippes : tout y est, excepté un mouchoir qui sera resté dans quelque poche d'habit. »

« Lundi.

« J'ai fabriqué des briquets phosphoriques : un seul allait bien. J'en ai rendu un autre bon en le chauffant à la chandelle. Voulant en compléter un troisième de la même façon, il est sauté en l'air avec explosion ; le phosphore est tombé sur mon papier et l'a brûlé à cette page de ma lettre. Les éclats de la petite fiole m'ont caressé la figure sans me blesser. Cet incident me rendra bien prudent.

« J'ai appris que c'était le 14 juillet par M. le maire, qui m'invitait à assister à la messe du *Te Deum* pour célébrer l'anniversaire de la prise de la Bastille. Les prêtres catholiques ont chanté le *Te Deum;* cela est tout comique. Mais je n'avais que faire là, et je crois que bien d'autres ont pensé comme moi.

« Sept enfants en trois maisons, c'est la bénédiction de Dieu, pourvu qu'ils ne fassent pas tous mal à leurs mères !

« A. AMPÈRE. »

De Julie à André.

« Lyon, dimanche.

« Mon ami, je comptais partir avant-hier ; la voiture était arrêtée, les paquets prêts ; mais une bien mauvaise nuit a tout dérangé ; j'ai senti des douleurs dans le côté, pareilles à celles qui m'ont déjà fait tant souffrir.

« Demain, si je suis mieux, je m'embarquerai ; sinon je payerai la chambre, et une dizaine de francs seront autant de perdus.

« Dans ce dernier malaise, le médecin m'a examinée avec grand soin, disant que jusqu'à présent il n'avait pu bien juger de l'état des choses. Il déclare aujourd'hui que cette douleur et cette grosseur viennent d'un dépôt de lait, que ce n'est pas du tout dangereux. Je le crois comme lui.

« Tu passeras, dis-tu, cher André, deux mois bien heureux près de ta femme et de ton fils si je te dis toutes mes pensées... Mes pensées! mon pauvre ami, elles sont d'un genre triste et monotone. Quand on est forcé de songer à sa personne pour éviter des maux plus cuisants, on est peu agréable, car l'esprit se ressent trop des souffrances du corps. Cette indisposition passera, je retrouverai des forces ; ménage les tiennes, pour que je n'aie pas tous les maux.

« J'avais raison de ne pas tenir pour certain que tous ces remèdes me guériraient ; les médecins ne sont pas des dieux! Au reste, si M. Petetin s'est trompé, il l'avoue de trop bonne foi pour qu'il soit possible de s'en plaindre. Aussi j'espère que tu n'en parleras jamais, jamais, à personne.

« Adieu, mon meilleur ami, celui avec lequel j'aime à

ouvrir mon cœur; tu t'en aperçois, car je ne sais pas assez te cacher mes découragements de santé.

« Adieu, mon fils, je t'envoie plus de baisers que tu ne m'en demandes.

« Ta JULIE. »

« Que penses-tu de ce que dit Bonaparte pour le galvanisme ? »

(Les médecins ne sont pas des dieux, dit Julie. Hélas ! ils ne le savent que trop ! Mais malgré l'étonnement que peuvent nous causer, tout d'abord, les ordonnances de M. Petetin, ce régime de fraises, de cerises, de glace, ces infusions de cloportes ou de persil, tâchons d'être aussi indulgents que la pauvre malade, et nous n'aurons pas de peine à expliquer les prescriptions anodines de son docteur.

M. Petetin comprenait sans doute très-bien ce qu'il avait à faire ; sachant qu'il ne pouvait guérir, il essayait de soulager, de soutenir le courage et l'espérance, en indiquant des remèdes certainement peu efficaces, mais, du moins, incapables de nuire. Et puis, voulant ménager le chétif budget du ménage d'Ampère, il prenait grande attention de ne pas envoyer souvent chez le pharmacien.

M. Petetin se trouvait en présence d'une adorable femme, d'une pauvre mère résignée, forte et clairvoyante, privée des douceurs que donne la fortune, du bonheur de pouvoir conserver près d'elle le plus tendre, le meilleur des maris. Cet excellent docteur, qui soignait Julie depuis son enfance, dut souffrir cruellement en assistant au développement progressif d'un mal que la science ne savait point combattre, et qui consumait de jour en jour une créature tant aimée et si digne de l'être. La sensibilité s'émousse, dit-on, la compassion s'éteint chez les médecins. Non! celui qui va nous révéler tout à l'heure la généreuse et délicate bonté de son âme pouvait peut-être, à force d'empire sur soi, mettre sur son visage le masque de la confiance, mais l'émotion douloureuse qu'il éprouvait en cette circonstance n'en devait être que plus poignante.)

D'André à Julie.

« Bourg, jeudi.

« Je sais bien que ton mal pourra se dissiper de soi-même avec de l'exercice et l'air de la campagne ; mais encore serait-il bon d'aider la nature !

« Mon amie, ma Julie, pourquoi ai-je été nommé professeur à Bourg? Ma Julie, voilà la seule pensée pour laquelle j'ai l'esprit libre, et il faut pourtant que je fasse aujourd'hui une petite explication de mon mémoire à

M. Delalande, qui est arrivé ici. De plus il a désiré que je l'invitasse à une réunion d'élèves qui ont suivi mon cours d'astronomie, pour observer les astres ensemble. Cela m'aurait bien amusé dans toute autre circonstance.

« M. Ribon a présenté une copie de mon mémoire sur le jeu à la Société d'émulation ; j'en ai été nommé membre à l'unanimité.

« Mille remerciements à ton cousin de ce qu'il m'a envoyé : c'est un prix de soixante mille francs proposé par Bonaparte que je tâcherai de gagner quand j'en aurai le temps. C'est précisément le sujet que je traitais dans l'ouvrage sur la physique que j'ai commencé d'imprimer; mais il faut le perfectionner et confirmer ma théorie par de nouvelles expériences.

« Mille choses à ta maman, à Élise, vingt baisers au petit et tout mon être à toi. Oh ! mon amie, si M. Delalande me fait nommer au Lycée de Lyon et que je gagne le prix de soixante mille francs, je serai bien heureux ; car tu ne manqueras de rien et tu n'en seras plus à regretter les dix francs de ta chambre arrêtée à Charbonnières.

« A. AMPÈRE. »

(Le programme de ce prix proposé par Bonaparte commençait ainsi : « Je désire donner un encouragement de soixante mille francs à celui qui, par ses expériences et ses découvertes, fera faire à l'électricité et au galvanisme un pas comparable à celui qu'ont fait faire à ces sciences Franklin et Volta. »

« Quand j'aurai le temps, écrivait André à sa femme, je tâcherai de gagner ce prix, et si M. Delalande me fait nommer au Lycée de Lyon, je serai bien heureux, car tu ne manqueras de rien. »

Adorable bonhomie, belle et naïve confiance en ses forces que son génie justifiait si bien !)

D'André à Julie.

« Bourg, vendredi.

« Je fis avant-hier une visite à M. Delalande ; il me donna de grands coups d'encensoir, disant qu'il n'y avait qu'en France qu'on trouvait des mathématiciens comme moi, etc., etc.

« Il finit par me demander des exemples en nombre de mes formules algébriques, assurant qu'ils étaient nécessaires pour mettre mes résultats à la portée de tout le monde, dans le rapport qu'il en ferait ; tandis que, sous leur forme algébrique, plus élégante et plus intéressante pour cinq ou six mathématiciens de première classe, elles ne seraient appréciées que d'un très-petit nombre. Il doutait même, ajouta-t-il, que les gens de la force de M. Clerc me comprissent.

« J'ai conclu de tout cela que M. Delalande n'avait pas voulu se donner la peine de suivre mes calculs, qui exigent en effet de profondes connaissances en mathématiques. Je lui ferai des exemples, mais je persiste à imprimer mon ouvrage tel qu'il est, ces exemples lui donneraient l'air d'un ouvrage d'écolier. Je voudrais pourtant être sûr que j'ai raison en cela contre M. Delalande. Mais où consulter quelqu'un capable de décider irrévocablement? Je ne sais à qui m'adresser.

« J'ai trouvé hier une autre démonstration relative à ce problème qui lui donnera un nouveau prix, mais qui m'oblige encore à récrire trois ou quatre pages.

« Je fus hier dîner chez Mme Beauregard avec des mains noircies par une drogue qui ne fait point de mal, mais qui s'attache à la peau pour deux ou trois jours. Elle prétendit que cela semblait du jus de fumier, et finit par se lever de table en disant qu'elle dînerait quand je serais loin. Je convins avec cette dame que j'étais au tiers du mois, et que je n'y retournerais que lorsque mes mains seraient blanches; je n'y retournerai plus, bien entendu. La Perrin me sert à dîner moyennant dix-huit francs par mois, sans le vin.

« A. AMPÈRE. »

« Je n'ai plus rien de propre ; envoie-moi un petit paquet, car, dans une chambre parquetée et bien ornée, il ne faut pas avoir un extérieur aussi négligé que quand on va manger chez une... »

De Julie à André.

« Lyon, vendredi.

« Mon bon ami, je t'approuve d'avoir quitté Mme Beauregard d'après sa politesse ; mais je voudrais que cela te fît faire un peu plus d'attention à ta personne et à ta propreté, car beaucoup de gens pourront penser tout bas ce que tu as entendu dire tout haut. Si tu rends quelques visites, tâche donc d'avoir un peu l'air d'un honnête homme, cela fera plaisir à ta pauvre femme, qui n'en a pas beaucoup.

« Voici les petites choses demandées et un gilet que je t'ai fait moi-même ; il est plus frais que les autres sans être plus salissant. Tu mettras dans ton paquet de mercredi ta roupe, ton gros habit de velours de coton, tes bas de laine.

« Ma tendresse pour toi fait tout le contraire de mes forces, car depuis notre mariage l'une augmente, les autres diminuent ; jamais pourtant je n'ai eu l'esprit si tranquille, quoique nous ne sachions guère ce que nous deviendrons. Les neuf louis sont arrivés à temps. Écris à Élise et prends garde que je n'aie pas l'air de te l'avoir dit.

« Adieu, mon fils, ta femme t'embrasse et te quitte parce que sa main ne peut plus aller.

« Adieu,

« Ta JULIE. »

(Ce titre de fils, si tendrement donné, fait doucement passer un sérieux conseil.

André, tout absorbé par ses hautes spéculations scientifiques, descendait rarement sur la terre quand il ne s'agissait que de lui-même. Julie était à peu près du même âge que son mari, et sa sollicitude protectrice veillait et s'étendait incessamment sur lui, de loin aussi bien que de près. Elle cherchait à écarter tous les petits embarras matériels qu'une distraction déjà parfois invincible créait souvent autour du grand physicien.

Pour réussir à fixer son attention sur de petites choses antipathiques à son esprit, c'était encore au cœur d'Ampère qu'elle s'adressait. « Tâche donc, dit Julie, d'avoir un peu l'air d'un honnête homme, cela fera plaisir à ta pauvre femme. »)

D'André à Julie.

« Bourg, mardi soir.

« Ma bonne amie, tu vas recevoir le petit ouvrage ; il s'en faut de beaucoup que j'en sois content. Je viens encore d'y faire des corrections ; mais j'en trouve toujours le style détestable. Il est vrai que cela ne nuit pas à l'exactitude des calculs qui en font tout le prix. Si ces calculs sont nouveaux et que personne n'ait encore inventé les formules où ils me conduisent, ils pourront intéresser les mathématiciens. Mais si ces formules, je le répète, sont déjà connues, je n'aurai fait qu'afficher de l'ignorance ou de la mauvaise foi. Cet inconvénient, au reste, a lieu pour toutes sortes de découvertes, puisqu'on ne peut jamais être sûr que les mêmes choses n'aient pas été trouvées avant vous.

« Qui pourrai-je consulter là-dessus ? M. Clerc est aussi intéressé que M. Roux à ce que je ne sois pas choisi au concours du Lycée où ils doivent se présenter. Je ne vois que M. Coupier qui, après avoir lu ce mémoire avec attention, puisse décider, s'il consent à dire franchement son avis. S'il le jugeait favorablement, je l'enverrais à Morel Desjardins, à Camille Jordan, ce qui n'empêcherait pas de chercher à le répandre parmi les savants de la capitale. »

« Mercredi matin.

« J'ai terminé la partie astronomique de mon cours et je vais passer à l'explication des dernières parties de la physique.

« Il y aura au moins trente-deux à quarante Lycées, mettons quarante ; ce sont quarante professeurs de mathématiques et de physique à choisir en France. Le gouvernement nommera sur un tableau formé par trois membres de l'Institut d'après les examens et les informations qu'ils auront prises. Il faut absolument que je sois sur ce tableau un des quarante premiers, ou pour les mathématiques ou pour la physique. Mon espérance est de me faire distinguer en parlant également des deux sciences. J'entremêlerai à tout cela mes petites découvertes.

« Monge, l'examinateur pour l'École polytechnique, est arrivé hier. On commence aujourd'hui à neuf heures le concours. Le préfet m'a écrit pour me demander d'y assister. »

« Mercredi soir.

« J'ai passé une partie du jour sans travailler pour ma Julie, car j'avais été obligé de renvoyer mes élèves du matin à l'après-midi. La journée m'a semblé longue ; comme le but de mon travail l'embellit à mes yeux ! si pénible qu'il soit, je le trouve doux quand il doit arrondir ton petit, si petit trésor.

« Ah ! mon amie, quand serons-nous réunis, quand ce train de vie sera-t-il fini ? Je voudrais précipiter le temps, et je sens cependant que notre sort dépend de l'emploi que j'en ferai.

« Je voudrais que tu devinsses bien, oui, bien heureuse, et je supporterais l'exil à ce prix.

« A. Ampère. »

De Julie à André.

« Lyon.

« J'espérais trouver ton manuscrit dans le paquet ; à force de vouloir le perfectionner il ne sera pas terminé du tout, et tu verras les Lycées s'organiser sans avoir eu le temps de te faire connaître.

« Je suis fâchée de ne pouvoir t'offrir mes conseils au sujet de ce mémoire, mais tu sais que je n'y comprends rien. Ne pourrais-tu, dans ta lettre à M. Roux, lui demander, si par hasard tes idées étaient déjà connues, dans quel livre il te serait possible d'en trouver la preuve ? tu le forcerais ainsi à ne pas te répondre *oui* ou *non* légèrement.

« Voilà tout ce que je peux tirer de ma cervelle. Tu as

encore un élève pour cette maudite chimie. Ces dix-huit ivres ne profiteront pas du tout ; prends garde à tes gilets, à tes culottes. Je t'envoie un gros torchon avec des attaches pour mettre devant toi.

« Adieu, mon fils, ta femme t'aime bien et dit comme toi : Lycée, Lycée, quand te tiendrons-nous ?

« JULIE. »

(Sans être radical, l'expédient de Julie a du bon. « Je suis bien fâchée, dit-elle, de ne pouvoir t'offrir mes conseils au sujet de ce mémoire, mais tu sais que je n'y comprends rien. »

De son côté, M. Delalande trouve que les connaissances de M. Clerc ne sont point à la hauteur des formules algébriques d'Ampère.

M. Roux, sans nul doute, est plus fort en mathématiques que la femme d'André, mais pas assez cependant pour juger en dernier ressort l'œuvre de l'anxieux inventeur ; et celui-ci va bientôt s'apercevoir que l'oracle dont il attend les décrets avec tant d'impatience sur le terrain de ses découvertes ne saura rien non plus tirer de sa cervelle.)

D'André à Julie.

« Bourg, mercredi matin.

« Je t'envoie enfin, mon amie, une lettre pour M. Roux avec mon manuscrit. Tu trouveras dans le même paquet trois gilets, une paire de gros bas de laine, et ma roupe; dans une des poches du gilet de velours jaune sont les douze livres huit sols que tu me demandes.

« Pourvu que M. Roux ne m'écrive pas que mes formules sont déjà connues!

« Je me trouve bien de mes soupers sans pouvoir concevoir comment la Perrin peut s'en tirer à six francs par mois.

« L'ouvrage que j'ai entrepris avec M. Clerc, et dont je ne serais jamais venu à bout tout seul, avance tellement qu'il sera prêt à imprimer dans un mois. Il sera intitulé :

« *Leçons élémentaires sur les séries et autres formules indéfinies.*

« Tu verras ce que tes cousins pensent à cet égard.

« Cet ouvrage étant à l'usage des établissements d'instruction publique, et manquant à l'ensemble des études mathématiques, doit être un jour très-recherché[1].

---

1. Cet ouvrage, quoique très-avancé, ne se termina jamais.

« J'entends sonner une messe où je veux aller demander la guérison de ma Julie. Pauvre petite !

« A. AMPÈRE. »

De Julie à André.

« Lyon, vendredi matin

« Je le tiens enfin ce manuscrit que j'avais tant de peur que tu n'achevasses pas. Je viens de le remettre à mon cousin Périsse ; tu sais s'il s'y intéresse. Ta lettre à M. Roux est fort bien. En tout, je trouve mon mari très-sage, très-gentil ; je l'aime d'avoir tant travaillé. »

« Samedi matin.

« Mon cousin demande si tu as une seconde copie de ton ouvrage. De plus, il paraît craindre que, si tu le fais imprimer, le gouvernement ne trouve pas de son goût une brochure qui parle contre les jeux, retirant de la loterie une forte imposition.

« C'est l'ami Ballanche qui l'a porté à M. Roux Ne sachant pas à quel point vous êtes liés, ce dernier dira peut-être la vérité ; du reste il sera sans doute satisfait de la confiance que tu lui montres.

« Voici un saucisson et deux fromages pour tes soupers ; je suis contente que tu sois bien.

« Tu viendras donc bientôt ! nous avions fait le projet d'aller à la campagne, de jouir des jolies promenades avec le petit ; et je devrai peut-être rester quelquefois à la ville dans mon lit ou sur ma bergère. Cependant ne désespérons de rien ; les forces me reviendront pour aller à Saint-Germain.

« Pauvre Ampère qui a toujours une femme malade, qu'il aime pourtant bien !

« J'ai toujours oublié de te redemander mes *Heures* que tu pris pour aller faire tes Pâques ; si tu les as, rapporte-les.

« Adieu, adieu.

« Ta JULIE. »

D'André à Julie.

« Bourg, mardi.

« Je ne trouve aucune apparence de possibilité à ce que le gouvernement désapprouve mon petit mémoire. Est-ce que la loterie royale sous l'ancien régime empêchait de prêcher contre le jeu ? Le gouvernement sait bien que cent mille mémoires sur ce sujet ne dégoûteraient pas les badauds de porter leur argent dans ses bureaux. Je persiste donc à le faire imprimer à mes frais : cela ne saurait aller à deux cents francs, et j'en retirerai bien toujours au moins les trois quarts en en vendant quelques-uns

« Tout cela, du reste, est subordonné à la lettre de M. Roux, qui se fait bien attendre. Ce petit ouvrage me fera attribuer une bonne part du livre qui va paraître par Ampère et Clerc, professeurs à l'École centrale du département de l'Ain, tandis que mon collaborateur en aurait eu sans cela tout l'honneur comme professeur de mathématiques.

« Tu pèseras, ma bonne amie, toutes ces raisons pour et contre, et tu décideras en dernière analyse du sort des *Considérations mathématiques sur le jeu*.

« J'ai trouvé tes *Heures* dans ma poche dix à douze jours après mon arrivée : je m'en sers habituellement ; mais je les rapporterai.

« Adieu.

« A. AMPÈRE. »

(Voilà donc Julie nommée par André l'arbitre du sort des *Considérations mathématiques sur le jeu*! Heureusement qu'elle en décidera favorablement; car ce petit mémoire devait le mener non-seulement au Lycée de Lyon, mais beaucoup plus loin encore.)

D'André à Julie.

« Bourg, samedi.

« Depuis avant-hier, mon amie, je délibère si je t'écrirai le désagrément que j'eus à ma leçon de chimie. Comme je vois qu'il n'aura aucune suite, je me décide à te le raconter. M. Delalande avait annoncé qu'il viendrait jeudi à la leçon; je m'étais paré de mon mieux, craignant d'autant moins que l'expérience préparée ne me jouât un mauvais tour qu'il ne m'était encore rien arrivé depuis que j'avais commencé la chimie. Je regardais dans les tubes de l'appareil les progrès de l'expérience, quand un bouchon sauta; je reçus dans l'œil droit, où je n'ai pas le moindre mal aujourd'hui, un peu d'eau-forte toute chaude. M. Sylvain, médecin, qui se trouvait là, m'arrosa sur-le-champ l'œil d'ammoniaque, ce qui m'ôta immédiatement la plus vive douleur que j'aie éprouvée depuis longtemps; puis je me lavai l'œil avec de l'eau fraîche et il redevint aussi bien portant que l'autre. Je pensai tout de suite à mes habits que je couvris d'ammoniaque aussi, en sorte qu'il n'y aura que très-peu de dégât; il n'y en aurait point du tout, si je n'avais pas été un peu troublé et si je n'avais pas pensé d'abord seulement à mon œil. Je n'ai absolument qu'une brûlure sur deux doigts de la main gauche, qui sera passée demain. Je t'assure que dans tout cela il n'y a aucune raison de t'inquiéter, que mes habits ne seront pas gâtés et que je ne me sentirai plus du tout de cet accident quand j'irai te retrouver dans huit jours. Ma Julie, c'est dans huit jours que j'espère partir. Dimanche, à cinq heures du soir, je t'embrasserai, je baiserai le petit. Sais-tu qu'il y a eu hier trois ans que tu as fait mon bonheur! Que ces trois ans se sont vite écoulés! Que tu as éprouvé de peine dont je suis cause, tandis que tu m'as comblé de joie! Et pour compléter mes sottises, je me suis fait sauter de l'eau-forte dans l'œil, malgré toutes tes exhortations de prudence! Pardonne-moi, ma Julie, c'est la dernière fois que je te ferai du chagrin. Oh! oui, je te le promets en commençant notre quatrième année de mariage[1]. Notre fils aura deux ans jeudi. Je te remercie de me l'avoir donné!

« A. Ampère. »

(L'accident dont André raconte les détails pouvait être bien grave pour lui; mais comme sa personnalité s'efface dans ce récit, malgré l'horrible douleur qu'il a ressentie à l'œil, et quelle sollicitude s'étend vite sur son habit, à l'idée que sa ménagère va s'inquiéter encore de tant de désastres chimiques!

[1] 6 août 1802.

A cette lettre, point de réponse de la pauvre malade, qui vient de passer une détestable nuit.

« J'arrache la plume des mains de ta Julie, dit Élise à son beau-frère, elle est trop fatiguée pour t'écrire. Ne sais-tu donc pas combien les émotions de tout genre lui font mal? Annonce au moins ton retour deux jours d'avance, afin d'éviter les surprises.

« Qu'as-tu dit là de tes expériences! »

Ici la feuille est déchirée, on devine ce qui va suivre.)

D'André à Julie.

« Bourg, jeudi 12 août.

« Il faut que je te rappelle que celui qui t'aime a encore trois jours à rester loin de toi, trois jours sont bien longs!

« Au lieu de la lettre que j'espérais, en voici une autre de ma bonne sœur Élise qui cherche à me rassurer sur le tourment que ton silence pourrait me causer. Mais elle me prêche tant sur la nécessité de cacher à ceux qu'on aime tout ce qui pourrait les inquiéter, que je ne sais si je puis me fier à ce qu'Élise me dit de ta santé. Si je t'ai raconté mon accident, c'est en te disant bien qu'il ne me restait plus qu'une petite brûlure à la main gauche; cela aurait-il pu t'agiter! Je suis à ton sujet dans une appréhension continuelle; je n'ose compter sur personne pour me dire toute la vérité, et je ne me sens ainsi jamais tranquille quand on me rassure.

« C'est aujourd'hui qu'est né le petit lien qui serre nos deux vies l'une contre l'autre; dis-lui d'embrasser sa maman de la part de son papa. Qu'un mot de ta main m'aurait été nécessaire! Si tu étais réellement plus malade! Ah! que j'en veux à l'opinion d'Élise de cacher tout à ceux qu'on aime. Cette crainte va me tourmenter jusqu'à dimanche.

« A. AMPÈRE. »

(Nous trouvons ici la date précise de l'anniversaire de J.-J. Ampère. Il a deux ans le 12 août 1802.

Les vacances sont arrivées, André passe deux mois entre sa femme et son fils, presque toujours à Saint-Germain ou à Polémieux, quand il ne va pas donner des répétitions de mathématiques à Lyon.

L'air de la campagne, la présence de son mari, semblent apporter quelque adoucissement aux souffrances de Julie; mais les lycées ne s'organisent point.

Une nouvelle séparation est encore imposée à ces deux êtres qui vivent l'un pour l'autre et dont la courageuse énergie se doublerait s'ils étaient réunis.

En ce moment M. Clerc adresse à son collègue un

aperçu de la situation réservée aux professeurs de l'École de l'Ain. Ce tableau n'est pas fait pour ranimer les espérances du jeune ménage.)

De M. Clerc à André Ampère.

« A Bourg, du 9 brumaire.

« Nous sommes perdus, mon cher ami! Vous connaissez aussi bien que moi l'arrêté des consuls relatif aux écoles centrales de l'arrondissement de Lyon.

« Je vous annonce encore deux jours de bonheur domestique ; notre rentrée n'aura lieu que le 17 ; elle sera triste, tranquille, obscure, et sans la présence d'aucune des autorités constituées.

« Je ne sais pas comment nous pourrons enseigner jusqu'en germinal, puisque, à la réception de l'arrêté des consuls, le préfet devra faire apposer les scellés sur la bibliothèque, le cabinet et autres dépôts.

« La ville de Bourg va organiser son École secondaire de manière à ce qu'elle vive à l'instant où nous mourrons. Il est dur de dépendre du gouvernement, mais il le sera bien davantage d'être sous la domination d'une petite ville. Ne pourrions-nous pas former à Lyon un établissement qui nous mît tous deux hors de la dépendance? Pensez-y, car aussi bien il n'y a guère à faire pour nous à Bourg. Cinq ou six cents francs, tel sera le traitement des régents du collége futur, si toutefois on leur en assure.

« M. Goubaud est encore à Paris; on ignore même s'il en reviendra, connaissant toutes ces dispositions consulaires. Nous avons vu hier le préfet, qui nous a dit que le gouvernement ne lui avait point encore alloué de fonds pour l'enseignement de l'an XI, et qu'il n'avait envoyé que la moitié du traitement de fructidor dernier. Le préfet ne fournira rien aux dépenses de l'école projetée à Bourg : la ville sera chargée de tout.

« Nous aurons très-peu d'élèves cette année : les étrangers à Bourg n'enverront pas leurs enfants pour quatre mois.

« Je viens d'achever ma traduction des *Courbes du troisième ordre*. Faites-moi l'amitié de demander à M. Périsse ou à un autre libraire s'il voudrait se charger d'en faire l'impression et à quelles conditions il le voudrait.

« Mes respects à votre aimable épouse.

« Votre ami,

« CLERC. »

(Au mois de novembre 1802, André revient s'installer à Bourg pour la seconde fois. La lettre qu'il adresse à sa femme, en rentrant à l'École de l'Ain, commence ainsi :

D'André à Julie.

« De Bourg.

« Voilà bientôt trente-six heures que je t'ai quittée.

« Je ne fis point mes adieux à Élise tout haut, parce que je ne voulais pas que tu susses que je partais tout de bon ; mais je lui disais tout bas : Adieu, ma chère et bonne sœur, sois heureuse en rendant heureuse ma Julie.

« M. de Bohan avait répandu le bruit dans la ville que je ne reviendrais pas, étant sûr de ma nomination au Lycée.

« Je n'ai pris qu'un repas et une couchée au collége. Le vent avait cassé la fenêtre de ma chambre en automne, la bise l'a achevée. Mes papiers, mes livres étaient couverts de trois doigts de neige ; j'ai secoué tout cela et rangé de mon mieux.

« Chez M. Dupras on allume mon feu à six heures, je m'habille en me chauffant ; je n'aurai que mon blanchissage à payer, des étrennes à la fille : tout le reste de mon traitement ira à Lyon.

« J'avais pour déjeuner ce matin une jatte de café au lait où le sucre n'était pas épargné. Je suis logé et nourri en prince ; tout va le mieux du monde du côté de la vie physique, mais mon âme jeûne bien : je cherche inutilement des yeux mon amie et son fils. »

« Du lundi soir.

« J'ai donné à quatre heures ma première leçon ; il y avait peu de monde. Ceux qui suivaient mon cours l'an dernier n'ayant pas été avertis, je répéterai demain en abrégé ce que j'ai dit aujourd'hui. Au reste, que m'importe ! tout me devient indifférent quand je pense que ma pauvre petite est malade, et qu'il faut non-seulement renoncer au bonheur de la voir ici un instant, mais encore à celui de penser qu'elle est tranquille et ne souffre pas. »

D'André à Élise.

« Bourg.

« Je n'ai pas oublié que je dois remercier deux fois ma sœur de ses jolies lettres. C'est une dette dont j'aime bien à m'acquitter, car, outre le plaisir de lui écrire, j'ai celui d'espérer qu'elle me répondra. J'ai promis à Julie de te raconter mon voyage, chère Élise. Maman, qui doit être à Lyon, vous a sûrement dit quelle foule inouïe m'avait chassé de la diligence, où il semble que je ne sois entré que pour soutenir l'honneur de la nation française, en descendant du tillac un énorme paquet qu'une jeune Allemande cherchait en vain à porter, et disant à ceux qui la coudoyaient dans la presse : « Man muss wirtschaften....», etc. Après avoir quitté Polémieux, je fus passer auprès de la petite maison blanche, dont les plus doux souvenirs peuplent pour moi tous les environs. Je cherchai longtemps à Trévoux une occasion pour Châtillon, et trouvai enfin une charrette qui me conduisit à un certain village appelé Ambérieux, d'où j'eus encore deux bonnes lieues et demie à faire à pied pour atteindre mon but. Je suis resté dans cette charrette depuis une heure jusqu'à quatre, car la route d'Ambérieux se détourne beaucoup de la ligne droite de Trévoux à Châtillon. J'étais assis sur un sac de paille, entre les deux endorses, le dos tourné vers la Rossinante qui me conduisait dans cette marche triomphale exécutée à reculons.

« Je partis le lendemain à six heures un quart de Châtillon ; M. Valensot, qui avait été passer les fêtes à Charrens, m'atteignit à moitié chemin de Bourg ; nous fîmes ensemble le reste de la route.

« J'attends un mot de la charmante Élise avec la plus grande impatience. Julie m'a bien écrit que sa santé se raffermissait un peu et qu'elle était allée se promener en Bellecour, mais je voudrais bien que tu me confirmes ces bonnes nouvelles. Je dis comme le petit biquet de La Fontaine : « Deux sûretés valent mieux qu'une. » D'ailleurs, tu m'as promis toute la vérité, et j'y compte. En attendant ta lettre, dont je te remercie d'avance pour être plus sûr de la tenir, je t'embrasse de tout mon cœur et te prie d'embrasser de ma part ma Julie et mon petit. Refuserais-tu cette commission ? Adieu jusqu'à la Pentecôte.

« ANDRÉ. »

De Julie à André.

« De Lyon, mardi

« Mon ami, tout le monde attend de tes nouvelles avec impatience, et cela fait plaisir à ta femme. On a bu du vin blanc à ta santé. Ta mère est triste de ton départ et me charge de t'envoyer bien des tendresses.

« Ma sœur, ma cousine, ma tante vinrent dimanche ; mais, comme elles semblèrent craindre la vaccine, je n'osai pas les retenir. Les bras de ton fils commencent à s'enflammer. Ce petit est toujours charmant ; il s'amuse à chanter *aussi bien que toi*; cela me fâche de voir qu'il ne saura pas suivre un air. Mais je lui passe de ressembler en cela à son père, pourvu qu'il ait un aussi bon cœur, qu'il sache aussi bien aimer, qu'il ne songe guère à lui et beaucoup aux autres. Il est vrai que tu penses plus à ta femme qu'à tout l'univers. Je voudrais que mon fils n'aimât pas la sienne si exclusivement, car alors sa mère serait un peu négligée. N'oublie pas d'écrire à la tienne. »

« Mercredi.

« M. Philippe m'a reçue on ne peut plus honnêtement, en me répétant qu'il ne fallait pas te presser de le payer, qu'il attendrait sans se gêner. M. Coste m'a promis de m'envoyer demain un modèle de reçu. Je voudrais bien que ces deux mille trois cent cinquante livres fussent sorties de ses mains; qu'en ferons-nous? Si je pouvais placer mille écus et payer le loyer, je serais contente; mais comment faire? Je n'ai plus que sept louis et demi; je dois des souliers à toi et d'autres articles qui vont au moins à quarante-huit livres; de plus, je voudrais faire un cadeau à ta sœur d'une robe de Florence. Ménage bien tes nippes, pour n'en pas acheter d'autres.

« Je t'écris au milieu des enfants et de la conversation, qui roule sur l'amitié. L'on prétend qu'il n'y a point de véritables amis; moi j'en ai un.

« Adieu, adieu, le bruit augmente, on parle des bossus maintenant, je barbouille, mais je t'embrasse bien fort.

« Ta JULIE. »

(Toute l'ambition de Julie serait de placer mille écus; comment y arriver, d'après le compte rendu des besoins que nous avons sous les yeux?

Cette somme de deux mille trois cent cinquante livres,

provenant d'une dette payée par la mère d'André à son fils sur le domaine de Polémieux, est absolument tout ce que le ménage possède en ce moment.

On a beau se répéter que l'argent valait en 1802 plus qu'en 1869, il est difficile de se faire illusion sur une situation si voisine de l'extrême gêne; et pourtant Julie veut offrir un cadeau à sa belle-sœur, et elle écrit quelque part : « Ah! sans ma santé, nous serions trop heureux ! »)

De Mme veuve Ampère à André.

« Je t'avoue, mon cher ami, que je n'avais pas encore eu le courage de t'écrire; cette séparation m'a été si sensible que j'ai été plusieurs jours sans savoir si j'existais. Seule au monde, je me voyais isolée, confinée dans mes montagnes; je ne saurais pas te définir mon état. La mort de ton oncle vint là-dessus et me rappela tous mes malheurs. Je suis un peu revenue à moi en apprenant que tu te portes bien, que tu es fêté, qu'on te prépare ton déjeuner, qu'enfin la Providence te veut où tu es, et qu'il faut garder l'espoir de nous revoir, car l'éloignement n'est pas si grand.

« Je compte sur ta femme pour s'occuper de l'affaire de Guérin avec M. Coste. Je suis gênée dans ce moment, il faut attendre.

« Combien je te plains, mon cher enfant, d'être séparé de ta Julie; mais, à cause de sa faible santé, je la verrais partir avec peine. Qui est-ce qui aurait soin d'elle là-bas? Ce ne peut être toi, ton travail t'en empêcherait, et sa famille s'inquiéterait en la sachant trop souvent seule. Ta femme s'accoutumerait bien vite partout, si elle n'était pas si délicate, mais, dans sa situation, les ennuis influent bien plus sur le tempérament. Je t'afflige, mon pauvre Ampère, c'est pourtant la tendresse que j'ai pour vous deux qui m'empêche de désirer votre réunion.

« Adieu, pense souvent à nous. N'oublie jamais ta première mère, qui t'a protégé plus d'une fois et que 'invoque pour toi, du meilleur de mon cœur. Tu sais combien ta tante et ta sœur te regrettent.

« Veuve AMPÈRE. »

D'André à Julie.

« Bourg, lundi 29,

« Mon amie, c'est bien aujourd'hui la veille de ma fête, et j'ai reçu le plus charmant bouquet qu'on puisse imaginer. Que tu es bonne, ma tendre Julie, de m'envoyer une si aimable lettre, au lieu de me faire des reproches, comme les dames de ce pays-ci en font sans cesse à leurs maris de ce qu'ils ne les aiment pas assez !

« Tu me dis de me bien tenir dans la maison où je suis. Je ne vois pas pourquoi ils ne voudraient plus de moi : je donne au moins trois heures et demie par jour à leurs élèves; après cela, trois leçons particulières de géométrie et de mathématiques; enfin mon cours public de quatre à six heures, dont les préparatifs me prennent beaucoup de temps; par dessus tout, ce qui m'absorbe davantage, c'est la correction des copies de seize élèves d'arithmétique; j'y perds toutes mes soirées. Si je puis mettre incessamment ces jeunes gens à l'algèbre, je les défie bien de me donner tant d'ouvrage à repasser.

« Je ne brûle pas du tout mes affaires, et ne fais de la chimie qu'avec ma culotte, mon habit gris et mon gilet de velours verdâtre.

« La sœur du grand mathématicien Prony est mariée à un monsieur de Bourg qui a suivi mon cours et m'a témoigné beaucoup d'amitié. Je lui avais demandé, avant d'aller à Lyon, une lettre de recommandation pour Prony; la voici. Si M. de Jussieu apprend cela, ne lui semblera-t-il pas que je n'ai point regardé sa protection comme suffisante ?

« J'ai reçu sept louis du mois précédent, douze livres qui étaient restées en arrière de l'autre, et vingt-sept francs de la contribution des élèves de l'École centrale. Peut-être pourrai-je ajouter à cela l'argent de M. Blanchard qui me doit vingt et un francs. En ce cas tu recevrais neuf louis, car, pourvu qu'il me reste dix à douze livres pour parer aux besoins imprévus, c'est tout ce qu'il me faut.

« J'attends Noël comme les Juifs le Messie.

« Ma charmante, aime-moi, car je ne vis que pour cela ; baise bien le petit.

« A. Ampère. »

(En comptant les nombreux travaux qui remplissaient les journées d'André, on se demande comment le courageux jeune homme trouvait le temps de méditer ses découvertes, de rédiger ses manuscrits, de corriger ses épreuves et d'entretenir sa correspondance conjugale.

« Dix à douze livres pour parer aux besoins imprévus, c'est tout ce qu'il me faut », dit-il. Quand il s'agit de faire la part de Julie, son cœur est aussi ingénieux mathématicien que son cerveau.)

De Julie à André.

« Lyon.

« Mon ami, personne à Bourg ne sent comme toi ; tu es seul à penser à ceux qui t'aiment, tandis qu'ici j'ai la consolation de trouver beaucoup d'amis qui regrettent et me parlent de mon mari.

« Me voilà chez maman, au Griffon. Je suis bien, mais tu n'y es pas, pouvons-nous rester longtemps ainsi!

« Notre enfant se porte bien, très-bien, c'est le plus grand de tous les bonheurs; sans celui-là que ferions-nous des autres? Je donne à ma mère trois louis par mois; elle reçoit comme argent les provisions que je peux lui fournir; elle a été porter à M. Petetin quatre louis, en lui disant que, s'il n'acceptait pas, je serais mortifiée : « Eh bien, partageons pour ne pas la fâcher », a-t-il répondu. J'admire sa délicatesse : deux louis ne sont rien pour lui; il a fait plus de soixante-cinq visites.

« Le petit songe à toi; on sent qu'il t'aime de toutes ses petites facultés. Hier, il rêvait à son papa, il l'avait vu, lui apportant une charrette avec des chevaux gris, et il pleura en s'éveillant de voir tout disparaître.

« Adieu,

« JULIE. »

D'André à Julie.

« De Bourg, dimanche.

« J'ai lu ce matin la loi d'organisation des lycées. Il y aura une classe de mathématiques transcendantes qui ne peut être bien faite par aucun de ceux que je sais devoir se présenter avec moi. Malheureusement elle sera mieux payée que les autres, et peut-être viendra-t-il des concurrents de Paris? Je repasse tant que je peux mes mathématiques transcendantes à l'aide des livres que j'ai achetés ici. J'y ai travaillé depuis six heures, mais, ayant été à la messe à dix, les occupations se sont enfilées et je n'ai pu m'y remettre encore. Par une négligence impardonnable, j'ai oublié de faire partir une lettre écrite depuis huit jours que j'adressais à Polémieux. J'avais promis à maman bien des détails sur ma position ici; le temps m'a manqué; j'espère que tu auras suppléé à mon silence.

« Mon pauvre petit rêve donc que son papa lui fait de jolis cadeaux, tandis qu'il ne peut lui envoyer que des baisers. Donne-lui en beaucoup de ma part, je te les rendrai à Noël à tant d'intérêt que tu voudras.

« Mme Olivier, qui a dans la maison la surintendance du linge, a fait prendre le mien C'est encore une bonne petite économie qui n'est point à dédaigner. Elle vient d'autant plus à point que je ne serai pas en avance d'argent, jusqu'à ce que je reçoive quelque chose du gouvernement qui ne se presse pas.

« AMPÈRE. »

De Julie à André.

« Lyon, vendredi.

« Il faut à présent me remuer, m'agiter, pour faire parvenir une lettre à Polémieux, que je demande depuis que tu es parti, et que monsieur l'affairé n'a pas pensé à envoyer plus tôt, ce qui, soit dit en passant, n'est pas excusable. Mais revenons ; vous écrivez à votre mère : « Je pense que Julie t'a donné des détails sur ma posi-« tion, qu'elle t'a conté l'affaire de Guérin, etc., etc. »; et moi, mon cher monsieur, je sais que Julie avec sa patraque de personne, son déménagement, des occasions très-rares pour Polémieux, un petit à garder, des commissions à faire, n'a pas un instant, et lorsqu'elle vous écrit, il faut bien que ce soit pour vous qui êtes son mari qu'elle aime, pour en trouver le temps. En vérité les jours sont trop courts !

« Le port de ta lettre a coûté huit sous, celle de M. Bencot douze. Je croyais que tu faisais tout cela par distraction ; mais puisque tu y penses, c'est bien ; autrement tu me ruinerais et je me hâte de te dire que je ne veux pas être ruinée. Tu m'as fait peur en avouant d'un air indifférent que tu n'es pas trop bien en argent ; n'as-tu pas déjà convoité de me reprendre celui que tu m'as envoyé ? Je suis bien aise d'avoir été assez rusée pour m'en douter, car je te dirai toujours que je n'en ai plus, il faudra bien que tu le croies, mais je m'amuse à bêtiser. Je suis pressée de faire partir la lettre de ta mère en y ajoutant quelque chose, afin qu'elle ne demeure pas persuadée, aussi bien que son fils, que je passe ma vie à rire, à chanter, à penser à ma toilette et à être trouvée jolie dans les brillantes sociétés où je vais, où je suis sans cesse; aussi je te quitte ce soir, tu le mérites bien, en t'embrassant de tout mon cœur. »

« Samedi matin.

« Si tu devines aujourd'hui ce qui se passe dans mon cœur, tu y verras que je t'aime comme mon meilleur ami, comme celui de qui j'attends la plus grande moitié de mon bonheur, qui est le père de mon fils, celui que j'ai choisi volontairement pour mon compagnon de bonne ou mauvaise fortune.

« Adieu, ton petit répète qu'il faut te dire : « J'aime
« bien mon papa, s'il vous plaît. »

« Adieu,

« Ta JULIE. »

D'André à Julie.

« Bourg, mardi.

« Je te remercie de ta jolie lettre ; Mme de Sévigné n'en écrivit jamais de plus aimable, mais tu auras beau être rusée, je trouverai bien moyen de grapiller de quoi donner des étrennes au tiers et au quart. Quand j'irai recevoir les deux mille trois cent cinquante livres, je pourrai faire ferrer la mule tout à mon aise, et puis enfin il faudra bien qu'on me paye mes honoraires. J'ai déjà écorné mes douze francs pour le port d'une lettre de Derion, qui te fera plaisir, la voici ; tu y verras que je serai nommé au Lycée.

« Si tu savais combien mes concurrents sont loin d'être ce que je pensais ! Que de choses j'ai découvertes là-dessus en causant avec M. Clerc de M. Roux, et en le sondant lui-même sans qu'il se doute de mon but !

« A. AMPÈRE. »

(Notre amoureux mari va un peu loin, quand il compare le style de sa femme à celui de Mre de Sévigné ; mais il est vrai que le cœur de Julie trouve parfois des accents d'une grâce incomparable.)

D'André à Julie.

« Bourg, jeudi soir.

« Comment t'expliquer, ma Julie, le désagrément que j'ai éprouvé aujourd'hui? Dieu sait combien tu m'as répété de relire mon ouvrage; je n'ai jamais eu le temps. Eh bien, une faute m'est échappée dans le calcul des pages dix-huit et dix-neuf. Je reçois à l'instant une lettre de Lacroix et de Laplace ; le premier me fait les remercîments de l'Institut ; le second en post-scriptum, dans la lettre de Lacroix, fait l'éloge de mon travail, mais reprend sévèrement cette faute, avec des expressions qui me font craindre qu'il ne l'attribue à ma mauvaise manière de raisonner, plus qu'à une distraction.

« J'avoue que j'ai répété deux fois cette erreur parce que j'ai recopié un faux résultat sans le vérifier. En lisant ce post-scriptum, j'ai cru lire ma condamnation : j'ai vu ma place au Lycée et ma réputation perdues ; mais je me rassure en comprenant que cette faute n'influant en rien sur le reste de l'ouvrage, je pourrai tout réparer en écrivant d'abord une lettre à M. Laplace, où je le remercierai de ce qu'il a examiné mon mémoire et corrigé mon erreur dont je conviendrai franchement, en m'excusant s'il est possible sur le peu de temps que j'ai eu pour composer et corriger cet ouvrage, imprimé à Lyon pendant que j'étais à Bourg, occupé d'un cours de physique ; ensuite, quoi qu'il en puisse coûter, et malheureusement il ne m'en coûtera pas d'argent, MM. Périsse consentiront à réimprimer un carton, c'est-à-dire un feuillet qu'on substitue dans chaque exemplaire à celui qui contient l'erreur. Ma réputation, ma fortune en dépendent; si je ne puis pas montrer mon œuvre corrigée, on croira partout qu'elle n'a pas le sens commun, et cela pour une seule étourderie, puisque cette erreur se trouve rectifiée plus loin dans la solution du problème qui suit celui où je l'ai commise; et M. Laplace, pour la découvrir, n'a eu qu'à rapprocher du passage erroné celui où je donnais le véritable résultat.

« Que cette lettre va te faire de peine, ma charmante amie; mais pouvais-je te cacher tout cela! Comment sans toi réparer le mal! Tu sens combien la célérité est nécessaire : il faudrait que je pusse envoyer des exemplaires corrigés à l'Institut avant que MM. Delambre et Villars achevassent l'organisation du Lycée de Lyon. Je t'envoie la lettre que j'ai reçue ce matin; observe que Laplace a lu tout l'ouvrage et n'y a trouvé que cette erreur; il approuve tout le reste, ce qui laisse ma théorie entière.

« Ma Julie, je me console en pensant que je n'en suis pas moins l'objet de ton amitié, tu es si bonne d'en avoir encore pour ton sot mari.

« A. AMPÈRE. »

« J'ai fait un compte de ma recette et de ma dépense, qui ne diffère que de quatorze sols des douze livres qui me restaient; tu le trouveras dans cette lettre, car il m'a semblé que je devais en être tout glorieux. »

(En dépit de sa mésaventure, André a raison d'être fier de l'exactitude de ses comptes; ses efforts en ce genre ne devaient pas être toujours couronnés du même succès.

En 1829, quand le grand mathématicien, atteint des premiers symptômes d'une maladie de larynx, voyageait sur la route d'Hyères, où il allait chercher le repos et le soleil, assis au fond d'une calèche à côté de son fils qui l'accompagnait, il se chargeait volontiers de payer les postillons. Aux portes d'Avignon, dans ce pays déjà méridional, où le langage populaire se colore et s'accentue d'épithètes énergiques, André Ampère essayait laborieusement de régler ses frais de route ; mais d'un côté la distraction, de l'autre l'impatience, embrouillaient incessamment toutes ses additions.

L'affaire s'arrange enfin au gré de l'Avignonnais, qui reçoit son pourboire et dit d'un air de superbe dédain : « En v'là un *mâtin* qui n'est pas malin ! Où celui-là a-t-il appris à *carculer* ? »

« Tout entier à l'admiration que m'inspirait le génie de mon père, disait notre ami en rappelant ses souvenirs, je écoutais parler sur la classification des connaissances humaines quand cet incident vint nous interrompre. »)

De Julie à André.

« Lyon.

« Ayant été fatiguée de douleurs de poitrine, j'ai envoyé chercher M. Petetin, qui m'a ordonné de garder le lit. D'après cela, je ne suis pas très-forte pour supporter les mauvaises nouvelles. J'ai donné ta lettre à mes cousins; je ne doute pas qu'ils ne se prêtent à ce qu'il faut refaire. Mais j'ai peur que cela ne soit terminé beaucoup trop tard. Je remets tout entre les mains de la Providence, car la maladie ne vous rend propre à rien. Le docteur assure que je n'ai qu'un rhume, qu'il doit être soigné pour qu'il ne tourne pas en fluxion de poitrine. Il me fait prendre des cloportes et de la racine de persil dans de l'eau de poulet.

« Ce premier germinal me sera plus salutaire que tous les remèdes si tu es nommé au Lycée.

« Ballanche n'est pas venu, peut-être savait-il quelque chose des examinateurs. Ne sois pas inquiet; étudie les mathématiques sans trouble.

« Adieu.

« Ta JULIE. »

D'André à Julie.

« Bourg, vendredi.

« Quel poids me laisse sur le cœur le court séjour que j'ai fait à Lyon ! que je te vois peu heureuse ! Il faut que tu gardes toutes tes pensées, tes peines pour toi. Pendant quelque temps j'ai été celui qui t'inspirait le plus de confiance ; en est-il toujours ainsi ? Ma Julie, pour me retrouver possesseur de ton âme tout entière, rien ne me coûterait au monde ; je te promets de devenir plus vertueux, afin que tu m'aimes davantage. Toutes mes leçons ont déjà repris leur train ; si j'ai gagné de doux souvenirs, j'ai perdu l'espérance d'aller te voir bientôt.

« Il faut à présent porter mes désirs sur un avenir éloigné de six semaines. Comment t'es-tu trouvée d'avoir été réveillée au milieu de la nuit ? Peut-être n'as-tu pas pu te rendormir ! Peut-être as-tu été bien fatiguée hier ; et, encore à présent, qui sait si tu n'es pas obligée de rester couchée, tandis qu'après avoir bien dormi je viens de bien déjeuner auprès d'un bon feu. Je tremble en te donnant des commissions, quelque nécessaires qu'elles me soient. »

« Samedi matin.

« Mon amie, tu as sûrement trouvé ma bourse, que j'ai laissée dans mon habit bleu. Je te prie d'envoyer le plus tôt que tu pourras Marie au bureau de la diligence, sur le quai Saint-Vincent. Elle remettra de ma part à M. Meyrel quarante sols pour ma place, que je n'ai pas payée. Tu sens que je serais resté dans l'embarras si j'avais manqué le courrier ; on me dit, en arrivant à Châtillon, qu'il venait de partir ; je courus de toutes mes forces, et comme il y a une montée très-rapide en sortant du côté de Bourg, et que cette montée retarda le cheval, je l'atteignis heureusement. Je suis arrivé à sept heures trois quarts, peu fatigué, car le temps avait été superbe et le chemin assez beau. . . . J'espère que le petit pourra se promener. Et la pauvre Élise, où en est-elle de ses idées noires? Te boude-t-elle toujours, pour t'affliger et faire son propre malheur !

« Ma bonne Julie, tous les ennuis te viennent à la fois : ta tatan malade, inquiétudes de toute espèce. Ah ! que je sens bien tes maux, et que je m'en veux de ne pouvoir les soulager ! Du moins je travaille, et ce que je gagne te sera utile. Le pauvre petit t'a fait quelquefois plaisir. Je suis sûr qu'à présent, quand il te voit triste, il va avec ses petites mains pour embrasser sa maman. C'est ton seul bonheur; tu en auras d'autres Je serai du Lycée, voilà la perspective dont je voudrais que tu t'occupes; voilà l'idée qui me reste pour m'aider à prendre patience jusqu'à cet heureux moment; mais toi, tu n'as pas comme moi des souvenirs de bonheur à opposer aux peines qui te poursuivent. Tu souffres sans en être dédommagée par aucune jouissance, et les douleurs que tu as éprouvées t'en font toujours craindre de nouvelles. Ma Julie, ma bienfaitrice, c'est là le nom que j'aime à te donner, tes jours ne couleront pas toujours ainsi, tu seras heureuse, oh! bien heureuse!

« Il faut que je te quitte, ma charmante amie, pour penser à ma leçon de demain matin. J'ai veillé aujourd'hui, ce que je ne fais plus; mais aurais-je pu dormir avant de t'avoir dit tout ce que j'avais dans le cœur!

« Adieu, tu sens comme je t'embrasse.

« A. AMPÈRE. »

De Julie à André.

« Lyon.

« Mon bon ami, tu es bien empressé de savoir des nouvelles de ta femme, et ta femme ne l'était pas moins de recevoir des tiennes. J'entendis sonner cinq heures après ton départ, je m'endormis un peu et fus bien attrapée en me réveillant de ne plus t'avoir à côté de moi. . . . . . . Comment as-tu fait ton voyage sans un sol sur toi, si tu n'as rencontré personne de ta connaissance dans la diligence? . . . .
. . . .
« Notre pauvre Élise est bien avec maman; pour

moi, j'ai démérité sérieusement, et je me tiendrai tranquille jusqu'au moment où je sentirai que mes avances ne seront pas rebutées. . . . .

. . . .

« Ma jambe ne me cause qu'une petite douleur, mais elle est si faible que je ne puis m'appuyer sur elle. Ma poitrine va mieux.

« Ta JULIE. »

D'André à Julie.

« Samedi soir.

« Je suis allé aujourd'hui solliciter le préfet d'accorder des fonds pour le cours. En faisant le compte avec M. l'Ecuyer, j'ai trouvé que les cent francs alloués au commencement étaient mangés et au delà, en sorte qu'il faut encore en obtenir cent pour pouvoir continuer les expériences. J'espère que le préfet les donnera, sinon je serais bien fâché d'avoir acheté tant de verreries. Si les élèves étaient obligés de fournir cet argent, ils auraient raison de croire que je n'ai pas assez ménagé leur bourse. J'espère recevoir des fonds demain, quoique le préfet, au lieu de m'en promettre, se soit amusé à me plaisanter en me disant qu'il en délibérerait *avec sa femme*.

« En attendant, je ne ferai point d'expériences, mais seulement des raisonnements à mon cours de physique.

« Les leçons d'algèbre me paraissent bien plus agréables

que celles de chimie, et j'espère n'en pas professer d'autres à la suppression des écoles centrales. A mesure que la chimie perd pour moi le charme de la nouveauté, je sens mieux que cette science est réellement fatigante pour celui qui veut l'enseigner comme il faut. Les dépenses dont on a le souci, la préparation des expériences, et le chagrin qu'on a de temps en temps de les voir manquer, tout cela en dégoûte un peu.

« La nouvelle que tu m'as donnée de la petite Jenny Carron m'a fait du chagrin. Tu sais ce que nous disions sur la possibilité qu'elle fît un jour le bonheur de Jean-Jacques. Il me semble que ce malheur, s'il arrivait, serait comme un triste présage, et que ce pauvre enfant serait destiné à perdre celle qu'il aimera avant d'être heureux. Ah! que Dieu l'en préserve! »

« Lundi.

« J'ai reçu ce matin les cent francs du préfet. Ce qu'il y avait de préoccupant, c'est que, sans cet argent, il fallait me décider à faire de nouvelles avances ou bien à cesser le cours.

« Mais voici bien une autre nouvelle : on dit que les examinateurs de Moulins arrivent à Lyon. Tu sens de quelle importance ceci est pour moi : si cet *on dit* est vrai, je partirai incessamment pour leur être présenté, et il faut t'attendre de jour en jour à me voir arriver. Quel bonheur! je passerai peut-être la semaine prochaine auprès de ma bienfaitrice.

« On ajoute que M. Roux sera proviseur; encore une heureuse chance!

« Je t'embrasse tout en joie.

« A. AMPÈRE. »

(La plaisanterie de M. le préfet me semble d'assez mauvais goût; il s'amuse un instant de l'importance naïve que le jeune professeur attache au succès de sa modeste requête, sans savoir deviner que, sous ce timide empressement, sous la gaucherie du solliciteur se cache un intérêt d'un ordre supérieur, l'attrait scientifique de ses expériences à poursuivre et l'instruction de ses élèves.

Le premier fonctionnaire de la ville de Bourg aurait été plus excusable s'il n'avait pu retenir un sourire en lisant comme nous les réflexions d'André au sujet du mariage de J.-Jacques, alors âgé de deux ans et demi.)

De Julie à André.

« Lyon, jeudi.

« Mon ami, Marsil a fait partir dix de tes feuilles avec autant de lettres pour les différents libraires de Paris.

« Ballanche n'est pas venu, peut-être savait-il quelque chose des examinateurs! Parle-moi aussi des espérances de M. Clerc.

« Ta dernière lettre m'a fait sentir tout le plaisir qu'on éprouve en lisant dans un cœur qui vous aime. Il n'y a plus qu'à toi, au contraire, que je dise tout; je n'aurais point non plus de secrets pour maman, mais trop de choses seraient un sujet de peine pour elle.

« Élise est bonne, excellente, malheureusement me croit au-dessous d'elle par le sentiment : cela gâte un peu notre intimité. Mon ami, nous sommes faits l'un pour l'autre; si je me portais bien, nous serions trop heureux!

« Tu crois m'avoir envoyé trente-huit louis depuis les vacances : j'ai tout compté, tu m'as donné cinquante-quatre louis et seize francs.

« Je ne m'attendais pas à te voir si bien payé. Que je dépenserais ton argent de bon cœur pour que tu puisses avoir une femme comme une autre, qui jouisse avec toi et son enfant de tant de petits plaisirs qu'une mauvaise santé empoisonne. Oh! oui, c'est bien triste d'être toujours un objet d'inquiétude pour les miens, pour toi, mon pauvre ami, qui me vois souffrante, ennuyée, parfois injuste. Dieu le veut, il faut se soumettre. Oui, j'aurais été trop heureuse s'il m'avait laissé des forces : un bon mari, un enfant charmant, la meilleure des mères, aimée, chérie de toute une famille; n'est-ce pas que c'était trop de bonheur? Je le sens, car, malgré mon état, je suis plus attachée à la vie que jamais : c'est parce que je t'aime davantage et mon petit aussi, et que je suis sûre que tous deux vous avez besoin de moi pour être heureux! Mais changeons de sujet, celui-là m'attendrit; tu sentiras comme moi ton cœur se serrer en me lisant.

« N'oublie pas de remercier de Gérando ; sa lettre aux examinateurs était celle d'un ami.

« Ta JULIE. »

(Ces quelques lignes à l'adresse d'Élise nous montrent que les orages qui s'élèvent entre les deux sœurs finissent toujours par un redoublement d'affection :)

« Bien bonne, bien chère Élise, — écrit Julie, — j'ai trouvé en arrivant à la maison mon cousin Laîné et ta lettre, qu'on ne me donnait pas, mais je l'ai devinée et demandée. Pouvais-je douter de ton cœur, qui sait si bien aimer? Ah! comme tu devrais toujours te dire que ta sœur est ta meilleure amie! que *rien*, *rien* ne la fera changer; que, si elle te prouve mal sa tendresse, elle ne la ressent pas moins vivement, et que ton bonheur et le sien sont à jamais inséparables l'un de l'autre. »

D'André à Julie.

« Bourg, dimanche.

« Ma charmante amie, j'ai reçu ta lettre ce matin avec celle de Marsil; quelle complaisance de sa part! Tout va bien cette fois; c'est un grand bonheur que j'aie corrigé ces quatre pages, qui étaient la partie la plus négligée de l'ouvrage, quoiqu'une des plus importantes; ce sera maintenant la plus soignée.

« Mais que je suis inquiet de ta situation! Il faut être cloué comme je le suis ici par l'attente de ces commissaires pour ne pas aller te voir au moins un seul jour. Ma pauvre Julie, ma bienfaitrice, je me reproche de t'avoir écrit des choses qui t'ont préoccupée. Grâce à MM. Périsse, ma sottise n'aura point de suites funestes; peut-être qu'au contraire tout cela engagera-t-il M. Laplace à faire plus d'attention à moi.

« Je voudrais être aussi sûr que ta santé sera parfaitement rétablie au premier germinal que je suis certain d'être nommé au Lycée de Lyon. En attendant, j'ai commencé un nouveau travail; car c'est le moment d'étudier, quand je suis loin de toi. Ne me servirait-il jamais de rien, j'aurai toujours gagné les connaissances acquises en le préparant.

« Que ta lettre m'a attendri, ma pauvre petite! Ton

mari et ton fils te font chérir la vie; tu sais bien que tu es tout pour eux.

« Le beau temps m'inspire la tentation de me procurer un grand bonheur : qui m'empêcherait d'aller dimanche à Lyon, pour revenir mercredi, si je ne faisais sauter à mes élèves que les deux leçons des jours gras, pendant lesquels on n'étudie guère? Les examinateurs, j'espère, ne viendront pas juste dans ce moment; mais ce projet dépend de tant de circonstances qu'à peine osé je m'en flatter.

« Ah! que tes lettres me sont précieuses! Quand viendra l'heureux temps où je n'en aurai plus besoin!

« Je me sens le cœur serré d'une tristesse qui a du moins cela de bon qu'elle me dispose à la dévotion. Je pense, depuis que je t'ai quittée, à ce que tu attends de moi; tu ne sais pas combien cela, dans la position où se trouve mon esprit, exige de réflexions.

« Je suis, au reste, bien déterminé à le faire; mais qu'il m'en coûte de ne pouvoir te communiquer toutes mes pensées! Ce n'est pas un sujet à traiter par lettres. »

« Lundi soir.

« Tu me dis de réfléchir, je ne le fais que trop; mon esprit n'est plus libre du tout, à peine puis-je travailler.

« Je regarde cette démarche comme des plus importantes. Puis-je la faire au hasard, pour vivre ensuite comme si je ne l'avais pas faite? Je me repens pour ta tranquillité de t'en avoir parlé si tôt. Si j'étais sûr que tu m'aimeras un jour comme autrefois, je serais tranquille, et je saurais du moins travailler à mon aise.

« Tu conviendras que ce serait bien bête, pour une fois, de donner ma confiance à quelqu'un que je ne reverrai jamais, surtout lorsque je ne rencontre personne qui m'en inspire.

« Retrouverai-je dans ma vie des baisers sur tes lèvres comme ceux que tu me donnas à mon arrivée à Lyon? Tu vas me prendre pour un fou de changer ainsi d'idées, mais ma plume obéit à mon esprit tourmenté d'agitation. Ma Julie, ma Julie, penses-tu à moi à présent ?

« Je suis résolu à faire ce que tu désires, mais décidément cela ne se peut que quand je serai à Lyon.

« ANDRÉ AMPÈRE. »

De Julie à André.

« Lyon, mardi.

« Tu me dis, mon ami, que tu te disposes à faire ce que j'espère de toi. Si mes prières sont exaucées, cela te causera autant de plaisir que j'en éprouverai moi-même à te retrouver comme je t'ai toujours connu. Tu as peur, ajoutes-tu, que je ne doute de ta tendresse. J'ai un sentiment intérieur qui m'assure que ta Julie te sera toujours chère, que rien ne pourra jamais te faire oublier les moments que tu regardais comme le comble de la félicité : je parle de ceux où, réunis par la confiance, nous lisions dans le cœur l'un de l'autre. Oui, mon ami, ce sont là les courts instants de mon bonheur ; je les partageais avec toi et je les sentais peut-être encore plus délicieusement. Pourquoi s'imaginer qu'ils ne reviendront plus? Il est vrai que les discussions sur différents sujets, la difficulté de te persuader de ce que je pense, tout cela absorbe le temps et l'esprit, et empêche les communications intimes. Mais, mon bon ami, nous ne serons pas toujours, j'espère, dans une position si difficile ; ton esprit sera moins agité aussi; tu deviendras raisonnable *solidement* en prenant des années et en voyant grandir ton enfant, à qui tu devras l'exemple et qui te demandera compte de tes opinions. Pour les lui expliquer clairement, il faudra bien en être convaincu toi-même. Je vois tout cela dans l'avenir; je me vois paisible au milieu de vous deux, que je regarde comme mes fils, car les maux m'ont vieillie et m'ont laissé le loisir de faire des réflexions qui ont mûri ma raison. Ainsi, quoique nos âges se rapprochent, crois bien que ta femme a dix ans de plus que toi. Cela peut être pris dans tous les sens, car la fraîcheur, l'activité, la gaieté, les grâces de la jeunesse, tout est disparu ; mon cœur est le même, il t'aimera toujours, et cela te suffit, n'est-ce pas, mon bon André ? Je t'embrasse à cette pensée, et tu me réponds de même.

« Je sens que nous sommes d'accord.

« Je fus hier à notre paroisse, c'est-à-dire à l'église où nous parûmes devant la municipalité. Je n'y avais pas été depuis, et cela me rappela bien des choses. Je demandai à Dieu que nous soyons toujours réunis comme nous l'avons été jusqu'à ce jour.

« Ta JULIE. »

D'André à Julie.

« Bourg, dimanche.

« Combien la lettre que je viens de recevoir était nécessaire à mon repos ! Ils reviendront ces moments délicieux que tu peins si bien. Tout ce que tu me dis relativement à la manière d'élever mon fils est vrai, mais j'ai le temps de mettre en ordre ma tête d'ici là, et sûrement je n'attendrai pas le moment où j'aurai des instructions à lui donner sur ce sujet, pour les suivre moi-même.

« Pourquoi dis-tu, ma Julie, que ta jeunesse est passée ? Est-ce qu'elle ne t'embellit pas de tout ce qu'elle a d'agréments ! Il ne te manque qu'une santé moins languissante, et j'espère que ce printemps te la rendra, surtout si nous pouvons être ensemble à la campagne ; c'était le doux rêve que je faisais déjà l'année dernière pour les vacances ; c'est celui que je caresse à présent pour le mois prochain.

« Serais-je trompé encore ? S'il en était ainsi, tu irais seule et loin de moi ; je me consolerais en pensant que tu y respires un bon air et que tu n'as pu revoir ni le petit verger, ni le bosquet du jardin d'en haut, ni l'amandier où tu m'as pleuré, ni tant d'autres endroits peuplés de souvenirs, à Saint-Germain ou à Polémieux, sans songer à ton ami. Tu m'aimeras toujours : voilà la ligne de ta lettre qui m'a tranquillisé, après m'avoir arraché de douces larmes. »

« Lundi soir.

« Je te prie de m'envoyer mon pantalon neuf, pour que je puisse paraître devant MM. Delambre et Villars. Je ne sais comment faire : ma jolie culotte sent encore la térébenthine, et ayant voulu mettre mon pantalon aujourd'hui pour aller à la Société d'émulation, j'ai vu le trou, que Barrat croyait avoir raccommodé, devenir plus grand qu'il n'avait jamais été, et découvrir la pièce d'une autre étoffe qu'il a mise dessous. Tu vas craindre que je ne gâte mon beau pantalon; mais je te promets de te le renvoyer aussi propre que je l'aurai reçu. J'ai touché ce matin sept louis du gouvernement. Comme j'ai dépensé presque tout ce qui me restait en affranchissement de paquets, j'en garde un pour moi, sur lequel je te renvoie sept livres dix sols pour les livres.

« Ce matin, à la Société d'émulation, on préparait une séance brillante pour les inspecteurs. M. le préfet m'a demandé deux fois si je n'aurais rien à lire sur les mathématiques.

« Il m'est venu de bonnes idées sur lesquelles je vais travailler vigoureusement.

« A. AMPÈRE. »

(Encore un nouveau travail commencé à l'intention de MM. Delambre et Villars. Il sera intitulé : *Mémoire sur l'application des formules du calcul des variations à la mécanique.*)

D'André à Julie.

« Bourg, Pâques.

« Qu'il est triste, ma Julie, que ta santé ne te permette pas d'aller à Polémieux dans les plus beaux moments de l'année! Quand j'ai mal à la tête à force de m'être fatigué à retourner de vingt façons des idées désespérantes, je vais faire un tour avec une de tes lettres.

Je suis tout de suite dans la campagne où je respire un air si doux! Les buissons se couvrent de fleurs, les prés et les chemins d'un vert si frais! J'ai passé entre deux haies embaumées de fleurs de mahabel, que j'aurais voulu que tu pusses respirer aussi.

« Avoue que le gouvernement avait bien eu raison de donner un peu de bon temps aux pauvres professeurs dans ce joli mois, et qu'ils ont été bien dupes de s'engager à rester sur une vaine espérance.

« M. Luc ne continuera son cours d'histoire naturelle que jusqu'à la fin d'avril; cela me fait plaisir; il me semble qu'en s'en allant il me rendra la liberté.

« J'ai composé des morceaux détachés pour mon ouvrage; mais ils ne sont pas encore mis en place, le plan tout entier en est tracé.

« Toutes mes pensées sont absorbées dans ces calculs, mais l'amour pour Julie ne quitte pas mon cœur.

« Je t'envoie six louis par Pochon; j'en garde un, parce que je ne sais si je n'en aurai pas besoin; les neuf francs que j'avais devant moi sont déjà bien diminués.

« Voici enfin le livre de Ballanche; il doit être bien en colère contre moi de l'avoir apporté ici et gardé si longtemps. Je vous conseille cependant, à toi et à Élise, de ne pas le rendre que vous ne l'ayez lu, surtout s'il ne faut que deux ou trois jours pour cela.

« A. AMPÈRE. »

De Julie à André

« Lyon.

« Mon ami, pendant ces fêtes, qu'as-tu fait loin de moi ? Sans doute tu as travaillé à tes mathématiques, ou bien à ranger ton cabinet, pour être prêt à revenir si ta nomination arrivait. Mais plus je l'attends, plus je crains ; je donnerais quelque chose de bon pour que tu l'eusses en portefeuille. A propos de portefeuille, n'oublie pas à Bourg ton congé définitif, ni les autres papiers dans ce genre. Ils sont bien précieux, puisqu'ils assurent notre tranquillité. J'ai fait porter l'autre jour ta lettre à Derion ; je ne l'avais pas ouverte, et j'en ai été fâchée ; car peut-être fallait-il y joindre un exemplaire de ton ouvrage, qu'on ne doit point épargner, puisqu'il ne s'en vend pas.

« J'ai vu M. Coupier tout frais émoulu de Claize-rolle ; il savait à peine la suppression des écoles centrales.

« Mes forces reviennent doucement ; je suis cependant un peu plus courageuse, je monte sans être aussi oppressée ; mes jambes sont moins tremblantes.

« Malheureusement, je ne puis pas encore aller à la campagne ; tu seras peut-être ici pour faire avec moi ce voyage tant désiré !

« Voici la balle de tout ce qu'il te faut pour être bien mis. Je te prie de ne pas découdre les doublures des manches de ton habit ; aie soin de tenir tes cravates propres, d'être bien chaussé, prends garde à tes pantalons, à ton gilet, à tes bas.

« Adieu, mon fils, je suis fatiguée et je t'aime.

« TA JULIE. »

D'André à Julie.

« Bourg.

« Mon amie,

« Depuis samedi, je n'ai pas eu un instant de liberté. Je vais te raconter tout ce qui s'est passé. MM. Delambre et Villars arrivèrent samedi à quatre heures. M. Clerc vint m'avertir que tous les professeurs iraient en corps à six heures. Nous n'y arrivâmes qu'à sept, et, les voyant prêts à se mettre à table, nous ne nous assîmes seulement pas. Je reçus quelques honnêtetés de plus, ainsi que M. Clerc; M. Villars me suivit pour me prendre la main. Dimanche, j'écrivis la suite de mon mémoire, et je fus ranger le cabinet et le laboratoire. Ils dirent à MM. Dupras et Olivier qu'ils visiteraient leur pension le lendemain lundi; l'examen des élèves a eu lieu hier et aujourd'hui.

« Je fus faire une seconde visite à ces messieurs, lundi matin, à neuf heures; j'en sortis à dix; je reçus un accueil très-distingué. L'un d'eux me dit que s'il y avait des machines au cabinet de Bourg qui pussent m'être utiles au Lycée de Lyon, il fallait que j'en donnasse la liste.

« Mes élèves n'ont pas mal répondu sur les mathématiques, mais ils avaient trop peu de leçons pour être forts ; ils l'ont été extrêmement sur tout le reste. Les inspecteurs, enchantés, après l'avoir témoigné de mille manières, ont fini par dire à MM. Dupras et Olivier qu'ils n'avaient point encore trouvé une pension qui valût la leur.

« J'ai causé aujourd'hui une bonne demi-heure avec M. Delambre, à peu près autant avec M. Villars ; juge comme je suis content de me voir sûr du Lycée.

« Mon ouvrage ne se vend pas, nous le savions bien d'avance ; ceux qui sont en état de le comprendre sont trop savants pour croire que je puisse leur apprendre quelque chose, en sorte que les uns voient l'ouvrage trop au-dessus d'eux, les autres trouvent l'auteur trop au-dessous, et personne ne l'achète.

« Je suis inquiet ; M. Petetin m'avait dit qu'il ne doutait pas que ta douleur ne se dissipât bientôt. Consulte-le de nouveau. C'est de mardi en quinze le 1er germinal. Cette époque si attendue me ramènera-t-elle auprès de toi ? te verrai-je guérie ?

« Rien de nouveau à l'égard de la fermeture des écoles centrales. Personne ne doute ici que les cours n'y finissent le 1er germinal. Si je suis nommé au Lycée, je serai bien aise d'avoir du temps devant moi pour repasser l'astronomie et les autres parties que je devrai enseigner en sortant d'ici.

« Le bonheur d'être auprès de toi vaut mieux qu'un traitement.

« A. AMPÈRE. »

D'André à Julie.

« De Bourg, samedi.

« M. Delambre, qui a fait sa visite au collége avec M. Villars, m'a dit : « Tout ce que je vois de vous con-
« firme l'idée que j'en avais conçue. Je vais à Paris
« porter la liste de mes observations sur ceux qui se
« présentent. Votre place est à Lyon. Le gouvernement
« n'a rien changé encore à tout ce que j'ai fait ; certai-
« nement il ne commencera pas à propos de vous ;
« d'ailleurs je serai là et j'y veillerai. »

« Ce que dit M. Delambre ne varie plus ; ma nomination n'est donc pas susceptible du moindre doute.

« Resterai-je à Bourg pour gagner soixante francs par mois et sans savoir si ces MM. Dupras et Olivier se soucient de m'y retenir ? Ils m'avaient pris pour donner des leçons jusqu'à l'examen qui vient d'avoir lieu ; qu'est-ce que ma présence leur rapporterait à présent ?

C'est bien toujours la même amitié, les mêmes égards ; mais faut-il attendre, pour me retirer, qu'ils aient réellement envie que je m'en aille ? ne vaut-il pas mieux prévenir ce moment ?

« Il faut nécessairement que je retourne à Lyon, que j'y termine l'ouvrage que j'ai promis à M. Delambre. Je me passerai de revenu pendant deux ou trois mois, mais il me reste trois cent trente-six livres à recevoir ; nous vivrons là-dessus jusqu'au Lycée. Ces messieurs m'ont dit que ma place me rendrait plus de cent louis dès la première année, et bien davantage ensuite, sans compter le logement.

« Pendant deux mois je ne gagnerai donc rien, car, loin de chercher à prendre des élèves, il ne faudra songer qu'à préparer mon cours et travailler à me faire une réputation qui m'assure un jour une fortune brillante. M. Delambre a commencé par être précepteur dans des maisons particulières. Il va quitter l'inspection générale de l'instruction publique, et il lui restera quatorze mille livres de rente pour les places qu'il occupe.

« A. Ampère. »

De Julie à André.

« De Lyon.

« Cher ami, je trouve à la fin de ta lettre un projet qui est pour moi la cause de bien des réflexions.

« Sans doute tes espérances du Lycée me paraissent très-fondées, mais tu n'y es pas encore ! Tu sais si je désire notre réunion au 1er germinal, mais il faut toujours consulter la raison avant son plaisir.

« Si le Lycée tarde quelques mois à s'établir, que feras-tu ici ? car il n'y a pas possibilité de donner des leçons au Griffon, à moins que nous ne partions toutes, et pas plus ma santé que le temps ne me permettent d'aller à Saint-Germain avant la fin d'avril.

« Tu penses que tu pourrais attendre le Lycée à la campagne. Ce n'est pas sage, car si un autre que toi était nommé, quelle pauvre mine aurais-tu de sortir de là pour venir picorer des élèves !

« Combien de choses ignorerais-tu, lors même que tu viendrais souvent à Lyon ! Tu vois que je trouve plus d'un motif pour te conseiller d'agir comme les autres professeurs.

« Nous n'entrons dans notre appartement qu'à la Saint-Jean. Le Lycée s'établira d'ici là, et si tu n'es pas nommé, tu seras tout de suite en mesure de donner des leçons sans avoir un air errant. Et puis, nous aurons bien besoin de l'argent que tu peux gagner; en nous mettant dans notre ménage, que de dépenses à faire! Tu as là-bas au moins soixante francs par mois, chez M. Dupras. Mon ami, ce n'est pas l'intérêt qui me domine, mais la *nécessité*. Voilà, mon pauvre André, toutes mes réflexions ; maintenant, je serai toujours contente de ta détermination; mais pensons plus au petit qu'à nous-mêmes.

« Que je serais heureuse de te voir, ne fût-ce que deux ou trois jours! J'aurai la force de supporter le plaisir et la peine ; je ne te répète pas combien j'en aurais s'il fallait que le 1er germinal passât comme un autre jour! Tu sais combien je l'attendais; t'en parler, c'est augmenter tes regrets. Adieu, mon bien bon Ampère; si tu restes, ce sera encore un sacrifice à ajouter à tant d'autres ; tu me fais tous ceux qui te coûtent le plus, aussi mon cœur les apprécie et te chérit bien fort. Adieu, mon fils, mon ami.

« TA JULIE. »

(Bon André ! il se meurt d'impatience et d'inquiétude à Bourg; se croyant sûr du Lycée, il veut tout quitter pour arriver à Lyon ; auprès de Julie, la fortune, la réputation lui semblent faciles à acquérir; les obstacles disparaissent; il fait un dernier rêve d'avenir heureux, tandis que sa femme perd ses forces de jour en jour, mais garde son courage et s'impose encore un sacrifice que commande la raison. Elle arrête l'élan si naturel et si vif de son mari ; et, avec ce sens droit qui l'a faite souvent stoïque et cette tendresse qui lui rend familiers tous les dévouements : « Tu crois, dit-elle, que tu pourrais attendre le Lycée à la campagne, ce n'est pas *sage* ; pensons plus au petit qu'à nous-mêmes »

Et la pauvre créature défaillante, qui plus que jamais aurait besoin de la présence et de l'appui d'Ampère, se refuse une pareille consolation pour obéir à la prudence maternelle, pour ne point exposer la situation morale du jeune professeur à perdre un peu de la considération dont elle veut le voir entouré.)

― ― ―

D'André à Julie.

« De Bourg, mercredi.

« Que j'ai pleuré, ma Julie, en lisant ta dernière lettre ! Il faut que je sois le plus méchant des hommes ; que puis-je faire pour réparer ma faute ?

« Je n'avais plus ma tête en te répondant ce jour-là, ivre des succès que j'avais obtenus. Tu te disais inquiète de ce que je ferais pendant les trois mois qui restent jusqu'au 1er messidor ; tu ajoutais qu'il faudrait peut-être vivre tout ce temps loin de toi. Cette idée me troubla l'esprit.

« Quant au Lycée, il est certain que j'y serai. M. Delambre, parlant le lendemain de la séance de la Société d'émulation où j'avais lu mon mémoire, dit que Laplace ni Lagrange ne le désavoueraient pas.

« J'ai fait ce matin une nouvelle découverte, supérieure à celles que j'avais faites jusqu'à présent, oh! oui, bien au dessus; si elle me conduisait au but que j'en attends, je serais immortalisé.

« Pardon, pardon encore; permets que je t'embrasse, malgré la sottise qui m'en rend indigne. »

De Julie à André.

« De Lyon, lundi.

« Parlons du Lycée : tu y seras, mon tendre ami, M. de Jussieu a écrit à M. Bernard que ton ouvrage avait été goûté à Paris. Si ma lettre t'a chagriné, j'espère que tu ne m'en veux pas, et que ton séjour là-bas ne sera plus long.

« Que sais-tu de la fermeture des écoles?

« Qu'il vienne vite ce temps où nous serons réunis! Comme nous en profiterons bien!

« Comme nous saurons passer des soirées agréables à faire des petits jeux avec notre Ampère !

« J'ai dormi cette nuit ; je suis plus en train et plus courageuse. En te parlant de ma santé, quel bonheur si je pouvais bientôt changer ma phrase ordinaire : *Mon ami, toujours de même.*

« François Delorme a été arrêté comme conscrit ; toute sa famille est dans la désolation et le pauvre garçon vient de partir sans qu'on puisse avoir la permission de le faire remplacer.

« J'ai écrit, ne pouvant me remuer, pour tâcher de lui être utile ; mais jusqu'à présent cela n'a pas réussi.

« JULIE. »

(François Delorme, au sort duquel Julie s'intéresse vivement, était un jeune serviteur de Mme Ampère la douairière. Françoise, sa fiancée, berçait et soignait alors le petit Jean-Jacques, quand on le menait à Polémieux.

Quarante-six ans plus tard, les époux Delorme, devenus vieux, vivaient encore sous le toit inhabité de la maison de leurs anciens maîtres. Notre ami, dont la charité ne négligeait rien, soulageait tant qu'il pouvait ces pauvres gens. A propos d'eux, nous retrouvons une lettre intéressante, adressée en 1848 à M. J.-J. Ampère, de l'Académie française, par *M. Bolo, notaire.*)

« Simonest, près Lyon, le 22 juillet 1848.

« Monsieur,

« Je me suis empressé de me rendre à Polémieux, auprès des époux François Delorme. Je leur ai donné lecture de votre lettre, et, lorsque je suis arrivé au paragraphe les concernant, ils ont cru avoir retrouvé toutes les joies de leur jeune âge. Cet éclair de bonheur passé, la pauvre Françoise, devenue plus tranquille, m'a dit tristement : « Écrivez à notre excellent maître que je « prie le bon Dieu pour lui et que je lui demande de le « revoir avant de mourir. Il ne faut pas qu'il tarde à « venir visiter le nid de famille, car il n'y a plus que « nous pour le recevoir. »

« En prononçant ces mots, elle essuyait avec le coin de son tablier de grosses larmes qu'elle ne pouvait retenir. Ces honnêtes gens habitent un des bâtiments dépendants du manoir de vos parents ; c'est là que leur vie s'écoule. Ils gagnent péniblement leur pain de chaque jour, rudes labeurs, mêlés des plus beaux rêves, lorsqu'ils se prennent à penser à vous.

« Quand vous aurez quelques rares moments de liberté et de solitude, arrachez-vous aux travaux de l'esprit ; venez les passer dans ce petit enclos qui fut votre berceau. Il a été gardé précieusement dans son ancienne pauvreté d'ombre, d'eau, de fleurs et de fruits; c'est dans cette modeste enceinte, depuis longtemps déserte, vidée par la mort, dans ces allées bordées de pommiers et encadrées d'œillets sauvages, sous ces vieux troncs épuisés de séve, c'est sur ce sable mal ratissé que vous chercherez du regard les pas de votre mère, de votre père, des anciens amis, des vieux serviteurs de la famille Vous irez vous asseoir sous la petite tonnelle de pampres, où l'illustre André Ampère aimait à se reposer, où votre sainte mère murmurait à voix basse les prières que vous avez apprises d'elle, dans votre toute petite enfance. Vous retrouverez dans ce foyer, aujourd'hui éteint, les premières joies de l'homme entrant dans la vie, ces premiers enthousiasmes de la contemplation; parmi tant de ressouvenirs, tout vous causera de l'émotion, dans l'intérieur de l'habitation abandonnée, quelques meubles d'alors, tels qu'un vieux tableau sur un pied doré, une ancienne tapisserie, etc., etc.

« Vous vous arrêterez un instant contre la clôture, en face de la maison qui s'ensevelit d'année en année sous le lierre, aux rayons du soleil couchant, au bourdonnement des ruches, vous verrez sur la vieille muraille courir des lézards que vous croirez reconnaître comme d'anciens hôtes du jardin, avec lesquels on pourrait encore s'entretenir d'autrefois.

« Puis, François et la bonne Françoise seront là pour vous saisir les mains et les presser sur leurs cœurs!

« Procurez-moi, je vous prie, le bonheur de vous accompagner ce jour-là. Je suis aussi un enfant de Polémieux, car je suis né sur une pente voisine de la montagne, à Saint-Rambert, dans l'isle Barbe. Tout le village est venu écouter la lecture de votre lettre ; chacun vous remercie et vous bénit.

« Veuillez agréer, Monsieur, l'hommage de mon admiration et de mon respect.

« BOLO, notaire. »

(Cette lettre, retrouvée parmi tant d'autres presque à la fin de ce recueil, ajoute encore un touchant souvenir à ceux qui nous ont émus jusqu'ici.

Comme l'abandon, le silence et la mort poétisent aujourd'hui l'humble domaine de Polémieux, si pauvre d'eau, d'ombrages et de fleurs!

Il fut bien court et bien regretté, ce modeste bonheur dont nous avons ici le cadre sous les yeux. En 1816, au milieu de sa brillante carrière, André écrivait à Ballanche : « Oh! je n'aurais jamais dû venir à Paris! Pourquoi ne suis-je pas resté toute ma vie professeur de chimie à Bourg ou à Lyon?. Je n'ai jamais été heureux que pendant ce temps si court. Là, avec elle, je serais devenu un grand homme ; mais il n'est plus temps! »

Ampère se trompait en écrivant cette dernière ligne,

car depuis quatre ans il avait déjà mérité l'hommage que la postérité lui réservait !

En 1812, à l'Académie des sciences, comme un législateur qui dote l'avenir d'une loi nouvelle, il prononçait ces remarquables paroles :

« Autant d'aiguilles aimantées que de lettres de l'alphabet qui seraient mises en mouvement par des conducteurs qu'on ferait communiquer successivement avec la pile à l'aide de touches du clavier qu'on baisserait à volonté, pourraient donner lieu à une correspondance télégraphique qui franchirait toutes les distances et serait plus prompte que l'écriture ou la parole pour transmettre les pensées. »

L'Académie comprit-elle bien dès lors le présent magnifique que cet homme de génie venait de faire à ses semblables ?

Finissons les dernières lettres d'André et d'Élise, car c'en est fait, Julie ne pourra plus écrire.

De rigoureuses circonstances, un dévouement mutuel ont imposé trop longtemps à deux êtres qui s'appellent et se désirent sans cesse la nécessité de vivre séparés.

Après quinze mois d'attente, ils touchent au but : leurs vœux ardents vont s'accomplir. Mais la Providence sévère ne voudra leur permettre qu'une réunion d'un jour, pour les adieux suprêmes.)

D'André à Julie.

« Bourg, vendredi.

« M. le préfet a prolongé l'École centrale d'une semaine pour attendre la réponse du ministre, qui doit décider si elle continuera jusqu'à l'ouverture du Lycée de Lyon. Si Fourcroy ne dit rien, ces huit jours seront perdus. Cependant, nous n'avons pas refusé, dans la faible espérance d'une réponse favorable. Comme je voulais remettre moi-même mon mémoire à Delambre, j'ai demandé la permission de faire un petit voyage à Lyon; je serai près de toi samedi ou dimanche. J'ai su aujourd'hui que Delambre avait dit, à un dîner chez le préfet : « Vous allez perdre M. Ampère ; c'est un homme d'un « mérite supérieur. Il a envoyé un mémoire à l'Institut, « et l'avis unanime des membres de la section de ma- « thématiques est que cet ouvrage ne peut venir que « d'une tête forte. »

« Je te rapporte sans modestie, mot à mot, la phrase comme on me l'a rendue.

« Je suis sûr du Lycée, et mon succès doit te satisfaire. Je ne suis plus en peine de la fortune de mon fils, mais bien de la manière dont nous vivrons jusqu'à ce que je gagne davantage. Je sens combien il faut économiser l'argent, et encore plus mon temps, qui est ma seule ressource pour parvenir à une grande réputation. Tu regarderas tout cela comme des rêveries, mais je t'assure qu'il n'en est rien; tu verras si mes augures sont trompés.

« Ce n'est plus la réussite qui m'inquiète, c'est la santé de mon amie. Si je me décide à présenter mon manuscrit, par l'entremise de Ballanche, je serai privé de te voir, mais j'épargnerai 9 à 10 livres. Au reste, j'ai un louis intact en caisse, et il pourrait y avoir de l'avantage à remettre moi-même mon manuscrit. Je suis bien indécis. »

« Du jeudi.

« Ne m'attends pas, mais j'espère toujours te voir avant mardi. »

(L'École centrale ne se fermera pas avant huit jours. Cette prolongation est acceptée, cette fois, sans murmure par André. Malgré ses hésitations, il se décide à aller lui-même remettre son travail promptement achevé sur l'*Application à la mécanique des formules des variations*, à M. Delambre, qui promet de présenter ce second mémoire à l'Institut.

De retour à Bourg, il écrit immédiatement :)

D'André à Julie.

« Ma Julie,

« Est-il possible que nous ayons été si peu ensemble pendant trois jours ! Je conserve pourtant un bien cher souvenir de tes douces confidences, de tes projets. Mais une pensée m'obsède : je t'ai vue pleurer la veille de mon départ. Qui me dira si tu as pu dormir cette nuit? Élise, ma sœur, donne-moi des nouvelles de Julie ; sans cela, il n'y aura pour moi ni paix ni repos, même pendant ces derniers jours.

« AMPÈRE. »

(Nous voyons que l'inquiétude du pauvre mari est au comble. Élise prend la plume et lui adresse des bulletins dont sa vive imagination ne sait guère adoucir l'amertume.)

D'Élise à André.

« Lyon, lundi matin.

« Mon bon André,

« Je viens remplir ma promesse. Il me semble que je la trouve un peu plus forte qu'hier ; elle a dîné avec une laitance et une glace aux pêches qui lui a semblé délicieuse. Mais le mal est toujours là ; il détruit sa santé, notre repos, et bien souvent nos espérances. Mon Dieu ! quel bonheur si, parmi toutes les plantes dont tu connais les propriétés, il en était une seule qui pût remettre tout en ordre dans sa nature ! A quoi bon la science, s'il n'y en a point qui puisse rendre la santé à Julie ? Informe-toi, parle d'elle aux savants, aux ignorants ; les simples ont souvent des remèdes simples comme eux, des lumières que Dieu leur distribue pour leur conservation. Mais surtout ne nomme pas Julie, car l'idée qu'on s'entretient de sa maladie la fatigue et lui est pénible. »

« Lundi soir.

« Julie paraissait assez disposée au sommeil. Pour son souper, elle a mangé un peu de blanc d'œuf et prendra son bouillon dans la nuit. M. Petetin est revenu, ordonne des riens, une infusion de camomille. Je l'ai poursuivi sur l'escalier pour lui demander s'il ne pensait pas qu'elle fût maintenant assez forte pour prendre des bains. Il m'a dit que non.

« Tu frappes du pied, j'en suis sûre, c'est ce qui m'est arrivé en le quittant. Ce médecin-là perd peut-être un temps précieux pour administrer des remèdes, tandis que l'autre, M. Petit, n'en a que de trop violents pour elle. Où en trouver un, mon Dieu ! qui la traite mieux ?

Je vais me coucher pour ne pas dormir, car j'ai un long chapelet d'idées noires à défiler. Ah! pourquoi, pourquoi ai-je poussé le sacrifice de moi-même jusqu'à conseiller le mariage à Julie? Je m'admirais alors en répandant des larmes, elles étaient pour moi le triomphe de la raison, et c'était le sentiment seul qu'il fallait écouter.

« Sans elle, sans sa tendresse, comment pourrait-on vivre? Mais j'oublie que c'est à son mari, à celui qui l'aime tant, que je dis ces choses désolantes. Adieu, j'espère être moins lugubre demain. »

« Mardi matin.

« Et vite, il faut te dire que Julie n'a pas trop mal dormi cette nuit, malgré le tambour qui a battu pour appeler des soldats logés dans le quartier.

« La pauvre petite est toute vigourette et me dit de t'écrire qu'elle espère bien se passer de ton bras quand tu seras de retour. Elle mangera des laitues farcies à son dîner. Je te répète que Julie n'est pas trop mal en train. Sois tranquille, les nouvelles ne te manqueront pas, je te trouve trop à plaindre à douze lieues d'elle. Brûle mes lettres, surtout celle-ci, trop triste pour rester sous tes yeux.

« Ta bonne tante m'a bien recommandé de te dire mille choses. Combien elle t'aime! quel cœur! quelle vivacité! Elle a pris ta place cette nuit auprès de Julie.

« Adieu ; ton fils t'embrasse ; ne t'ennuie point à me répondre, écris à ta femme.

« ÉLISE. »

« Mardi soir.

« L'après-midi s'est passée comme celle d'hier ; quelques visites l'ont distraite ; elle est admirable dans son état si triste et si douloureux. A sa place je me désolerais du matin au soir, mais la pauvre petite a tant de fermeté qu'elle cache toujours ses larmes. Je quitte la chambre quand je vois ses efforts. Elle était un peu plus oppressée ce soir qu'à l'ordinaire, et pourtant elle a voulu que j'allasse dormir tranquille. Mais, comment dormir ! Tu sauras demain des nouvelles.

« Je te dis tout, l'idée de te cacher la moindre chose ne m'est pas même venue »

« Du mercredi.

« Cette fois ce n'étaient pas les tambours qui l'ont agitée, mais de l'oppression et un peu de fièvre !

« Cependant, la journée a été assez bonne, elle a demandé pour son dîner un peu de bœuf à la mode, qu'on lui a donné après avoir tenu conseil. Elle en a mangé si peu, ce n'était qu'un goût de malade.

« La pluie est enfin venue ; elle respire un air plus frais ; puisse ce changement lui être salutaire, et Dieu

veuille que tous ceux qui lui répétaient sans cesse : « Ce
« temps-là est vraiment bien contraire à votre situa-
« tion », n'enfilent pas une litanie sur l'humidité comme
sur le temps trop sec. La pauvre petite verra peut-être
que les jours frais ou chauds ne changent rien à son
état. Elle vient de me dire tout à l'heure qu'elle avait
bien sommeil. »

« Jeudi matin.

« Elle a ressenti de la fièvre et a mal dormi. Sur les
dix heures du matin, elle s'est un peu reposée. Je viens
de lui lire ta lettre et je me hâte d'achever celle-ci pour
te l'envoyer.

« Je romps toutes mes phrases et ne sais ce que je
dis ; brûle encore celle-là.

« Ton fils joue dans ce moment sur le lit de sa mère.
Adieu, mon pauvre Ampère ; voilà vraisemblablement
la dernière lettre que je t'écrirai.

« ÉLISE. »

D'André à Julie.

« Bourg.

« Chère Julie, je n'ai plus à délibérer : la réponse du
conseiller d'État Fourcroy est arrivée hier. Il remercie
les professeurs de leur zèle et les invite à cesser leurs

fonctions, pour lesquelles le gouvernement ne peut plus leur tenir compte de rien absolument.

« Tout le monde est d'avance si persuadé de mon prochain départ qu'on a fait inventaire de mon cabinet de physique.

« MM. Dupras et Olivier ont pris aussi leurs arrangements en conséquence. Je ne puis rester sous aucun prétexte, quand je le voudrais, à moins de faire dire que je ne sais où trouver de quoi manger. Il faut partir; je t'embrasserai dans quelques jours; je n'ai plus rien à faire que cet inventaire et mes paquets. Je vais vivre auprès de ma Julie pour toujours, quel bonheur! Si tu ne reçois plus de lettres de moi, c'est que j'irai encore plus tôt ou que je mettrai tout mon temps aux préparatifs du voyage.

« Mme de Lalande a écrit de Paris à une dame de Bourg qu'elle savait de bonne part que MM. Clerc et Mermet étaient placés à Moulins et moi à Lyon. Mon amie, mon amie, nous ne nous quitterons plus.

« A. AMPÈRE. »

D'Ampère à M. Delambre.

« De Bourg, le 13 germinal an 11.

« Monsieur,

« Cette lettre ne devrait être pleine que des remercîments que je vous dois, et pour la place que vous me destinez, et pour la promesse que vous m'avez faite de présenter à l'Institut mon mémoire sur l'*Application à la mécanique des formules du calcul des variations*. La copie que j'en ai fait faire, parce que j'écris trop mal, a exigé plus de temps que je n'aurais cru. Celui qui s'en est chargé sachant peu de mathématiques, il a fallu corriger beaucoup de fautes; c'est pour cela que je n'ai pu l'envoyer plus tôt.

« J'ai un autre service à vous demander, Monsieur. Je me flatte que vous ne me refuseriez pas de remplacer les trois exemplaires erronés de mon mémoire sur la *Théorie mathématique du jeu*, qui sont à la bibliothèque de l'Institut, et entre les mains du président et de M. de Laplace, par les trois exemplaires corrigés que vous trouverez dans le paquet joint à cette lettre. Je mets aussi dans le même paquet un quatrième exemplaire. Si vous parlez de moi à M. de Lagrange, comme vous me l'avez fait espérer, auriez-vous la complaisance de le lui remettre comme un hommage de mon admiration. Je n'oserais l'offrir à ce grand homme si vous ne daigniez être mon interprète.

« Je vous demande mille pardons, Monsieur, de tout l'embarras que je vous cause ; il faut que je compte bien sur votre indulgence. Mon mémoire, à la vérité, a obtenu votre suffrage dans une lecture rapide à la Société d'émulation de Bourg ; mais je ne sais s'il pourra supporter un examen plus sévère. Peut-être ai-je mal fait de m'y servir d'une formule de mon invention, qui se trouve dans le petit mémoire que je vous avais remis à Lyon. J'ai toujours regardé cette formule comme de peu d'importance, mais elle n'a pas laissé de m'être très-utile pour simplifier le calcul dans l'endroit où je l'ai employée. Comme j'ai à présent plus de temps de libre que je n'en ai eu de ma vie, j'ai commencé un troisième mémoire, dont le sujet me fait espérer quelque chose de mieux que ce que j'ai fait jusqu'à présent. Quel prix plus flatteur pourrais-je attendre de mon travail, si je voyais un jour quelques-uns de mes petits ouvrages insérés, en tout ou par extraits, dans le recueil où l'Institut réunit des mémoires de savants qui lui sont étrangers ? C'est à vous, Monsieur, *præsidium et dulce decus meum*, que je devrais cet avantage inappréciable ; ce sont les éloges que vous avez eu la bonté de me donner qui ont excité en moi le désir de les mériter.

« Permettez-moi, Monsieur, de vous renouveler mes remerciements de tout ce que vous avez bien voulu faire pour moi, et daignez agréer l'hommage d'une éternelle reconnaissance.

« A. Ampère. »

(Cette dernière lettre, écrite au savant examinateur Delambre par André, la veille du départ définitif de Bourg, nous apprend enfin la réalisation de ses vœux : il est nommé au Lycée de Lyon. De plus toutes les vicissitudes du fameux mémoire sur la *Théorie du jeu* sont terminées et les exemplaires erronés vont être remplacés. A ce propos, nous avons vu avec quelle anxiété le pauvre Ampère s'est reproché la faute qu'il a commise en ne corrigeant pas assez attentivement son ouvrage. Cette négligence a pris à ses yeux les proportions d'un véritable désastre ; il a tremblé en recevant la lettre du grand mathématicien Laplace ; sa carrière lui a semblé perdue à jamais.

A cette nature impressionnable, combien la nature de sa femme était salutaire ! En amour, le cœur de Julie connaissait aussi l'exaltation ; mais, dans les habitudes ordinaires de la vie, elle cherche constamment à ramener au calme et à la réalité ce cerveau de génie qui s'élance, sans transition aucune, d'un compte de blanchisseuse aux plus hautes abstractions scientifiques, des plus minutieux détails à la nouvelle découverte qui doit l'immortaliser, ou bien d'une méditation religieuse à l'expression de sa tendresse passionnée. Chez André, la puissance de l'émotion est telle, qu'il ressent avec une vivacité incroyable la douleur d'une infortune particulière ou le malheur d'une catastrophe historique, quel que soit le nombre des années qui l'en séparent ; on l'a vu pleurer de vraies larmes à l'idée des événements qui ont retardé la marche de la civilisation dans d'autres siècles, comme s'il en avait été témoin ou victime lui-même.

Partout on sent la peine que coûte à ce puissant esprit la préoccupation des questions pratiques. Malgré ses vertueux efforts, il ne peut rester longtemps sur la terre ; partout la poésie déborde ou la science l'entraîne. L'amoureux, le penseur, l'inventeur reparaît, en dépit de la dure nécessité qui le presse de gagner le pain quotidien de sa femme et de son enfant.

Un seul sentiment transforme et fixe cette imagination de feu : c'est l'inquiétude qu'il éprouve pour la santé de sa Julie ! Sur ce sujet, point de distractions. Nous avons sous les yeux des pages entières qui témoignent d'une sollicitude qui ne s'endort jamais ; des ordonnances, des recommandations se renouvellent, se succèdent incessamment dans les termes techniques les plus prévoyants. Il pense à tout ; c'est une véritable sœur de charité au chevet d'un malade ; un médecin pourrait signer sans se compromettre certaines recettes de potions calmantes ou d'onguent bienfaisant, transcrites à douze lieues de distance par ce jeune mari que tant de labeurs accablent et empêchent de dormir.

Avec quel profond respect on suit André pas à pas dans la voie des sacrifices de tout genre offerts à celle qu'il nomme sa bienfaitrice ! Le sacrifice qui pèse le plus à son cœur, c'est la séparation ; mais, en comptant toutes ces heures perdues à donner d'arides leçons et dérobées ainsi à des travaux précieux, on souffre plus que lui (car il ignore ses dévouements) à la vue de tant d'inexorables devoirs qui enchaînent son génie et mettent cette superbe intelligence au service du premier écolier venu qui pourra payer 9 à 12 francs par mois un pareil professeur.

Encore quelques lignes éparses tracées de la main d'André sous forme de journal, et une lettre à son beau-frère Carron, viennent marquer ici comme les dernières stations du calvaire qu'il monte avec Julie jusqu'au 14 juillet 1803.)

17 *avril, dimanche de Quasimodo.* — Je reviens de Bourg pour ne plus quitter ma Julie.

14 *mai, samedi. Saint Polycarpe.* — Nous fûmes à Polémieux.

(Julie peut encore se transporter à la campagne de sa belle-mère.)

15, *dimanche.* — Je fus à l'église de Polémieux pour la première fois depuis la mort de ma sœur.

(Il parle de sa sœur aînée, morte très-jeune.)

19, *jeudi, fête de l'Ascension.* — Grand'messe à l'église de Polémieux. Triste tête-à-tête du chemin.

(On se figure aisément la douleur du mari soutenant la pauvre mourante.)

20, *vendredi.* — Arrivée de M. Carron.

21, *samedi.* — Promenade dans le jardin. Julie bien malade.

22 *dimanche. Sainte Julie.* — Je partis le soir, je laissai Julie bien fatiguée. Je revins auprès d'elle après avoir demandé l'adresse de M. Lambert.

(M. Lambert est un ecclésiastique.)

24, *mardi. Sainte Jeanne.* Nous partîmes par la diligence. Julie embrassa son frère.

(André et sa femme quittent Polémieux pour aller à Colonges, tout près de Lyon; c'est là qu'elle va cesser de vivre.)

D'André à M. Carron.

« Lyon, jeudi, 19 messidor an XI.

« Cher ami, si tu savais comment se passe mon temps, tu comprendrais pourquoi je ne t'écris pas ; j'ai fait tant de courses chez M. Petetin et à l'établissement du Lycée qui a été installé lundi dernier ! Mardi et mercredi j'ai donné mes premières leçons ; aujourd'hui, jeudi, je profite de la vacance pour te parler de notre pauvre malade. L'enflure ayant augmenté à un degré prodigieux, le médecin lui fit prendre du vin de bryone ; ce remède avait beaucoup diminué l'oppression ; mais il a fait tant de mal à l'estomac qu'il a fallu le suspendre et tout a recommencé.

« Julie n'a pas mal dormi cette nuit, et se trouve en général moins fatiguée aujourd'hui qu'à l'ordinaire. M. Petetin viendra la voir demain. Ah ! mon frère, qu'elle est à plaindre, ma pauvre Julie, et comme ça déchire l'âme de la voir souffrir ! Je fais tous mes efforts pour lui cacher ma peine, il me semble que j'y réussis quelquefois. Le docteur donne beaucoup d'espérances, mais, hélas ! qui sait si elles sont fondées ! O mon ami ! il faut avoir, comme moi, vu dans les angoisses et dans un danger qui fait frémir tout ce qu'on aime au monde pour concevoir la désolation. Ta maman ne s'occupe que de sa fille ; Élise se contraint, afin d'éviter tout ce qui pourrait troubler la paix, mais personne ne peut donner sa santé pour racheter celle de Julie. J'oublie que tu as aussi une femme en ne te parlant que de la mienne. Tout le monde à Colonges désire la fin de l'été dans l'espérance de te voir de retour. Julie et moi ne sommes pas les derniers à former ce vœu.

« Adieu, mon frère, mon ami, je t'embrasse de toute mon âme.

« AMPÈRE. »

28, *samedi, veille de la Pentecôte*. — Je parlai pour la première fois à M. Lambert un instant dans son confessionnal.

30, *lundi*. — Je partis de Colonges, quittant Julie avec l'espoir de revoir M. Lambert.

31, *mardi*. — Mon espérance fut encore trompée.

1er *juin, mercredi*. — Je fus trop tard chez M. Lambert, à cause de Saint-Didier et de Rieussec.

5, *dimanche*. — Je partis de Bellerive pour revenir lundi.

6, *lundi*. — *Absolution*.

7, *mardi, Saint Robert.* — Ce jour a décidé du reste de ma vie.

14, *mardi.* — On me fit attendre le petit-lait à l'hôpital; j'entrai dans l'église d'où sortait un mort. Communion spirituelle..., visite chez M. Vitet. Voyage à Polémieux pour des genêts.

29. -- Voyage à Polémieux pour de la bryone.

Juillet, 4, lundi. — Messe du Saint-Esprit.

5, mardi. — Première leçon au Lycée de Lyon.

7, jeudi. M. Petetin supprima le vin de bryonne.

8, vendredi. — Je fus chercher M. Brac au pont.

(M. Brac est un autre médecin.)

9, samedi. — Le matin Julie bien malade. Je pria M. Mollet de me remplacer au Lycée. M. Petetin fit tout continuer, malgré le nouveau symptôme.

10, dimanche. — M. Petetin supprima l'*alkekenge*. Le nouveau symptôme ne se soutint pas.

11, lundi, Sainte Élisabeth. — Je fus consulter M. Petetin, qui ordonna les emplâtres et le vin de bryone de deux en deux heures.

12, *mardi*. — Julie prit le matin, de ma main, une cuillerée de vin de bryone. A trois heures, je fus chez M. Petetin pour délibérer sur les scarifications. A cinq heures, il revint avec M. Martin.

13, *mercredi*. — A neuf heures du matin :

« Multa flagella peccatoris; sperantem autem in Domino misericordia circumdabit.
« Firmabo super te oculos meos et instruam te in via hac qua gradieris.
« Amen. »

Suit une prière, écrite sans doute aux suprêmes limites de ses anxiétés.

« Mon Dieu! je vous remercie de m'avoir créé, racheté et éclairé de votre divine lumière en me faisan naître dans le sein de l'Église catholique. Je vous remercie de m'avoir rappelé à vous après mes égarements ; je vous remercie de me les avoir pardonnés. Je sens que vous voulez que je ne vive que pour vous, que tous mes moments vous soient consacrés. M'ôterez-vous tout bonheur sur cette terre? Vous en êtes le maître, ô mon Dieu! mes crimes m'ont mérité ce châtiment. Mais peut-être écouterez-vous encore la voix de vos miséricordes.

« Multa flagella peccatoris ; sperantem autem in Do-
« mino misericordia circumdabit. » — J'espère en vous,
ô mon Dieu ! mais je serai soumis à votre arrêt, quel qu'il soit ; j'eusse préféré la mort. Mais je ne méritais pas le ciel, et vous n'avez pas voulu me plonger dans l'enfer. Daignez me secourir pour qu'une vie passée dans la douleur me mérite une bonne mort dont je me suis rendu indigne.

« O Seigneur ! Dieu de miséricorde ! daignez me réunir dans le ciel à ce que vous m'aviez permis d'aimer sur la terre. »

Un mot d'Élise nous confirme le malheur d'André.

« Mon bon Ampère, je sais qu'il n'est plus doux de s'occuper de soi, que tout est égal, aussi n'est-ce pas pour toi que je t'en prie.

« Ne penses-tu pas, comme moi, que cette ombre chérie voltige autour de nous, s'intéresse encore à ceux qui lui étaient si chers ? je l'appelle si souvent !

« La nuit, je crois l'entendre ; j'écoute, et si ce n'est elle, c'est quelque chose d'elle-même qui me dit : Je suis là, calme ta peine, nous nous reverrons.

« Ah ! mon pauvre Ampère ! nous avons tout perdu l'un et l'autre ; je ne chercherai pas à me consoler ; l'idée de l'oublier me révolte et je ne peux souffrir que ceux qui m'en parlent. Le jour qui me réunira à celle que j'ai chérie sera heureux. Pauvre petite! sais-tu qu'elle m'a serré la main droite; je la sens encore, elle me regarda, je pleurai et je me sauvai pour bien longtemps peut-être...., puisqu'on ne meurt pas de douleur.

« Mais il faut absolument te soigner; consulte M. Brac; n'ajoute pas à mon chagrin celui de savoir l'ami de ma Julie malade, isolé, abandonné; ton fils pauvre petit, est aussi bien qu'il peut être sans elle. Adieu, adieu! Peut-être un jour pourrai-je t'en parler sans contrainte. Ils disent que j'ai tort de t'en rappeler le souvenir. Adieu, adieu.

« ÉLISE. »

Tout est fini : Jean-Jacques a perdu cette mère dont il était la joie, l'orgueil, le soleil; cette mère qui dit, en parlant de son enfant : « C'est lui qui ramène autour de nous la gaieté; ses petites grâces, son petit langage, enveloppent le passé, l'avenir et le présent lui-même dans un voile couleur de rose qui nous éblouit aussi longtemps que ses gentillesses durent. Combien il est doux d'entendre louer ses enfants, ajoute-t-elle, et comme cette satisfaction doit être plus complète lorsqu'ils grandissent et qu'on peut remarquer en eux des vertus ou des talents que vous leur avez inspirés! » Elle dit encore à son André, la pauvre Julie, qui bientôt n'existera plus : « Oh ! oui, nous deviendrons heureux ! notre petit restera longtemps jeune et gai ; un jour, dans quelque petite campagne que nous ferons bien cultiver, nous serons paisibles. Songeons aux vendanges ; mon mari, mon fils, près de moi, m'empêcheront d'être malade. »

Son fils, hélas ! chère Madeleine, en était désormais séparé pour toujours, encore plus malheureux que toi, car tes six ans et demi n'avaient rien oublié. Son cœur, sa mémoire de trois ans ne pouvaient conserver ni le souvenir ni l'image de celle qui venait de le quitter.

Mais, comme à toi, Dieu voulut réserver à l'enfant d'André un pieux héritage, les lettres de sa mère. En les lisant plus tard, il devait apprendre à la chérir, à la vénérer. Ces lettres, religieusement gardées par Jean-Jacques jusqu'à sa mort, nous furent remises sous le même cachet que celles de son père. De tous les papiers innombrables confiés à notre amitié, ceux-ci n'étaient pas les moins précieux, et c'est avec une émotion pleine de respect que ces touchantes archives de famille ont été lues et relues vingt fois.

Avant de retrouver ici les preuves de tant de vertus, nous en avions entendu souvent la discrète confidence. En parlant de son père, Jean-Jacques se reprochait de ne pas s'être consacré à lui assez exclusivement ; mais combien est rassurante à ce sujet la correspondance des deux Ampère, qui commence en 1811, au moment de la première communion de l'écolier, et finit en 1836, à la mort de l'illustre savant!

Quels témoignages de confiance, de tendresse, de dévouement et d'admiration réciproque se donnent sans cesse ces deux hommes aimants! Vingt-quatre années de différence existaient à peine entre eux, et cette différence d'âge fut bien vite comblée par l'inaltérable jeunesse de cœur du premier et l'intelligence précoce du second.

André et Julie n'étaient pas complétement disparus de la terre, puisqu'ils avaient laissé un héritier de leur âme; la pauvre mère, qui jouissait à l'avance des vertus et des mérites qu'elle devinait dans son enfant, ne put voir ses espérances réalisées.

Mais le grand Ampère, plus jaloux de la renommée pour son fils que pour lui-même, dut les vrais bonheurs de sa vie aux succès de Jean-Jacques.

Pourtant, à ces heures de triomphes paternels, que de fois le souvenir de l'absente dut se réveiller plus poignant que jamais! ces triomphes, Julie ne les partageait pas!

Un jour, chère Madeleine, si la Providence te permet de posséder et de garder un fils, offre-lui ce manuscrit de la part de sa vieille bisaïeule. Méditant sur l'existence que ces lettres racontent, et comparant les fortunes diverses qui attendent les hommes à la fin de l'adolescence, au seuil de la jeunesse, cette grand'mère a souhaité plus d'une fois à son arrière-petit-enfant quelques-unes des vertus d'André.

On ne demande pas à Dieu le génie pour son fils : tant d'orgueil ne toucherait point sa bonté ; mais on peut désirer ardemment, pour celui qu'on chérit, des facultés heureuses, développées, gouvernées par une âme pure et forte.

Entre la vie attrayante et souvent trop facile que nous fait la richesse, ou bien les devoirs sévères que le travail et le dévouement imposèrent à André Ampère, je ne choisirais pas la tâche la plus molle.

André n'a point dépensé ses veilles en plaisirs. Un sentiment unique, profond, remplissait son cœur ; ses joies d'affection, où le sacrifice avait tant de part, ne furent jamais gâtées par la satiété : la vivacité, la réalité de ses naïfs bonheurs eussent pu faire envie aux heureux de la terre. Il vivait en dehors de lui-même, pour deux êtres auxquels il rapportait tout, même l'espérance de sa gloire, dont il avait déjà en 1803 le pressentiment. Soumis à la loi de Jésus-Christ, il ne l'était pas seulement par ses croyances. Il aimait et honorait Dieu par ses œuvres laborieuses ; il accomplissait naturellement, simplement, les pratiques de ses devoirs religieux.

———

(Les lettres suivantes nous ont été offertes après la

première publication de ce livre. Elles contiennent de charmants détails sur l'enfance de Jean-Jacques, confié à une femme forte et simple, à sa grand'mère, qui unissait l'austérité à la tendresse.)

D'André Ampère à M. Carron.

« Mon ami, je veux t'écrire pour que tu n'oublies pas que je suis au monde. Que pourrais-je te dire ? Tu souffres comme moi. N'est-ce pas que tu aimeras celui que ta sœur aimait, et qui a eu le malheur de lui survivre ? On m'assure que l'intérêt de mon enfant veut que je conserve ma place. Je la conserve; je me suis résigné à tout.

« Ta maman, tes sœurs, n'ont point été malades; elles font pitié. Pauvre Carron ! son frère, tous les siens me sont devenus encore plus chers. Si je pouvais t'embrasser, que j'aurais de douceur à mêler nos larmes !

« Adieu ! adieu !
« ANDRÉ AMPÈRE. »

De Madame veuve Ampère à André Ampère.

1804.

« Tu m'affliges, mon pauvre Ampère, quand je te vois dans l'état où tu étais dimanche. Tâche donc, mon bon ami, de porter ta croix avec Jésus-Christ : il visite ceux qu'il aime. Que deviendrait ce pauvre enfant s'il te perdait? Hélas! je vois tous les jours combien il a besoin de toi; songe qu'elle t'a recommandé son fils et les tiens; suis-tu ses dernières volontés? Non. Le chagrin est mortel aux hommes; tu fais peur, maigre, pâle, comme te voilà. Sais-tu où cela peut te conduire? A la langueur. Que de malheurs et d'afflictions sont déjà tombés sur ta mère! Fais-toi donc une raison; pense que tu as une tâche à remplir. La Providence t'a laissé un fils pour ta consolation; l'enfant de Julie est un autre elle-même. Tu es obligé de vivre pour l'élever dans l'amour et la crainte de Dieu, pour le suivre dans le monde et l'empêcher d'en prendre tous les vices. Tu connais mieux que moi la jeunesse, tu sais comme elle est difficile à instruire, à gouverner. Qui plus que ton Jean-Jacques aura besoin d'un mentor? Plus je regarde ce petit être, plus je trouve combien il serait malheureux qu'il fût livré à des mains étrangères; je suis sûre qu'il deviendrait un bien mauvais sujet. Tu me diras : que peut-on juger d'un enfant de son âge? Et moi je te réponds qu'il a besoin de toi, que personne ne peut te remplacer, et que tu es forcé de te conserver pour lui et pour ceux qui t'entourent.

« Fais savoir à Delorme si je te verrai samedi ; quant à moi, je n'irai à Lyon que par un beau temps, sinon il faudrait garder le petit dans une chambre, et qu'en ferions-nous ?

« Adieu, mon fils. Prends pitié de ta pauvre mère, qui donnerait tout pour te voir heureux et qui n'a jamais eu ce bonheur qu'un instant. Envoie-nous le livre de principes que tu gardes à Jean-Jacques ; il me charge de dire à son papa : « Je l'aime bien, qu'il vienne me voir. »

« Veuve AMPÈRE. »

(Cette place au Lycée de Lyon, si chèrement obtenue, André ne se sent plus aujourd'hui le courage de l'occuper. Comme un homme atteint d'un mal incurable, il voudrait trouver un soulagement à sa douleur en changeant de situation et de lieu. Il écoute des propositions diverses, les conseils les plus opposés, ébauche des projets impossibles.)

« Ne donne ta démission qu'à tête reposée », lui écrit Mlle Jeanne Boyron. C'est une tante qui radote peut-être, mais passe-le-lui. Sa tendresse pour toi a tient éveillée jour et nuit; fais ensorte de n'avoir point de regrets ni de chagrin de ta conduite. »

De Madame veuve Ampère à André.

1804.

« Ne crois pas, mon bon ami, que ce soient des conseils que je veuille te donner : je suis aussi indécise que toi. Je voudrais te voir heureux et tranquille, c'est tout ce que je désire.

« Qu'est-ce que cette entreprise de vitriol ? Te mettre à la tête d'un commerce, toi, sans expérience, confiant comme tu l'es ! Tu seras trompé, tu te ruineras ! Tu ne veux pas d'associé ; mais ne vaut-il pas mieux gagner mille écus que de risquer d'en perdre six mille, la fortune de ton enfant, la tienne, et qui sait ?

« Prendre une pension où il faudra faire beaucoup d'avances sans être sûr d'avoir des élèves, c'est à peu près la même chose. Aller à Paris pour douze cents francs, tu ne pourras pas vivre.... Si tu étais là, tu me fermerais la bouche en me disant : Maman, que veux-tu donc que je fasse ? Hélas ! mon bon ami, je n'en sais rien. Je voudrais être assez riche pour te dire : Voyage, dissipe-toi ; mais ce n'est pas cela, il faut prendre si bien ses dimensions que le peu que tu possèdes ne soit pas dépensé. Tu as l'esprit si bouillant! Quand tu as une idée, tout est beau ; c'est pour cela qu'il faut consulter, ne rien précipiter, ne point agir comme tu le fis l'autre jour avec le meilleur de tes amis, ne pas répondre : « C'est une bêtise, ça n'a pas de bon sens. » Crois-tu, mon enfant, que ce soient là des propos que l'on ne sente pas? On finit, au contraire, par ne plus rien dire, et on vous laisse faire des sottises. J'ai bien tâché de raccommoder ton emportement en le jetant sur ta triste situation ; il me parut, en effet, bien plus touché de ton chagrin que de tes paroles. Est-il possible qu'un bon chrétien, un membre de Jésus-Christ, qui doit tout souffrir avec patience, résignation et douceur, se désespère comme tu le fais? Jette-toi aux pieds du crucifix et demande-lui qu'il t'éclaire sur ce qu'il veut faire de toi; je prierai, de mon côté, la Mère de tous, qu'elle intercède auprès de lui pour qu'il te rende bon et patient avec ceux qui t'aiment. Hélas! mon enfant, tu dois sentir que si tu te laisses aller à tes vivacités, cela n'ira qu'en augmentant, et tu te feras horreur à toi-même. Tous les jours, promets à Dieu de devenir plus soumis à sa volonté. MM. Brac, Périsse, Ballanche et Coupier te sont bien attachés, consulte-les, demande-leur, et ne fais rien précipitamment ; tâche de voir si ce commerce vaut ce que l'on t'en dit, si tous ces beaux discours ne sont pas pour se débarrasser d'une entreprise qui peut ruiner plutôt qu'enrichir. Je te répète que je suis incapable, dans une affaire pareille, de te donner un avis; je t'invite seulement à suivre ceux des gens plus expérimentés que moi.

« Adieu, mon pauvre Ampère, aime autant ta mère qu'elle t'aime. Ménage-toi pour notre petit.

« Veuve AMPÈRE. »

(Toutes les incertitudes d'Ampère finissent bientôt quand il est nommé répétiteur d'analyse à l'École polytechnique.

Le 11 brumaire an XIII (novembre 1804), une lettre adressée à Élise, le jour même du sacre de l'empereur Napoléon, annonce la modeste installation du jeune professeur.)

D'André Ampère à Élise.

« 11 brumaire 1804.

« Ma chère sœur,

« Je t'ai promis de t'écrire, mais je ne veux pas t'entretenir de ce qui m'occupe sans cesse, plus encore depuis que j'ai quitté la terre natale. J'avais cru y laisser les pensées que je fuyais, et je me suis trompé. Il serait trop cruel à moi de renouveler l'impression douloureuse que je te fis éprouver il y a aujourd'hui cinq semaines.

« Je veux te parler de l'événement du jour. Posé au coin de la place du Carrousel, où Louis XIV donnait ses fêtes, j'ai vu ce matin le Pape passer en voiture, et ensuite Bonaparte qui se rendait à Notre-Dame pour la cérémonie du sacre. Il y avait peu de foule et un grand calme. J'ai vu, une heure après, revenir les régiments français qui avaient formé la haie le long de la route. J'en ai distingué un dont le drapeau tout en lambeaux avait été déchiré dans les guerres de la Révolution.

« Je t'écris de ma chambre, à l'École polytechnique ; j'y loge depuis hier. C'est entre ces quatre murs que ma vie va désormais s'écouler. A chaque ligne, j'entends trembler l'atmosphère sous les coups du canon des Invalides, dont l'hôtel est à deux cents pas d'ici. Si tu connaissais ce monument du grand siècle, élevé à l'humanité, tu saurais de combien de souvenirs il est habité.

« Il sonne trois heures ; l'empereur est à Notre-Dame, et cet instant est probablement celui de son couronnement. Ce soir il passera sur les boulevards, devant les fenêtres de Carron.

« Je désire bien avoir de vos nouvelles. Si vous êtes à Saint-Germain, le froid doit vous faire souffrir. Le temps est moins rude aujourd'hui à Paris ; tant mieux pour ceux qui sont sous les armes.

« Adieu, ma sœur, pense quelquefois à moi, si ce souvenir ne te devient pas trop pénible. Jamais les miens ne cesseront de me poursuivre. Adieu, mes sentiments sont pour toi ceux du plus tendre frère.

« ANDRÉ AMPÈRE. »

(« Un drapeau tout en lambeaux, qui a été déchiré dans les guerres de la Révolution, le froid moins rude ce jour-là pour ceux qui sont sous les armes », voilà ce qui frappe Ampère quand il voit passer le cortége triomphal de Napoléon Ier. En 1806, le jeune professeur d'analyse écrit à sa sœur Élise : « T'ai-je dit que j'avais été présenté à l'Empereur il y a quinze jours ? J'ai vu tout à loisir cet homme célèbre, qui t'inspire, à toi, de l'admiration. Que n'a-t-il autant de sensibilité que de génie ! quel homme ce serait ! »

A Bourg, il y a trois ans, André-Marie s'est senti plus troublé devant l'examinateur Delambre qu'à cette heure en présence de Bonaparte souverain.....)

D'André Ampère à Élise.

« Janvier 1805.

« J'ai attendu aujourd'hui pour t'écrire, afin de donner à toi et à ta maman des nouvelles de Carron que je croyais voir hier. J'y fus inutilement, mais je sus qu'ils se portaient bien, car je vis Élisa. J'ai été aussi chez M. de Jussieu, qui m'a témoigné beaucoup d'amitié ; chez MM. Morel, Desjardins, Delambre. Voilà ceux que j'ai vus dans ce jour autrefois si heureux, si triste à présent !

« Comment s'entendre souhaiter un bonheur qu'on sait perdu à jamais sans pleurer ? J'ai été tenté de ne pas t'écrire pour ne pas te faire éprouver ce que j'ai senti moi-même ; mais tu aurais peut-être attribué mon silence à de l'oubli. Tu n'es pas dans mon cœur pour voir ce qui s'y passe : l'empire toujours plus fort des sentiments qu'il éprouva en ces moments passés si vite !

« Adieu, ton frère t'embrasse de toute son áme.

« ANDRÉ AMPÈRE. »

D'André Ampère à sa sœur Joséphine Ampère.

« Février 1805.

« Je te remercie, ma chère sœur, de la lettre qui me donne de vos nouvelles et de celles du petit bibi. Baise-le bien pour moi, et tâche de lui inspirer sinon le goût de la lecture, du moins celui d'entendre lire. Je t'envoie un volume pour cela, et te prie d'essayer de lui faire comprendre ce que tu liras, en lui expliquant à mesure et lu montrant les gravures correspondantes. Il faut parvenir à lui faire lier les idées écrites aux idées gravées, soit à l'égard des bêtes, soit à l'égard des historiettes.

« Je ne sais si vous avez bien froid; il a beaucoup gelé ces jours-ci, la Seine charrie des glaçons. Ce qui est bien joli et qu'on ne voit point à Lyon, ce sont les petits oiseaux qui se promènent dans toutes les rues peu fréquentées, parmi les passants, sans que personne cherche à leur faire mal. Adieu, ma bonne amie, je te recommande mon petit, et je vous embrasse toutes bien tendrement. Serait-il possible de faire apprendre par cœur à Jean-Jacques une petite fable que tu choisiras dans la *Bibliothèque des Enfants*, parmi celles qui sont le plus aisées à comprendre?

« Adieu, ma bonne sœur, aime-moi toujours comme je t'aime.

« Ton frère,

« ANDRÉ AMPÈRE. »

D'André Ampère à son fils Jean-Jacques.

« Je baise mon petit s'il est bien sage. Je le prie de bien baiser sa bonne maman, et de lui dire : « Ma bonne « maman, mon papa voudrait bien être auprès de toi, et « l'embrasser comme je fais.» Si tu es bien sage, mon petit ami, ta bonne maman te mènera un jour à la Croix des Rameaux pour y cueillir des siles et des narcisses, qui sont de jolies fleurs. Adieu, mon petit ami, je t'embrasse bien.

« ANDRÉ AMPÈRE. »

De M. Barret à André Ampère.

« Belley, 23 février 1805.

« J'ai appris, mon cher ami, que le tumulte de la grande ville laissait votre cœur dans une sorte d'isolement pénible; que vous vous reportiez par la pensée dans le chemin montueux de Polémieux, et que vous vous rappeliez avec plaisir de l'avoir parcouru quelquefois avec moi et vos amis. Ces doux souvenirs m'occupent aussi et me font désirer de cultiver encore la métaphysique, l'anatomie, la botanique et tant d'autres belles choses que j'aimais et que j'aime encore comme elles méritent de l'être. Mais vous avez fui loin de nous, et si pour mon compte je n'avais trouvé un asile tel que celui que m'a offert la Providence, je ne sais quel aurait été mon délaissement; je ne vous aurais, je crois, jamais pardonné Cependant, non-seulement je vous absous, mais je voudrais que le bonheur vous accompagnât à Paris, ou plutôt que vous vinssiez le retrouver auprès de ceux qui vous recevraient comme l'Enfant prodigue. Chaque jour j'éprouve de plus en plus les effets de la bonté de Dieu. Débarrassé des inquiétudes et des devoirs du monde, je goûte avec une liberté que je ne connaissais pas encore le plaisir innocent de chérir tous ceux que j'ai semblé quitter. Sur tout ce qui me touche se répand une bénédiction particulière. Mon frère est venu me visiter ; il a passé une semaine avec moi ; j'ai pu remarquer que son caractère s'était heureusement modifié par les sentiments religieux. Il m'a remis une lettre de son ami dans laquelle celui-ci, également ému d'une grâce céleste, me témoigne qu'il sent mieux que jamais le bonheur d'être chrétien ; et, comme s'ils s'étaient tous donné le mot, je reçois le même jour un mot de Bredin qui déclare que l'orgueil seul a pu le faire reculer dans le chemin de la vérité, et que pour y marcher avec plus de fermeté il réclame mes services et les vôtres. Ce n'est pas tout : Bonjour paraît s'ébranler, et j'ai engagé Bredin à s'attacher à lui, promettant que vous et moi le seconderions. D'un autre côté, Grognier s'est marié ; sa femme est pieuse : cela doit contribuer à le ramener au christianisme. Enfin, c'est dans de telles circonstances que M. Lambert doit prêcher à Saint-Jean pendant le carême ; c'en est assez, je pense, pour que nous puissions espérer la conversion sincère de nos amis. Mon brave et digne Ampère, notre petit apostolat n'a donc pas été inutile. Après Dieu, c'est vous qui avez puissamment agi sur l'esprit de mon frère. Je vous engage, par tout ce que vous aimez, à tenter la même entreprise auprès de son cadet; mais la guérison d'un tel malade n'est pas une petite cure. Cette œuvre accomplie, vous pourriez non pas m'être plus cher, mais devenir plus agréable à Dieu. Faites ce miracle, et j'oublierai tout à fait que vous avez quitté Lyon pour Paris.

« Embrassez Lenoir et Ballanche s'ils sont près de vous.

« Votre bien dévoué ami,

« BARRET. »

De Madame veuve Ampère à André Ampère.

« Mars 1805.

« Tu as dû recevoir, mon cher fils, une lettre où je te dis que tous les effets du Lycée sont arrivés à bon port. Pour le paquet de livres que tu envoies à Jean-Jacques, je ne l'ai pas encore.

« Nous te ménagions une surprise que le petit devait t'annoncer lui-même, mais il s'est allé promener avec sa Tatan et je ne veux pas manquer l'occasion qui se présente. Il sait lire assez pour s'amuser, et a lu tout seul la lettre que tu lui as écrite. Chaque jour, après le dîner, il lit deux pages, le dimanche trois, dans un livre de Buffon. Ce n'est que l'espoir de connaître l'histoire des bêtes, qui l'a décidé à se bien dépêcher. Qu'il soit dans ses malices ou dans ses bons jours, il va lui-même chercher son petit fauteuil, s'asseoir auprès de sa Tatan, et ne manque pas une fois de finir sa tâche. Il a été charmant toute une semaine ; ça n'a pas pu durer plus longtemps, c'est un diable ! On ne sait qu'en faire. Rien ne l'arrête que la prison. Alors que ses crises sont passées, il dit qu'il est bien plus heureux quand il est sage, parce qu'on le caresse et qu'on l'aime. Il dit : « Je ne sais « pas pourquoi je suis méchant, ça m'ennuie tant ! » Hier au soir, il s'occupa à lire tout bas un petit conte, resta tranquille, parut très-content. Il faut espérer que la raison le corrigera de ses emportements, mais c'est un caractère bien violent !

« Ta tante te remercie de tous tes souvenirs, et te souhaite, comme nous, une bonne santé, un peu plus de bonheur et surtout de tranquillité. Ah ! mon cher enfant, si tout pouvait réussir au gré de tes désirs !

« Adieu, aime-moi toujours autant que je t'aime, et donne le plus souvent que tu pourras de tes nouvelles à ta bonne mère.

« Veuve AMPÈRE. »

De Madame veuve Ampère à André.

1805.

« Mon bon Ampère, n'achète pas de livres si chers à

ton fils, ils ne peuvent lui servir à rien dans ce moment. Il n'est point assez raisonnable pour s'amuser de toutes les choses qui s'y trouvent. Nous n'avons pu lui faire lire que la *Petite Suzette* et le *Petit Négrillon*; car il y a un chien enragé dans l'autre histoire, et dès qu'on lui parle de bêtes méchantes, ses peurs lui reviennent.

« Le *Buffon de la jeunesse* l'amuse beaucoup; la Tatan lui en lit tous les soirs, et ta sœur lui montre les gravures. Tu dois être bien tranquille avec Joséphine, qui se donne grande peine pour l'instruire et tâcher de radoucir son caractère; j'admire souvent sa patience. Elle voudrait des petits contes, imprimés en gros, où il n'y aurait que des enfants sages. Si ce sont des enfants sots, c'est ce qu'il imite, mais il ne cherche pas comme eux à se corriger. Il est fort embarrassant pour ses lectures : quand il ne comprend pas, ça l'ennuie; quand les histoires sont longues, il bâille. Ta sœur voudrait un livre fait exprès pour lui, comme le premier volume de *Charles*, qui l'instruisît de toutes les petites choses à sa portée. Elle n'a pas pu continuer le second tome, parce que ce sont tous des petits vauriens comme lui, qui se corrigent à la vérité; mais je te répète que Jean-Jacques n'entend pas cela! Il aime beaucoup à lire dans mes Heures, je lui ai promis qu'à Pâques il aurait les siennes pour aller à la messe.

« Quant aux joujoux, il ne me faut que quelques boîtes de carton. Il n'a pas beaucoup l'amour de jouer et de s'amuser avec tout cela ; ce serait de l'argent dépensé mal à propos, comme ce troisième livre dont tu parles.

« Adieu, mon bon ami. Dînes-tu toujours chez cet ecclésiastique ? Tu es heureux de voir si près de toi des petits oiseaux quand tu te promènes. Nous vivons à la campagne et nous n'avons pas ce plaisir.

« Nous t'embrassons toutes trois de tout notre cœur.

« Veuve AMPÈRE. »

De Madame veuve Ampère à André.

« 29 mars 1805.

« Tu n'écris pas souvent, mon cher fils, sûrement tes occupations t'en empêchent. Ton petit continue d'apprendre avec beaucoup d'aisance ; il aime tant son catéchisme que ma sœur prétend qu'il sera un jour Père de la Foi. Il retient des fables très-facilement ; Joséphine lui en lit une jusqu'à quatre fois, alors il la sait sans faute. Sa bibliothèque l'intéresse plus que ses joujoux ; il compte ses volumes comme il comptait ses badinages. Pour faire le vingtième il a voulu mon almanach.

« Il est toujours bien lutin quoiqu'ayant un peu plus de crainte ; quand viennent les mauvais jours, il a les yeux méchants, il fronce le sourcil, et nous avons bien de la peine à éviter l'orage ; mais le temps, la patience, les soins, et, par-dessus tout, l'esprit qu'il a, en feront un enfant charmant. Il prend de plus en plus l'amour des histoires; il voudrait un livre qui en serait tout plein.

« D'après ta dernière lettre, mon bon ami, tu parais recommencer à t'ennuyer, tes humeurs noires te reprennent. Ne te laisse pas aller à ce découragement. Dieu nous place où il veut que nous soyons.

« Comme Jean-Jacques a fait une sottise, pour le punir, je ne veux pas lui permettre de baiser son papa dans cette lettre ; mais il dit tout de même qu'il voudrait te voir, qu'il est bien fâché que tu l'aies quitté. Je te répète la prière de ne pas veiller si tard, de te soigner. Tu es tout pour nous, mon cher fils.

« Veuve Ampère »

« L'on a vu, le 20 mars, se lever trois soleils qui paraissaient se tenir par les couleurs de l'arc-en-ciel. A Anse, où l'on a suivi le phénomène, on les vit se réunir à dix heures du matin. Pour moi, je les vis et je jugeai que c'étaient deux nuages chargés d'eau qu'un rayon de soleil éclairait, et je les laissai se réunir à leur gré.

« Ton petit demande à t'écrire, je viens de lui pardonner.

« Je t'aime bien, mon papa; j'aurai bien du plaisir à
« te voir. Je vais commencer à être un peu plus sage. »

D'André Ampère à Élise.

1805.

« J'ai été à Lyon après des mois d'absence, et à peine
t'ai-je vue quelques instants. Combien j'en aurais de
chagrin si je ne pensais que ma présence ne peut que
te faire sentir plus vivement ta douleur!

« Dans la lettre que j'écris à ta maman j'envoie de
bonnes nouvelles de Carron, de sa femme, de ses enfants. Je t'écris le soir, la lune éclaire mélancoliquement
ma chambre, qui est plus à l'unisson de mon âme que
celle que j'occupais l'année dernière. Elle est sur une
petite cour où personne ne passe. Il n'y a point ici de
petits oiseaux qui viennent sur ma fenêtre, comme au
palais Bourbon, ni de beaux marronniers comme ceux
que je voyais de ma chambre, tout chargés de fleurs.
J'en suis bien aise, car ces marronniers et ce dôme des
Invalides qui semblait sortir de leurs touffes, me faisaient faire de trop tristes réflexions. On me parle toujours de mon pauvre petit; aime-le comme tu aimais
celle qui s'appelait Julie.

« Que te dirai-je, ma bonne sœur? Les heures s'écoulent dans la même uniformité. Le temps où je ne travaille pas n'est rempli que de pensées sombres. Depuis que je suis ici, un jour de ma vie ressemble à tous les jours. J'espère une autre place, et ne serai pas plus content quand je l'aurai. Mais je ne dois pas me plaindre : la plupart des hommes sont-ils plus heureux que moi ?

« Adieu, ma chère Élise, pense quelquefois à ton frère quand tu le pourras sans trop t'affliger, et sois sûre que personne ne désire aussi vivement que lui ton bonheur. Hélas! est-il possible? Oh! du moins, puisses-tu retrouver un peu de calme! puisses-tu, comme moi, tomber dans cette apathie où l'âme ne sent presque plus qu'elle souffre, parce qu'elle ne se sent plus elle-même!

« Ton frère,

« André AMPÈRE. »

D'André Ampère à Élise.

1805.

« Tu dois m'en vouloir, ma chère sœur, d'être resté si longtemps sans t'écrire, mais que t'aurais-je dit ? Ma vie est un cercle dont tous les anneaux se ressemblent : m'ennuyer en travaillant, m'ennuyer lorsque j'ai un moment de repos, voilà à peu près toute mon existence. Je n'ai qu'un seul plaisir, bien creux, bien factice, et que je goûte rarement, c'est celui de me disputer sur des questions de métaphysique avec ceux qui s'occupent de cette science à Paris, et qui me montrent encore plus d'amitié que les mathématiciens. Mais ma position m'oblige à travailler au goût de ces derniers, ce qui ne contribue pas à me distraire, parce que je n'aime plus du tout les mathématiques. Depuis que je suis ici j'ai cependant fait deux mémoires de calcul qui vont être imprimés dans le journal de l'École polytechnique. Ce n'est guère que le dimanche que je puis voir des métaphysiciens, tels que M. Maine de Biran, avec qui je suis fort lié, et M. le sénateur de Tracy, chez qui je vais quelquefois dîner à Auteuil, où il demeure; c'est presque le seul endroit près de Paris dont le paysage rappelle les bords de la Saône. On trouve aussi de jolies saussaies sur les rives de la Seine; mais la campagne ne fait plus que m'attrister. Il y a quelque temps je dînai à Auteuil avec le célèbre Lafayette, dont le fils a épousé Mlle de Tracy. La vue du libérateur de l'Amérique me fit éprouver une émotion dont je ne me croyais plus susceptible, dans cette sorte d'apathie morale qui fait à présent toute mon existence.

« De quoi vais-je te parler? mais en vérité je suis tellement vide d'idées et de sentiments que je ne sais trouver un sujet dont je puisse t'entretenir sans t'affliger. Tu verras dans la lettre que j'écris à ta maman que tous ceux à qui tu peux t'intéresser à Paris se portent bien.

« Adieu, ma chère sœur, songe quelquefois à moi, si tu le peux faire sans trop de chagrin. Je t'embrasse de oute mon âme. Adieu.

« Ton frère,

« André AMPÈRE. »

D'André Ampère à Élise.

1805.

« Combien j'ai éprouvé de sentiments divers, ma chère sœur, en lisant ta lettre. Pleins tous deux des mêmes souvenirs, nous souffrons les mêmes peines. Mille choses se réunissent pour me distraire : des projets d'avancement, des recherches abstraites, la société des savants, un séjour bien éloigné de Lyon. Mais toi, pauvre Élise, quelle différence ! Tout est là pour entretenir tes regrets. Oh ! oui, je sens ce contraste ; tu es peut-être la plus à plaindre, dans une situation où il me serait impossible de subsister. Et pourtant ces projets, ces recherches, ces savants, ne sont pas capables de m'occuper longtemps ; toujours je reviens à l'idée fixe que je devrais m'efforcer d'éloigner. On me dit qu'il faut faire pour cela tout ce qui est en mon pouvoir, mais je n'y réussis jamais, car je n'en ai pas même la volonté.

« Quelquefois il me prend l'envie de quitter ce Paris, d'aller à Polémieux, pour être tout entier à mes pensées et au pauvre petit. Pauvre enfant! On me dit qu'il serait plus sage s'il ne se ressouvenait pas tant; qu'il fait encore souvent des questions déchirantes. Il ne sait pas cependant combien il est à plaindre.

« Il y a une chose dont je veux té parler, Élise. Tu me dis de le garder : puis-je le faire venir à Paris? Je veux le laisser à des mains bien dévouées; ma bonne mère en a soin la nuit et le jour. Ce monument d'une douleur que je voudrais éterniser, qui pourrait conserver mieux que toi dans son cœur la mémoire de ce qu'il a perdu? Tu as raison, qu'il ne rentre jamais d'où il est sorti ce jour funeste.

« Mais tu n'y vivras pas toujours dans ce lieu, alors prends-le avec toi et qu'il ne te quitte plus. Ah! s'il pouvait être pour toi un objet de consolation, te rendre la paix, la santé, le sommeil, je sacrifierais sans hésiter ma jouissance à la tienne.

« Je ne t'en écrirai pas davantage aujourd'hui, je me sens trop découragé de l'existence.

« Adieu, ma sœur, offre à ta mère l'hommage de la tendresse d'un fils qui devait ce titre à son choix. Ce titre je l'ai porté avec bonheur. Adieu. Quant à ce qui regarde mes intérêts, ma position, tout est comme je le souhaite.

« Adieu, adieu, ma sœur.

« André AMPÈRE. »

(Pourquoi Ampère, qui se sent pénétré de reconnaissance envers sa mère pour les soins qu'elle prodigue à Jean-Jacques nuit et jour, pourquoi songe-t-il non-seulement à lui retirer son fils, mais à s'en séparer aussi? C'est que, dès à présent, Élise, la sœur, la meilleure amie de Julie, est atteinte d'un mal dangereux dont le chagrin précipite la marche. André, par un dernier sacrifice, voudrait essayer de la soulager.)

Quinze mois après la mort de Julie, Ampère écrivait cette dernière méditation :

« Septembre 1805.

« Défie-toi de ton esprit; il t'a si souvent trompé! Comment pourrais-tu encore compter sur lui? Quand tu t'efforçais de devenir philosophe, tu sentais déjà combien est vain cet esprit qui consiste en une certaine facilité à produire des pensées brillantes. Aujourd'hui que tu aspires à devenir chrétien, ne sens-tu pas qu'il n'y a de bon esprit que celui qui vient de Dieu? L'esprit qui nous éloigne de Dieu, l'esprit qui nous détourne du vrai bien, quelque pénétrant, quelque agréable, quelque habile qu'il soit pour nous procurer des biens corruptibles, n'est qu'un esprit d'illusion et d'égarement.

« L'esprit n'est fait que pour nous conduire à la vérité et au souverain bien.

« Heureux l'homme qui se dépouille pour être revêtu ! Qui foule aux pieds la vaine sagesse pour posséder celle de Dieu méprise l'esprit autant que le monde l'estime. — Ne conforme pas tes idées à celles du monde, si tu veux qu'elles soient conformes à la vérité.

« La doctrine du monde est une doctrine de perdition. — Il faut devenir simple, humble, et entièrement détaché avec les hommes; il faut devenir calme, recueilli et point raisonneur avec Dieu.

« La figure de ce monde passe. Si tu te nourris de ses vanités, tu passeras comme elle. — Mais la vérité de Dieu demeure éternellement; si tu t'en nourris, tu seras permanent comme elle. — Mon Dieu ! que sont toutes ces sciences, tous ces raisonnements, toutes ces découvertes du génie, toutes ces vastes conceptions que le monde admire et dont la curiosité se repaît si avidement? En vérité, *rien*, que de pures vanités.

« Étudie cependant, mais sans aucun empressement.

«Que la chaleur déjà à demi éteinte de ton âme te

serve à des objets moins frivoles. — Ne la consume pas à de semblables vanités.

« Prends garde de ne te pas laisser préoccuper par les sciences comme ces jours passés.

« Travaille en esprit d'oraison. — Étudie les choses de ce monde, c'est le devoir de ton état; mais ne les regarde que d'un œil; que ton autre œil soit constamment fixé par la lumière éternelle. Écoute les savants, mais ne les écoute que d'une oreille. Que l'autre soit toujours prête à recevoir les doux accents de la voix de ton ami céleste.

« N'écris que d'une main. — De l'autre, tiens-toi au vêtement de Dieu comme un enfant se tient attaché au vêtement de son père. — Sans cette précaution, tu te briserais infailliblement la tête contre quelque pierre. — Que je me souvienne toujours de ce que dit saint Paul: « Usez de ce monde comme n'en usant pas. » Que mon âme, à partir d'aujourd'hui, reste ainsi unie à Dieu et à Jésus-Christ.

« Bénissez-moi, mon Dieu. »

André a souffert, travaillé, lutté; mais de ces travaux, de ces souffrances, de ces luttes, un homme est sorti, un homme d'une intelligence à la hauteur de laquelle il est difficile de s'élever sans doute, mais qui montre à tous ce que peuvent de courageux efforts, une persévérance à toute épreuve, une absence absolue de besoins factices, un curieux et respectueux amour de la science et de la vérité sans outrecuidance.

Jeunes gens, au récit des travaux de cet homme, inclinez votre front.

Mais s'il vous est donné de pénétrer dans l'intimité de cette âme honnête, droite, humble, bonne, généreuse et tendre, baissez plus bas la tête, et découvrez-vous.

FIN.

TABLE DES MATIÈRES

	Pages
DÉDICACE	I
PRÉFACE	III

INTRODUCTION. — Idée et but du livre. — Situation de la famille Ampère à l'époque de la Terreur. — M. Ampère est emprisonné et condamné à mort. — Instructions qu'il adresse à sa femme. — Sa lettre d'adieux 1

LA FAMILLE CARRON. — Portrait de Mlle Julie Carron. — Elle est recherchée en mariage par M. Dumas .. 15

LETTRE de M. Dumas à Mme Carron pour demander la main de Julie........................ 18

— d'Élise à Julie, au sujet de cette demande..... 20

— de Julie à M. Dumas. — Refus poli 21

— de M. Dumas à Mme Carron. — Il insiste sur sa demande................................. 23

— de Julie Carron à sa mère. — Elle ne veut pas quitter sa famille 24

— de M. Dumas à Mme Carron, an III de la République. — Il exprime son chagrin 26

— de Julie Carron à M. Dumas. — Elle cherche à le consoler tout en maintenant sa résolution 28

— d'Élise à Julie. — Elle l'engage à persister dans son refus................................... 29

ADIEUX de Dumas à Julie Carron 31

TABLE DES MATIÈRES

LETTRE d'Élise à Julie, 1795, sur le mariage de leur frère avec Aguarite de Campredon	33
ANDRÉ AMPÈRE. — Ses études. — Appréciations de Sainte-Beuve, d'Arago et de Littré	34
AMORUM, 1796. — Journal d'Ampère du 10 avril au 17 septembre. — Ses visites à la famille Carron	39
LETTRE d'Élise à Julie. — Elle cherche à pressentir sa sœur au sujet d'Ampère	41
JOURNAL, 18 et 19 septembre. — Déclaration d'Ampère à Julie.	44
LETTRE d'Élise à Julie. — Commentaires bienveillants sur Ampère et sa famille	45
JOURNAL, du 24 septembre au 9 décembre 1796. — Visites à Julie. — Incertitudes	46
LETTRE d'Élise à Julie, 14 décembre 1796. — Conversation avec Ampère, impression favorable	50
— d'Élise à Julie, 18 décembre 1796. — Ampère grondé par Mme Carron au sujet de Julie	52
— d'Élise à Julie, 4 janvier 1797. — Visite d'Ampère pour avoir des nouvelles de Julie	53
— d'Élise à Julie, 7 janvier 1797. — Elle approuve l'amour d'Ampère.	55
— d'Élise à Julie, 8 janvier 1797. — Visite d'Ampère qui est allé à Lyon, où il a vu Julie. — Il craint qu'elle n'ait été fâchée	56
JOURNAL, 8 janvier. — Sur la visite précédente	60
LETTRE d'Élise à Julie, 11 janvier 1797. — Sur ce qu'on dit d'Ampère et sur son amour pour Julie qui lui paraît sincère	61
— d'Élise à Julie. — Elle plaide la cause d'Ampère .	64
— d'Élise à Julie. — Occupations littéraires. — Ampère fait une tragédie	68
TABLEAU de l'intérieur de la famille Carron	71
JOURNAL, 12-17 janvier. — Visites à Élise restée seule.	72

TABLE DES MATIÈRES

LETTRE d'Élise à Julie, 16 janvier 1797. — Elle engage sa sœur à ne point s'inquiéter de la solitude où elle est. ... 73

JOURNAL, 20-24 janvier. — Visites à Élise. — Julie toujours absente ... 74

LETTRE d'Élise à Julie, 24 janvier 1797, sur une chanson d'Ampère à la louange de Julie ... 75

JOURNAL du 27 janvier au 27 février. — Retour de Julie. — Indulgence de Mme Carron ... 76

LETTRE de Jenny de Campredon à Élise, 1797. — Elle est contente de son portrait et mécontente de son prétendant ... 78

JOURNAL d'Ampère, du 15 mars au 3 juillet 1797. — Notes sur les leçons qu'il donne, mais surtout sur ses visites à la famille Carron et toutes ses rencontres avec Julie. — Il commence à penser qu'on approuve ses assiduités. — Sa mère et sa sœur vont voir Mme Carron. 80

VERS d'Ampère à Julie ... 86

JOURNAL, lundi 3 juillet 1797. — Scène champêtre à la suite de laquelle Ampère a pu se persuader que les sentiments de Julie répondent aux siens ... 87

COMPARAISON de cette scène avec celle du cerisier dans les *Confessions* de J.-J. Rousseau ... 87

JOURNAL, du 6 juillet au 19 novembre 1797. — Visites à la famille Carron. — Lectures. — Intimité croissante. — Vers pour Julie. — Demi-aveux de celle-ci ... 89

FABLE par Julie Carron ... 102

ANECDOTE sur André Ampère et son fils ... 103

JOURNAL d'Ampère, du 24 novembre 1797 au 4 février 1798. — L'idée de son mariage avec Julie semble admise par Mme Carron, et sa fille paraît le désirer. Plans de part et d'autre pour le rendre possible ... 104

CONSENTEMENT donné un an et demi plus tard par Mme Carron au mariage de sa fille, qui est retardé par une rougeole survenue à Ampère ... 112

LETTRE d'Ampère à Julie Carron, 3 mars 1799. — Il

lui exprime sa reconnaissance de ce qu'elle a bien voulu lui accorder sa main	113
LETTRE d'Ampère à Julie, 5 mars 1799. — Son ennui d'être retenu loin d'elle et son impatience de la revoir	114
— de Julie Carron au citoyen Ampère. — Elle l'engage affectueusement à la patience	116
— de Mme Carron à André Ampère. — Même sujet que la précédente	117
— d'Ampère à Julie Carron, 13 mars 1799. — Il la remercie de l'intérêt qu'elle lui a témoigné et annonce sa visite pour le lendemain	118
— de Marsil Périsse à Julie Carron. — Compliment à sa belle-sœur sur son prochain mariage, et à André sur son bonheur	119
MARIAGE d'André Ampère et de Julie Carron, le 6 août 1799	123
ÉPITHALAME par Ballanche	124
RÉFLEXIONS d'un ami d'André sur l'épithalame de Ballanche	129
1800. — Au printemps de cette année, André, obligé de rester à Lyon pour y donner des leçons de mathématiques, est séparé de sa femme qui habite avec sa mère à Saint-Germain	130
LETTRE d'André Ampère à Mme Julie Ampère. — Loin de Julie il n'est occupé que d'elle	131
— de Mme veuve Ampère à Julie — Recommandations affectueuses au sujet de ses couches prochaines	133
— de Mme veuve Ampère à Julie, juillet. — Elle la raisonne pour qu'elle ne s'inquiète pas et lui annonce divers envois	134
— d'André Ampère à Mme Julie Ampère. — Il a rêvé que Julie venait le visiter. — Déception du réveil	136
NAISSANCE de J.-J. Ampère. — André se reproche les douleurs et les fatigues de sa femme	137
LETTRE d'André à M. Carron, son beau-frère. — In-	

TABLE DES MATIÈRES

quiétudes au sujet de sa situation précaire et de la santé de Julie 138

Lettre d'André Ampère à Mme Julie Ampère. — La vie n'est rien pour lui sans Julie et son enfant . . . 140

Citations de lettres écrites par Ampère à Ballanche en 1816 et 1818 141

Lettre d'André Ampère à M. Carron, 8 avril 1801. — Remercîments pour les peines que ce dernier s'est données afin d'améliorer la position de son beau-frère. — Joies paternelles. 144

— d'André Ampère à Mme Julie Ampère. — Il annonce le mariage de son ami Ballanche 146

Lignes écrites en 1830 par Ballanche sur ce mariage, resté à l'état de projet 147

Lettre de Mme veuve Ampère à André. — Elle donne à son fils des nouvelles de Julie et de son enfant et lui annonce divers envois. 148

— d'Élise à Mme Marsil Périsse, octobre. — Détails sur les enfants de celle-ci qui lui sont confiés 149

— d'Élise à Julie. — Recommandation à sa sœur au sujet de sa santé. — Détails d'intérieur 151

— d'André Ampère à Mme Julie Ampère à Polémieux.— Précautions à prendre par sa femme pour venir le trouver à Lyon. 153

— d'Élise à Julie, 11 novembre. — Elle rassure sa sœur au sujet de son enfant qui est resté à Polémieux pour être sevré. 155

— de Mme veuve Ampère à Julie. — Bonnes nouvelles de l'enfant qui est charmant. 157

— de Julie à Mme veuve Ampère. — Remercîments de tout ce que fait celle-ci pour elle et son mari 158

— d'Élise à Julie. *Saint-Germain.* — Regrets d'être séparée de sa sœur 159

— d'Élise à Julie, 17 octobre. — Détails sur leur vie

d'intérieur et sur les personnes de leur voisinage. —
Le premier habit de drap du petit Jean-Jacques .. 160

LETTRE d'Élise Carron à Julie Ampère. — Remercîments
pour des cadeaux de fête envoyés par ses deux sœurs. 165

— d'Élise à Julie. *Saint-Germain.* — Elle annonce sa
visite à sa sœur 166

NOMINATION d'Ampère comme professeur de physique
et de chimie à l'École centrale de l'Ain. — Nouvelle
séparation d'André et de Julie. — Tristesse de l'un
et de l'autre. 167

LETTRE d'André Ampère à Julie, 1801. — Ses premiers
arrangements à Bourg 170

— de Mme Julie Ampère au citoyen Ampère. *Lyon.* —
Elle lui exprime son chagrin de se trouver encore
éloignée de lui 172

— d'André à Julie. *Bourg.* — Il est installé définitivement et travaille aux mathématiques 175

— de Julie à André. — Récit d'une séance de lanterne
magique, où le petit Jean-Jacques prend Gargantua
pour son papa 177

— d'André à Julie. *Bourg.* — Sa première leçon l'a un
peu troublé, mais en somme s'est bien passée 179

NOTE sur la timidité conservée par Ampère jusqu'à la
fin de sa vie dans les relations privées 179

LETTRE de Julie à Ampère. *Lyon.* — Elle ne veut pas
lui exprimer toute sa tendresse, de peur que, distrait
comme il est, il ne perde ses lettres 180

— d'André à Julie. *Bourg.* — Il regrette de n'avoir pas
mieux profité du temps où ils étaient réunis. — La
famille où il s'est mis en pension n'est pas en bonne
réputation ; il ne sait comment s'en retirer 181

— de Julie à André. *Lyon.* — Elle regrette son mari et
le prie d'avoir bien soin de lui 183

— d'André à Julie. *Bourg.* — L'inquiétude de ne pas
recevoir de lettre de sa femme le rend malade. —
Enfin une lettre vient le rassurer 184

— d'André Ampère à Élise. *Bourg,* 12 février. — Le
carnaval et l'amusement des *martinets* à Bourg . . . 186

TABLE DES MATIÈRES

Lettre de Julie à André. *Lyon*. — Elle lui reproche d'avoir eu l'air de douter de son affection et s'informe de tout ce dont il peut avoir besoin 188

— d'André à Julie. *Bourg*. — Il reconnaît l'injustice de ses plaintes et annonce qu'il doit commencer son cours le lendemain. — Résumé de son discours d'ouverture. — Il se loue de l'accueil qui lui a été fait, mais rien ne peut le consoler de n'avoir pas sa femme auprès de lui 190

— de Julie à André. *Lyon*. — Elle compare la situation de son mari à celle où elle fut au moment de son mariage. — Bonheur que lui donne son enfant 193

— d'André à Julie. *Bourg*. — Il termine un ouvrage sur la théorie des probabilités — Instructions à sa femme pour le faire imprimer à Lyon. 195

— d'André à Julie. *Bourg*. — Il soupire après le moment des vacances. — Récit d'une promenade où il est allé relire les lettres de Julie 198

— de Julie à André. *Lyon*. — Elle attend le mémoire de son mari 200

— d'Aguarite à Élise. *Paris*. — Elle s'inquiète de la santé de Julie. — Eloge d'Ampère 201

— d'André à Julie. *Bourg*. — Il craint que quelqu'un ne l'ait devancé dans l'idée de son ouvrage 204

— de Julie à André. *Lyon*. — Son fils est son unique consolation 205

— d'André à Julie. *Bourg*. — Emploi de ses journées. Il attend les vacances de Pâques pour revoir sa femme. 207

— de Julie à André. *Lyon*. — Ennui de la mauvaise santé qu'elle a. Recommandations à son mari d'être prudent avec ses nouvelles connaissances. 208

— d'André à Julie. *Bourg*. — Il demande à sa femme un psautier et un livre d'heures. 211

— d'Élise à André. *Lyon*. — Elle s'afflige de la mauvaise santé de sa sœur. Détails sur le fils d'Ampère et sur ses propres occupations. 212

TABLE DES MATIÈRES

Anecdote sur J.-J. Ampère en 1854 216

Lettre d'André à Julie. *Bourg*. — Il se plaint de n'avoir pu consacrer entièrement à sa femme les trois jours des vacances de Pâques. Récit de son voyage. Les églises rendues au culte catholique 219

— de Julie à André. *Lyon*. — Elle est touchée jusqu'aux larmes de l'affection qu'il lui témoigne et lui recommande de ne pas négliger sa mère 222

— d'André à Julie. *Bourg*. — Il s'alarme de la santé de Julie et lui annonce qu'il a fait une importante découverte sur la théorie du jeu. 225

— de Julie à André. *Lyon*. — Elle a vu un médecin. Exhortations à la patience ; protestations de tendresse. 227

— d'André à Julie. *Bourg*. — Visite à l'église de Brou. Il aurait voulu que Julie y fût avec lui 229

— d'André à Julie. *Bourg*. — Commencement de son cours de chimie. Succès. Tristesse des souffrances de Julie. 231

— de Julie à André. *Lyon*. — Elle veut espérer que Dieu la guérira 232

— d'André à Julie. *Bourg*. — Il craint de ne jamais retrouver le bonheur de sa première année de mariage. Un *Te Deum* chanté pour l'anniversaire de la prise de la Bastille. 233

— de Julie à André. *Lyon*. — Découragement causé par l'état de sa santé 235

— d'André à Julie. *Bourg*. — Il se propose de concourir pour un prix de soixante mille francs, afin que sa femme ne manque plus de rien 238

— d'André à Julie. *Bourg*. — Il s'occupe de perfectionner son mémoire sur le jeû 240

— de Julie à André. *Lyon*. — Recommandations à son mari d'être plus soigneux de sa personne et de sa tenue 242

— d'André à Julie. *Bourg*. — Il lui annonce l'envoi de

son ouvrage, bien qu'il n'en soit pas encore content.
Il espère être nommé professeur de Lycée 244

LETTRE de Julie à André. *Lyon*. — Elle souhaite que
l'espoir de son mari au sujet du Lycée puisse se réaliser 246

— d'André à Julie. *Bourg*. — Envoi de son ouvrage.
André va à la messe prier pour la guérison de Julie. . 248

— de Julie à André. *Lyon*. — Elle accuse réception du
manuscrit, et elle aime son mari d'avoir tant travaillé.
Sa santé est toujours bien faible. 249

— d'André à Julie. *Bourg*. — Récit d'un accident qui
lui est arrivé à sa leçon de chimie. Il promet à sa
femme, pour le troisième anniversaire de leur mariage, d'être plus prudent à l'avenir 252

BILLET d'Élise à André. — Elle lui recommande d'éviter
toute émotion à Julie 254

LETTRE d'André à Julie. *Bourg*, 12 août 1802. — Il
lui annonce son arrivée à trois jours de là. Il tremble
qu'elle ne soit plus malade, ne lui ayant pas écrit pour
le jour de naissance de leur enfant. 254

VACANCES qu'André passe avec Julie et son enfant à
Saint-Germain et à Polémieux. Les souffrances de
Julie paraissent s'adoucir. 255

LETTRE de M. Clerc à André Ampère. *Bourg*, 9 brumaire. — Il annonce à son collègue la suppression
prochaine des écoles centrales 256

— d'André à Julie. *Bourg*. — Détails sur son retour et
ses arrangements à Bourg. Tout lui est indifférent
quand sa femme est malade 258

— d'André à Élise. *Bourg*. — Il la remercie de ses jolies lettres et raconte son voyage de Polémieux à
Bourg 259

— de Julie à André. *Lyon*. — Bonnes nouvelles du vaccin
de leur enfant. Argent qui leur arrive. Sans sa santé,
elle serait heureuse 262

— de Mme veuve Ampère à André. — Elle le plaint

d'être séparé de Julie et se plaint d'être elle-même éloignée de lui.................... 263

Lettre d'André à Julie. *Bourg.* — Remercîments pour la lettre qu'elle lui a écrite à l'occasion de sa fête. Détails sur ses occupations 264

— de Julie à André. *Lyon.* — Tout le monde à Lyon lui parle de son mari. Son petit garçon rêve de lui. . . 266

— de Julie à André. *Lyon.* — Gronderies affectueuses. Son mari est son meilleur ami.............. 269

— d'André à Julie. *Bourg.* — Sa femme écrit d'aussi jolies lettres que Mme de Sévigné. Il a bon espoir d'être nommé au Lycée 271

— d'André à Julie. *Bourg.* — Il a reçu une lettre de Lacroix et de Laplace au sujet de son ouvrage sur le jeu. Remercîments du premier au nom de l'Institut. Réprimande sévère du second pour une erreur de calcul. Craintes qu'André en conçoit 272

Anecdote sur André Ampère en 1829 274

Lettre de Julie à André. *Lyon.* — On a craint pour elle une fluxion de poitrine. Elle engage son mari à ne pas se tourmenter..................... 275

— d'André à Julie. *Bourg.* — Il se désespère de toutes les peines de sa femme et lui promet de devenir plus vertueux pour qu'elle l'aime davantage 276

— de Julie à André. *Lyon.* — Sur une visite que son mari lui a faite. Regrets de son départ 278

— d'André à Julie. *Bourg.* — Récit d'une visite au préfet dans le bu d'obtenir cent francs pour les expériences de son cours. Projets de mariage pour son fils âgé de deux ans et demi..................... 279

— de Julie à André. *Lyon.* — Son mari et elle sont faits l'un pour l'autre. Tristesse d'être un objet d'inquiétude continuelle pour les siens. Résignation 281

Billet de Julie à Élise. — Son bonheur est inséparable de celui de sa sœur 283

Lettre d'André à Julie. *Bourg.* — L'attente où l'on

est des examinateurs l'empêche d'aller voir Julie. La tristesse qu'il éprouve a cela de bon qu'elle le dispose à la dévotion. 284

LETTRE de Julie à André. *Lyon*. — Elle espère que leur bonheur pourra revenir, que leur position s'améliorera et qu'André deviendra plus raisonnable en prenant des années. Les maux qui l'ont vieillie lui permettent de parler ainsi maternellement à son mari 286

— d'André à Julie. *Bourg.* — Il espère que l'influence du printemps et du bon air rétablira Julie. — Nouveaux projets de travail 288

— d'André à Julie. *Bourg.* Pâques. — Quand il est fatigué de ses travaux, il se repose en allant dans la campagne relire une lettre de sa femme. 290

— de Julie à André. *Lyon*. — Questions et recommandations diverses. Il lui semble que les forces lui reviennent 292

— d'André à Julie. *Bourg.* — Arrivée des examinateurs à Bourg. Visites que leur fait Ampère avec les autres professeurs. Accueil distingué qu'il en reçoit. 293

— d'André à Julie. *Bourg.* — M. Delambre, l'un des examinateurs, l'a assuré de sa nomination au Lycée de Lyon. Doit-il rester à Bourg jusque-là ? 295

— de Julie à André. *Lyon.* — Elle engage son mari à rester à Bourg jusqu'à sa nomination au Lycée. Ils doivent penser à leur enfant plus qu'à eux-mêmes . . 297

— d'André à Julie. *Bourg.* — Il se résigne et demande pardon à sa femme de l'avoir inquiétée. — Nouvelle découverte qu'il a faite et qui doit, s'il ne se trompe, l'immortaliser 299

— de Julie à André. *Lyon.* — Nomination au Lycée certaine. Soirées agréables qu'elle se promet avec son mari. Sa santé toujours la même 301

— de M. Bolo, notaire, à J.-J. Ampère. *Simonest*, près Lyon, le 22 juillet 1848. — Récit d'une visite faite par le notaire à l'ancien domaine de la famille Ampère à Polémieux 302

RÉFLEXIONS sur la lettre précédente et sur la destinée d'André Ampère. — Citation d'une lettre écrite par André à Ballanche en 1810. — Passage d'un discours prononcé par lui en 1812 à l'Académie des sciences 304

LETTRE d'André à Julie. *Bourg.* — Il a confiance dans l'avenir ; il n'y a que la santé de Julie qui l'inquiète maintenant 306

— d'André à Julie. *Bourg.* — Il supplie Élise de lui donner des nouvelles de Julie........................... 308

— d'Élise à André. *Lyon.* — Nouvelles jour par jour de la maladie de Julie, du lundi matin au jeudi soir. — Elle tremble que les médecins n'y entendent rien ... 308

— d'André à Julie. *Bourg.* — Fermeture de l'école de Bourg. — Annonce de son départ. — Son bonheur de penser qu'il ne sera plus séparé de Julie 312

— d'Ampère à M. Delambre. *Bourg*, 13 germinal an XI. — Remercîments à M. Delambre pour la place que celui-ci lui a destinée et la promesse qu'il a faite de présenter à l'Institut l'ouvrage d'Ampère sur *l'Application à la mécanique des formules du calcul des variations*.. 314

RÉFLEXIONS sur le caractère et la bonté de cœur d'André Ampère 316

NOTES d'Ampère du 17 avril au 24 mai. — Julie bien malade. — Il quitte Polémieux avec elle pour aller à Colonges, près de Lyon.................................. 318

LETTRE d'André à M. Carron. *Lyon*, 19 messidor an XI. — Il a l'âme déchirée des souffrances de Julie, mais il s'efforce de lui cacher sa peine....................... 320

NOTES d'Ampère du 28 mai au 13 juin. — Ampère se confesse, reçoit l'absolution et communie. — Aggravation de la maladie de Julie. — Tous les remèdes impuissants 321

PRIÈRE écrite par Ampère après la mort de Julie. — Il se soumet à l'arrêt de Dieu et il espère qu'il voudra bien le réunir dans le ciel à celle qu'il lui avait permis d'aimer sur la terre 323

LETTRE d'Élise à André. — Ils ont tout perdu l'un et l'autre; mais il doit se soigner afin de se conserver à son fils. 324

RÉFLEXIONS. — Affection des deux Ampère père et fils l'un pour l'autre. — Leur éloge 325

LETTRE d'André Ampère à M. Carron. — Il est résigné à tout pour son fils. — Tous les parents de sa femme lui sont devenus encore plus chers dans son malheur. 329

— de Mme veuve Ampère à André Ampère, 1804. — Il doit tâcher de porter sa croix avec Jésus-Christ. — Il n'a pas tout perdu; l'enfant de Julie est un autre elle-même. 330

— de Mme veuve Ampère à André, 1804. — Elle l'exhorte au calme, à la patience et à la résignation chrétiennes. — Elle voudrait qu'il pût voyager, se distraire; mais l'intérêt de son fils l'oblige à garder sa place 332

NOMINATION d'Ampère à la place de répétiteur d'analyse à l'Ecole polytechnique 334

LETTRE d'André Ampère à Élise, 11 brumaire 1804. — Son installation à Paris. — Le sacre de Bonaparte. — Il est toujours poursuivi par ses souvenirs . 336

— d'André Ampère à Elise, janvier 1805. — Les sentiments qu'il éprouva en des moments passés exercent sur lui un empire toujours plus fort. 336

— d'André Ampère à sa sœur Joséphine Ampère, février 1805. — Recommandations sur la première instruction à donner à son fils. 337

— d'André Ampère à son fils Jean-Jacques. — Il l'embrasse s'il est bien sage et le charge d'embrasser pour lui sa bonne maman. 338

— de M. Barret à André Ampère. *Belley*, 23 février 1805. — Regrets d'être séparé de lui. — Nouvelles de leurs amis communs ramenés pour la plupart au christianisme 339

LETTRE de Mme veuve Ampère à André Ampère, mars 1805. Progrès du petit Jean-Jacques; il a pu lire tout seul la lettre de son papa. 341

— de Mme veuve Ampère à André, 1805. — Sur les livres à faire lire à Jean-Jacques. — Il ne tient pas aux joujoux 342

— de Mme veuve Ampère à André, 29 mars 1805. — Sur le caractère de son petit-fils. — Elle prémunit son fils contre le découragement 344

POST-SCRIPTUM écrit par Jean-Jacques 345

LETTRE d'André Ampère à Élise, 1805. — Le temps où il ne travaille pas n'est rempli que de pensées sombres. 346

— d'André Ampère à Élise, 1805. — Son seul plaisir maintenant est de discuter sur des questions de métaphysique. — Liaison avec Maine de Biran. 347

— d'André Ampère à Elise, 1805. — Il a beau faire pour s'occuper, il revient toujours au souvenir de son malheur. — Il demande à sa sœur s'il doit faire venir son fils près de lui 349

MÉDITATION écrite par Ampère quinze mois après la mort de Julie. — Il n'y a de bon esprit que celui qui vient de Dieu. — La doctrine du monde est une doctrine de perdition. — Résignation et détachement en Dieu et en Jésus-Christ 351

CONCLUSION. — Ampère encore plus grand par la bonté de son cœur que par sa haute intelligence 353

FIN DE LA TABLE

55 — Paris. Imp. LALOUX fils et GUILLOT, 7, rue des Canettes.

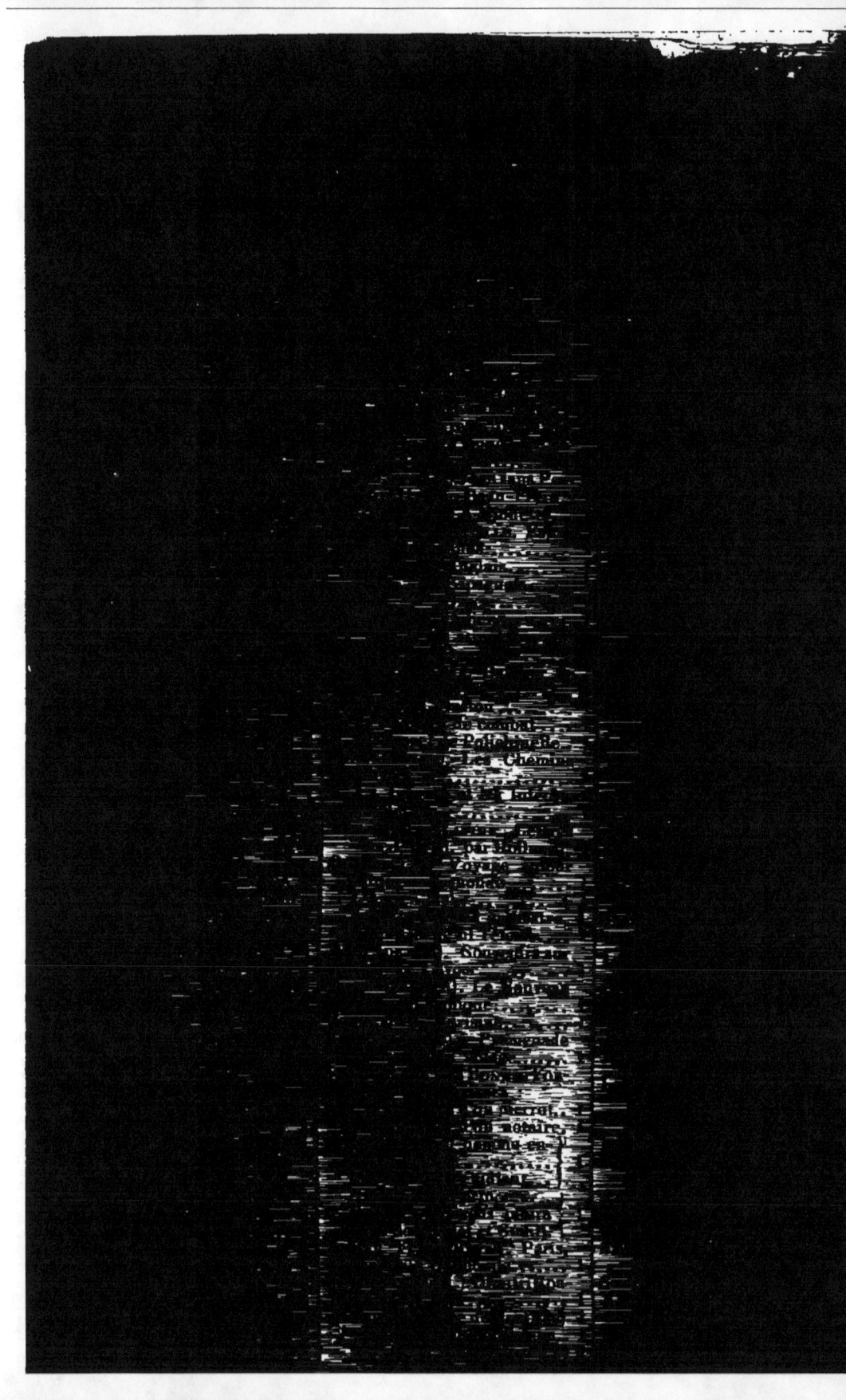

www.ingramcontent.com/pod-product-compliance
Lightning Source LLC
Chambersburg PA
CBHW050536170426
43201CB00011B/1453